本书系教育部人文社会科学重点研究基地重大项目
“中华人民共和国民法典评注”（18JJD820001）的研究成果

杨立新 / 主 编
蒋晓华 / 副主编

中华人民共和国
民法典
释义与案例评注

5
婚姻家庭编

撰稿人
（以撰写章节为序）
杨立新 蒋晓华 李 轶

中国法制出版社
CHINA LEGAL PUBLISHING HOUSE

前　言

《中华人民共和国民法典》的诞生，标志着我国进入民事立法法典化的历史时期。从1949年开始，我国的民事立法经历了非法典化时期和类法典化时期，开启了法典化的进程。2020年5月28日，第十三届全国人民代表大会第三次会议审议通过了《中华人民共和国民法典》，标志着我国正式进入民法的法典化时代。

《中华人民共和国民法典》(以下简称《民法典》) 作为新中国成立以来第一部以“法典”命名的法律，是法治思想和法治观念不断发展的结果。改革开放以来，民事主体和民事权利的地位提升，民法之于国家、民族、个体的重要作用也为众人所认识，立法机关也提高了对民事立法的重视程度。尤其是近年来，伴随着依法治国理念的不断深入，民法法典化才得以成为现实。

《民法典》是我们中国自己的民法典，是新时代“中国特色”的法治表达。不论是立法体例还是具体内容，都具有中国自己的鲜明特色。可以看到，我国《民法典》包含了我国民事法律关系调整的全部范围和基本规则，是一本具有中国特色的百科全书。

《民法典》的颁布标志着中国民事立法已经展开全新的一页。在这样一个新时期，民法学研究的重大任务是如何准确理解和适用民法典，让民法典在社会生活中发挥更为充分的调整作用。但是，《民法典》的内容博大精深，规则极其复杂，没有经过系统良好的研究和训练，难以掌握其精髓，无法准确适用其规则，以保护民事主体的民事权利、人的尊严，维护正常的民事生活秩序。

本人研究民法已有四十年，有幸参加了民法典编纂的全过程，对民法典各编条文的内涵有比较透彻的理解，在学习和理解上，算是先行了一步。在《民法典》颁布之际，我和我的研究团队对《民法典》开展深入研究，编撰了这套《中华人民共和国民法典释义与案例评注丛书》，通过条文释义和案例评注的方式，阐释民法典各个条文的深刻含义，有助于读者理解民法典的条文，掌握适用的要求，全面掌握民法典的要点。

本套丛书按照《民法典》的编纂体例分为七册，分别是总则编、物权编、合同编、人格权编、婚姻家庭编、继承编及侵权责任编。在内容方面，本套丛书对《民法典》的每一个条文进行阐释。每一条的阐释分为两部分：一是条文解读，通过理论上的探讨，揭示条文的深刻内涵；二是案例评注，通过选取与特定条文直接相关的案例，解读民法典条文的精神。应当说明的是，《民法典》刚刚通过，很多新规则并无直接适用的典型案例，只能援引已经发生的、适用原来的民法单行法裁判的案例，即用旧案阐释新法，因而恳请热心读者理解。

《民法典》博大精深，作者对民法典的理解也在深入之中。同时，编纂这样一部庞大的丛书，主编、副主编以及作者都有经验欠缺、理论准备不足、对条文理解不深等不尽人意之处。如在阐释和说明中存在不当之处，盼读者批评指正，提出宝贵意见。

中国人民大学民商事法律科学研究中心研究员

中国人民大学法学院教授、博士生导师

杨立新

2020年6月26日

凡　例

为行文方便，本书中除“法院判决”外的其他部分提及法律法规和部分规范性文件时使用简称，具体对应示例如下：

文件名简称	发文号	文件名全称
《宪法》	全国人民代表大会公告第1号	《中华人民共和国宪法》
《婚姻法》	中华人民共和国主席令第51号	《中华人民共和国婚姻法》
《妇女权益保障法》	中华人民共和国主席令第16号	《中华人民共和国妇女权益保障法》
《老年人权益保障法》	中华人民共和国主席令第24号	《中华人民共和国老年人权益保障法》
《民法通则》	中华人民共和国主席令第18号	《中华人民共和国民法通则》
《民法总则》	中华人民共和国主席令第66号	《中华人民共和国民法总则》
《民事诉讼法》	中华人民共和国主席令第71号	《中华人民共和国民事诉讼法》
《侵权责任法》	中华人民共和国主席令第21号	《中华人民共和国侵权责任法》
《物权法》	中华人民共和国主席令第62号	《中华人民共和国物权法》
《收养法》	中华人民共和国主席令第10号	《中华人民共和国收养法》
《城镇国有土地使用权出让和转让暂行条例》	中华人民共和国国务院令第55号	《中华人民共和国城镇国有土地使用权出让和转让暂行条例》

目　　录

第一章　一般规定 …………………………………………………… 1

第一千零四十条　【婚姻家庭编的调整范围】 ………………………… 1

第一千零四十一条　【我国的婚姻制度及保护的权益】 ……………… 4

第一千零四十二条　【禁止的婚姻家庭行为】 ………………………… 11

第一千零四十三条　【优良家风、家庭美德与家庭文明建设；婚姻家庭关系】 ……………………………………………… 15

第一千零四十四条　【收养的原则与禁止性规定】 …………………… 18

第一千零四十五条　【亲属、近亲属与家庭成员】 …………………… 22

第二章　结　婚 ……………………………………………………… 29

第一千零四十六条　【结婚自愿】 ……………………………………… 29

第一千零四十七条　【法定婚龄】 ……………………………………… 32

第一千零四十八条　【禁止结婚的情形】 ……………………………… 36

第一千零四十九条　【结婚登记】 ……………………………………… 38

第一千零五十条　【男女双方互为家庭成员】 ………………………… 43

第一千零五十一条　【婚姻无效的情形】 ……………………………… 45

第一千零五十二条　【受胁迫婚姻的撤销】 …………………………… 48

第一千零五十三条　【重大疾病如实告知义务】 ……………………… 53

第一千零五十四条　【婚姻无效或被撤销的法律后果】 ……………… 55

第三章　家庭关系 …………………………………………………… 59

第一节　夫妻关系 ……………………………………………………… 59

第一千零五十五条　【夫妻平等】 ……………………………………… 59

第一千零五十六条 【夫妻姓名权】 …… 63
第一千零五十七条 【夫妻人身自由权】 …… 64
第一千零五十八条 【父母对未成年子女抚养、教育和保护的权利义务】 …… 67
第一千零五十九条 【夫妻扶养义务】 …… 72
第一千零六十条 【夫妻双方家事代理权及限制】 …… 75
第一千零六十一条 【夫妻遗产继承权】 …… 79
第一千零六十二条 【夫妻共同财产】 …… 83
第一千零六十三条 【夫妻个人财产】 …… 90
第一千零六十四条 【夫妻共同债务】 …… 95
第一千零六十五条 【夫妻财产约定制】 …… 99
第一千零六十六条 【婚内分割夫妻共同财产请求权】 …… 104
第二节 父母子女关系和其他近亲属关系 …… 109
第一千零六十七条 【父母与子女间的抚养赡养义务】 …… 109
第一千零六十八条 【父母对未成年子女的教育和保护义务】 …… 115
第一千零六十九条 【子女尊重父母的婚姻权利及赡养义务】 …… 118
第一千零七十条 【遗产继承权】 …… 121
第一千零七十一条 【非婚生子女权利】 …… 125
第一千零七十二条 【继父母子女之间权利义务】 …… 132
第一千零七十三条 【父母或成年子女请求确认亲子关系的权利】 …… 135
第一千零七十四条 【祖与孙的抚养赡养义务】 …… 144
第一千零七十五条 【兄姐与弟妹的扶养义务】 …… 146
第四章 离 婚 …… 150
第一千零七十六条 【协议离婚及其内容】 …… 150
第一千零七十七条 【离婚冷静期的期限及法律效果】 …… 153
第一千零七十八条 【协议离婚的处理】 …… 156
第一千零七十九条 【调解及诉讼离婚】 …… 158
第一千零八十条 【婚姻关系的解除】 …… 164
第一千零八十一条 【军人配偶要求离婚】 …… 166
第一千零八十二条 【男方提出离婚的限制与除外情形】 …… 169

第一千零八十三条 【复婚】…… 171
第一千零八十四条 【离婚后子女的抚养】…… 173
第一千零八十五条 【离婚后子女抚养费的负担】…… 178
第一千零八十六条 【离婚后的子女探望权】…… 184
第一千零八十七条 【离婚时夫妻共同财产的处理】…… 190
第一千零八十八条 【离婚时的经济补偿请求权】…… 193
第一千零八十九条 【离婚时夫妻共同债务的清偿】…… 195
第一千零九十条 【离婚经济帮助】…… 199
第一千零九十一条 【无过错方请求离婚损害赔偿的情形】…… 201
第一千零九十二条 【隐藏、变卖、毁损夫妻共同财产或伪造债务行为的处理规则】…… 207
第五章 收养 …… 210
第一节 收养关系的成立 …… 210
第一千零九十三条 【被收养人的条件】…… 210
第一千零九十四条 【送养人的条件】…… 214
第一千零九十五条 【监护人送养未成年人的情形】…… 217
第一千零九十六条 【监护人送养孤儿的处理规则】…… 218
第一千零九十七条 【共同送养与单方送养】…… 219
第一千零九十八条 【收养人条件】…… 221
第一千零九十九条 【三代以内旁系同辈血亲的收养】…… 223
第一千一百条 【收养人数的限制及例外情形】…… 226
第一千一百零一条 【共同收养】…… 229
第一千一百零二条 【无配偶者收养异性子女的限制】…… 230
第一千一百零三条 【收养继子女的特别规定】…… 232
第一千一百零四条 【收养自愿原则】…… 234
第一千一百零五条 【收养关系的成立】…… 237
第一千一百零六条 【收养后的户口登记】…… 241
第一千一百零七条 【亲属、朋友的抚养】…… 243
第一千一百零八条 【祖父母、外祖父母优先抚养权】…… 245
第一千一百零九条 【涉外收养】…… 247

第一千一百一十条 【保守收养秘密】…… 252
第二节 收养的效力 …… 254
第一千一百一十一条 【收养的效力】…… 254
第一千一百一十二条 【养子女的姓氏】…… 258
第一千一百一十三条 【收养行为的无效】…… 260
第三节 收养关系的解除 …… 262
第一千一百一十四条 【解除收养关系】…… 262
第一千一百一十五条 【解除收养关系的方式】…… 265
第一千一百一十六条 【协议解除收养关系的程序】…… 266
第一千一百一十七条 【收养关系解除的法律后果】…… 269
第一千一百一十八条 【成年子女解除收养关系后应赡养养父母及补偿抚养费的情形】…… 270

第一章 一般规定

第一千零四十条 本编调整因婚姻家庭产生的民事关系。

【条文释义】

本条是对婚姻家庭编调整范围的规定。

婚姻家庭编调整的范围是婚姻家庭产生的民事法律关系，规定的是亲属身份关系的发生、变更和消灭，以及配偶、父母子女和其他一定范围的亲属之间的身份地位和权利和义务关系。

婚姻家庭编在习惯上称为亲属法。形式上的亲属法，是指民法典中的婚姻家庭编；实质上的亲属法，是指一切规定亲属身份关系的发生、变更和消灭，规定配偶、父母子女以及其他一定范围内的亲属之间的身份地位、权利义务的法律规范的总和。

从亲属法规定的亲属之间的权利义务关系的角度观察，亲属法还有下面的含义。狭义的亲属法，仅指规定亲属身份关系的发生、变更和消灭，以及亲属之间的身份上的权利义务关系的法律，即纯亲属法。而既规定亲属之间的身份上的权利义务关系，又规定亲属之间的财产权利义务关系的法律，为广义亲属法，又称亲属财产法。前者如法国民法典的人法，仅规定亲属之间的身份关系，亲属财产关系规定在财产法中；后者如德国民法典，在亲属法中规定亲属之间的身份关系和财产关系。采用前一种立法例的弊病是，这种亲属之间在财产上的权利义务，都是基于夫妻、亲子等特别身份关系而发生，与普通的权利义务仅基于为人格者或财产上的主体的事实而生者，自有不同，而且如果要严格区分，将其置于物权法中，多有不便。[①] 因而，我国的亲属法既规定亲属之间的身份关系，也规定亲属之间的财产关系，而不是在物权法中规定，属于后一种立法例。

---

① 史尚宽：《亲属法论》，荣泰印书馆1980年版，第1页。

婚姻家庭编的特征如下：

第一，婚姻家庭编是规范亲属之间身份关系的法律。婚姻家庭编与人格权编、物权编和合同编都属于民法，但婚姻家庭编所规范的法律关系是配偶、亲子以及其他近亲属之间，具有一定的亲属身份地位的自然人之间的法律关系，是亲属身份关系编。这些亲属身份关系，是配偶关系、亲子关系和其他近亲属之间关系的发生、变更以及消灭的民事法律关系。婚姻家庭编以其所调整的亲属之间的法律关系为特点，区别于人格权编、物权编和合同编等民法部门法。

第二，婚姻家庭编是具有习俗性和伦理性的法律。与其他民法部门法相比较，婚姻家庭编更多的是各国自己的固有规则。自然人的夫妻、亲子等亲属身份关系，都受其所处国家的环境、风俗、人情、习惯的影响，各有其传统。所以，亲属之间的法律关系多随习俗而定，法律规定应当遵循具体国情，不能违背民俗，因而婚姻家庭编具有习俗性。同时，亲属身份关系的伦理色彩极为浓厚，无论何种亲属地位和权利义务关系，都须在必要的伦理范围之内，亲属上的权利必须与义务密切结合，体现纲常伦理，不能只强调权利而忽视义务。因此，婚姻家庭编的规范必须合于伦理的要求，伦理性具有特别的必要性。

第三，婚姻家庭编是具有亲属团体性的法律。亲属身份关系具有团体性，也称作保族生活，是指人类依其本能，承先继后，维护其种族于永远。[①] 这种保族的团体性是基于自然的血缘关系而形成的社团结合。亲属身份关系是以夫妻、亲子、其他近亲属的超越个人而结合的亲属团体，在其间固定亲属的身份地位，发生权利义务关系。法律对这种法律关系进行调整，就是承认亲属的团体性，维护其团体性，故亲属法更注重团体关系，重点考虑家庭全体成员的利害祸福，因而具有强烈的团体性，个人主义色彩较为淡薄。

第四，婚姻家庭编是强行法、普通法。婚姻家庭编的基本内容是强行法，表现在亲属身份的法律要件以及所生的法律效力，都为定型的、强制性的，如结婚确系个人自由，但一经结婚，其效力即按照法律规定发生，不许自由改变。婚姻家庭编也有任意性规定，如结婚选择财产制，就依照当事人的意愿而定。婚姻家庭编对于全体自然人而言，除了少数民族自治地区可以规定变通办法之外，其他地区一律适用，因此是普通法。

婚姻家庭编在各国民法中的地位是：（1）法国的亲属法在人法当中，与民事主体制度规定在一起。（2）德国为潘德克吞式，亲属法为民法典的单独一编。（3）苏联的亲属法为单独立法，脱离民法的规定，单独作为一个部门法规定。民

---

① 戴炎辉等：《亲属法》，台北2010年自版，第1页。

法典编纂完成之前，我国的婚姻法通常被认为是单独的部门法，之后有婚姻法回归民法典的意向，民法典将其编入分则中，使之成为民法典分则的一编，回归民法典体系之中。

婚姻家庭编调整的民事法律关系性质是：(1) 婚姻家庭编调整的亲属法律关系是民事法律关系。亲属法律关系的主体是民事主体之间的权利义务关系，具有民事法律关系的一切特征。(2) 婚姻家庭编调整的亲属身份关系是人身法律关系。民法分为人法和财产法，亲属身份关系属于人身关系，与财产关系相对应，具有截然不同的性质，因而亲属身份关系是人法的范畴，而不属于财产法。(3) 婚姻家庭编调整的亲属法律关系是身份法律关系，而不是人格法律关系，是不同的亲属之间形成的权利义务关系，属于人法中的亲属身份法律关系。

【案例评注】

钱某某1与辛某某同居关系子女抚养纠纷案①

基本案情

2013年下半年，原告辛某某与被告钱某某1经人介绍相识，于2014年12月26日生育男孩钱某某，二人至今未办理结婚登记手续。钱某某出生四十天后，原告辛某某将小孩带回娘家独自抚养。原告诉称：自从钱某某出生后，原告一直带着小孩在娘家生活，被告极少去探望，连钱某某做手术，被告也未支付任何医疗费用，未尽父亲对未成年子女抚养、教育和保护的义务，为此请求法院判决原、被告双方所生孩子由原告抚养。被告答辩称：被告认为其和原告还有感情，双方是自由恋爱的，没有矛盾，希望两人共同抚养小孩，由于现在经济不景气，被告还是尽自己的能力出了抚养费。本案的焦点是：同居期间所生的子女抚养纠纷是否受原《婚姻法》的调整。

法院判决

一审法院经审理认为，辛某某、钱某某1未进行结婚登记，即以夫妻名义同居生活，之后又未补办结婚登记，属同居关系，该同居关系不受法律保护。对于双方同居期间所生子女抚养问题，非婚生子女享有与婚生子女同等的权利，因男

① 审理法院：一审法院为江西省万载县人民法院，案号为（2016）赣0922民初486号；二审法院为江西省宜春市中级人民法院，案号为（2016）赣09民终940号。

孩钱某某尚年幼未满两周岁，且一直随母共同生活，从婴幼儿生长发育的利益考虑，男孩钱某某由辛某某抚养为宜。判决：同居期间共同生育的男孩钱某某（2014 年 12 月 26 日生）由辛某某抚养，抚养至 18 周岁，待男孩长大至有独立生活能力时随父随母由其自行选择，钱某某 1 有探望男孩的权利。

一审宣判后，原审被告钱某某 1 不服，提起上诉。二审法院认为，上诉人钱某某 1 与被上诉人辛某某同居期间生育儿子钱某某。依据我国法律明确规定，非婚生子女享有与婚生子女同等的权利。因钱某某尚未满两周岁，且自出生起就一直随母亲辛某某共同生活，上诉人钱某某 1 亦未能提供证据证明辛某某抚养小孩钱某某不利于孩子的健康成长。因此，对于钱某某 1 上诉提出的要求小孩钱某某由其抚养的请求，本院不予支持。关于法律适用问题，最高人民法院出台的《关于人民法院审理离婚案件处理子女抚养问题的若干意见》中之所以规定“两周岁以下的子女一般随母方生活”，正是考虑到婴幼儿对母亲的依赖、为了有利于孩子身心健康成长，这种立法精神同样适用于本案，原审法院据此判决孩子钱某某由母亲辛某某抚养并无不妥。综上所述，判决驳回上诉，维持原判。

专家点评

婚姻家庭编调整因婚姻家庭产生的民事关系。从调整对象的范围来看，婚姻家庭编既调整婚姻关系，又调整家庭关系。从调整对象的性质来看，既有婚姻家庭方面的财产关系，又有婚姻家庭方面的人身关系。[①] 本案中，辛某某、钱某某 1 未进行结婚登记，即以夫妻名义同居生活，之后又未补办结婚登记，属于同居关系，而不是婚姻关系。小孩钱某某是双方同居期间所生的子女，是非婚生子女，但非婚生子女享有与婚生子女同等的权利，即钱某某有权受到辛某某、钱某某 1 的抚养、教育和保护。在人身关系上，辛某某是钱某某的母亲，钱某某 1 是钱某某的父亲，辛某某、钱某某 1 与钱某某是亲子关系，三人形成家庭关系。因此，同居期间所生子女的抚养纠纷是婚姻家庭产生的民事纠纷，属于婚姻家庭编所调整的对象，本案的判决具有法律上的正当性。

第一千零四十一条 婚姻家庭受国家保护。

实行婚姻自由、一夫一妻、男女平等的婚姻制度。

保护妇女、未成年人、老年人、残疾人的合法权益。

---

① 杨大文、龙翼飞：《婚姻家庭法》，中国人民大学出版社 2018 年版，第 41 页。

【条文释义】

本条规定的是婚姻家庭法的基本原则。

婚姻家庭受国家保护。原《婚姻法》规定的基本原则有婚姻自由、一夫一妻、男女平等、计划生育等。可以看到，这主要规范的是婚姻关系，对家庭关系的重视不够。家庭是亲属存在的基本单位。家庭关系的稳固对于家庭成员乃至整个社会都具有重要意义。本条借鉴原《民法通则》第104条第1款“婚姻、家庭、老人、母亲和儿童受法律保护”的规定新增了这一内容，强调婚姻家庭受法律保护，这将成为处理婚姻家庭问题的准绳，有利于实现家庭关系的稳定、和谐。

婚姻自由原则，是指自然人依照法律规定行使结婚或者离婚不受拘束、不受控制、不受非法干预的权利。婚姻自由是近现代婚姻家庭立法努力推进的一项基本原则，以人格的独立、平等、自由、尊严为基础，① 是自然人的一项基本权利，是亲属法的基本原则。离婚自由是婚姻自由和婚姻自主权的基本内容之一，婚姻自由和婚姻自主不能只有结婚自由和自主而没有离婚自由和自主。尽管并不是所有的人都要离婚，离婚也并不是普遍现象，但是缺少离婚自由，婚姻自由和婚姻自主就不完整。因此，保障离婚自由是我国亲属法的一贯精神，它不仅符合婚姻的本质要求，而且符合社会稳定的要求，避免因该离婚而不予离婚造成社会的不安定。可见，保障离婚自由是实现男女平等、保障人民权利、促进社会进步的重要措施。

该原则的具体内容是：（1）依法行使婚姻权利。原《民法总则》第110条规定了婚姻自主权，婚姻自由权是具体人格权，是自然人自主决定婚姻行为的权利。婚姻家庭法规定婚姻自由，是在亲属法中保障自然人依法行使婚姻自主权的自由权。行使婚姻自主权是自由的，但是要依法进行，按照法律的规定确定婚姻行为。（2）不受拘束、不受控制、不受非法干预，行为人能够保持不受拘束、不受控制和不受非法干预的状态下，自主决定婚姻行为。（3）包括结婚自由和离婚自由。前者是指缔结婚姻关系的自由，后者是指解除婚姻关系的自由。这两个方面互为补充，构成完整的婚姻自由。传统观点认为，结婚自由是婚姻自由的主要方面，而离婚自由是特殊行为，是结婚自由的补充。② 这种说法并不完全正确。

---

① 陈苇：《婚姻家庭继承法学》，群众出版社2012年版，第49页。

② 王战平主编：《中国婚姻法教程》，人民法院出版社1992年版，第22页。

如果没有离婚自由，婚姻自由就是不完整的。结婚自由和离婚自由都是婚姻自由的内容，都是保障婚姻自主权的基本规则，并没有孰主孰辅的不同地位。违反婚姻自由行为的性质，是侵害婚姻自主权的侵权行为。按照侵权责任编的要求，应当承担侵权责任。受害人可以依照侵权请求权或者人格权请求权，保护自己的权利。

一夫一妻原则，是一男一女结为夫妻的婚姻制度，也是我国亲属法规定的婚姻关系基本原则。一夫一妻原则的对立面，是一夫多妻或者一妻多夫。我国实行严格的一夫一妻制，并将其作为亲属法的基本原则，反对任何形式的违反一夫一妻制的做法。这一原则对于保障男女平等，保护妇女、儿童的合法权益有重要意义。[①] 该原则的含义是：（1）任何人，无论居于何种社会地位，拥有多少钱财，都不得同时有两个以上的配偶；（2）任何人在结婚后、配偶死亡或者离婚之前，不得再行结婚；（3）一切公开的、隐蔽的一夫多妻或者一妻多夫等性关系，都是非法的。法律保障一夫一妻制的实现，对于重婚、有配偶者而姘居、卖淫等行为予以法律制裁。对于重婚行为，法律认为构成犯罪的，追究刑事责任。对于有配偶者而姘居如包养“二奶”者，予以法律谴责，也可以依据侵权责任法的规定，认定为侵害配偶权的侵权行为。对于卖淫以及组织、容留卖淫者，认定为犯罪行为或者行政违法行为的，予以刑事的或者行政的法律制裁。

男女平等原则并不仅指婚姻关系当事人之间的平等，而是宪法的原则，是民法的原则，是一切自然人在法律面前人人平等的基本原则。两性平等、男女平权，是现代社会的一项基本人权，表现为在亲属身份关系中，无论男女，都享有一样的权利，负担一样的义务。贯彻执行这一原则，对于保护妇女合法权益，实现妇女在婚姻家庭方面的彻底解放，有着十分重要的意义。[②] 其基本含义是：（1）在婚姻关系中的男女平等。男女在结婚中，权利平等，条件平等。结婚后处理家庭事务，双方的权利义务平等。男女有平等的离婚请求权，有同等的共同财产分割权利和抚养子女的权利，在共同债务的清偿和经济互助等方面也都有同等的权利。（2）家庭成员的地位平等。男女在家庭领域中的地位和权利义务上一律平等，凡是共居的家庭，全体成员不论男女一律平等，任何亲属的地位和权利不得超过其他亲属，不得一方支配另一方，其权利义务遵照法律的规定享有和行使，不得有超越法律规定的权利，尤其是男性家庭成员不得侵害女性家庭成员的权利，损害女性的平等地位。（3）所有的近亲属之间的地位平等。在其他近亲属之

---

① 陈苇：《婚姻家庭继承法学》，群众出版社2012年版，第54页。

② 陈苇：《婚姻家庭继承法学》，群众出版社2012年版，第59页。

间，其法律地位和权利义务关系也必须依照法律规定，男女亲属地位平等，享有法律规定的权利义务，任何亲属都不得歧视女性亲属，损害女性亲属的平等地位。

保护妇女、未成年人、老人、残疾人的合法权益原则，是社会公德的要求，婚姻家庭法特别强调对妇女、未成年人、老人、残疾人合法权益的保护，将其作为亲属法的基本原则，以更好地保护亲属中的弱势群体，防止他们的合法权益受到侵害。[①] 这一原则对于实现男女平等，建立尊老爱幼、团结和睦的家庭关系有着十分重要的意义。[②]

妇女的合法权益是一个内容丰富的完整体系，既系统地集中于《妇女权益保障法》，又分散在由各法律部门构成的法律体系中。婚姻家庭法中所谓保护妇女合法权益，主要是指从婚姻家庭的角度，在男女平等原则的基础上，对妇女的某些婚姻家庭权益加以特殊的确认和保护，表现了国家对妇女有别于男子的特殊关心和照顾。

妇女的婚姻家庭权益是妇女在婚姻家庭关系中基于特定的亲属身份关系和共同生活关系所享有的权利与利益的总称，包括人身权益和财产权益方面的多项内容。其法律表现主要有两个方面：一是妇女享有的与男子平等的婚姻家庭权益，由男女平等原则来反映；二是妇女依法享有的特殊权益，由保护妇女合法权益的原则来体现。因此，保护妇女的合法权益是男女平等原则的必要补充，也是对男女平等原则的有效保证。

婚姻家庭编之所以规定保护妇女的合法权益的原则，其原因有三：一是根除我国传统的男性中心文化的历史要求；二是提高妇女婚姻家庭地位的现实要求；三是男女两性固有差别的必然要求。[③]

在保护妇女权益方面，民法典婚姻家庭编第 1082 条规定，女方在怀孕期间、分娩后 1 年内或者终止妊娠后 6 个月后，男方不得提出离婚；但是，女方提出离婚或者人民法院认为确有必要受理男方离婚请求的除外。此外，《妇女权益保障法》在婚姻法有关规定的基础上，根据妇女婚姻家庭权益的现实状况与需要，作了针对性、保护性更强的具体规定。例如，国家保护妇女的婚姻自主权，禁止干涉妇女的结婚、离婚自由；夫妻共有的房屋，离婚时，分割住房由双方协议解决，协议不成的，由人民法院根据双方的具体情况及照顾子女和女方权益的原则判决；夫妻共同租用的房屋，离婚时，女方的住房应当按照照顾子女和女方权益

① 杨立新主编：《婚姻家庭继承法》，北京师范大学出版社 2010 年版，第 17 页。
② 陈苇：《婚姻家庭继承法学》，群众出版社 2012 年版，第 61 页。
③ 杨大文、龙翼飞：《婚姻家庭法》，中国人民大学出版社 2018 年版，第 54 页。

的原则解决；妇女有按照国家有关规定生育子女的权利，也有不生育的自由；离婚时女方因实施绝育手术或者其他原因丧失生育能力的，处理子女抚养问题，应在有利于子女权益的条件下，照顾女方的合理要求等。[①]

未成年人是国家的未来，民族的希望。未成年人的健康成长，直接关系到祖国的建设是否后继有人，关系到中华民族的兴衰。保护未成年人的合法权益，泛指保护18周岁以下的未成年人的一切合法权利和利益。由于婚姻家庭对未成年人具有不可替代的特殊价值与功能，因而婚姻家庭法对未成年人权益的保护尤为重要。民法典婚姻家庭编一方面在一般规定中确立了保护未成年人合法权益的原则地位，另一方面在家庭关系中规定了一系列旨在保护未成年人权益的内容。此外，在处理离婚纠纷、财产分割和子女抚养问题时，在认定和处理事实婚姻与非法同居关系时，无论是民法典婚姻家庭编还是有关司法解释，都强调以未成年人的利益为重心，注意保护未成年人的合法权益。"收养应当有利于被收养的未成年人的抚养、成长"是国家确认和保护收养关系的主要目的，也是收养一章明确规定的基本原则。它是婚姻家庭法保护未成年人合法权益原则的具体体现。

保护老人的合法权益是民法典婚姻家庭编在基本原则方面的重要补充，构成我国现行婚姻家庭编的基本内容和特征之一。之所以确立保护老人合法权益的原则，其原因有六个方面：一是体现了社会主义国家对老人权益的关怀和保护。二是社会主义道德原则法律化的要求。敬老爱老是中华民族的优良传统和美德。强化这一道德准则，弘扬民族文化，树立良好家风，有必要将其上升到法律规范的层面，实现道德准则的法律化。三是老人社会地位与价值的客观要求。四是生产力发展水平和家庭养老责任的现实要求。五是防范、惩治侵犯老人合法权益的违法犯罪行为的必要手段。六是积极回应中国社会人口渐趋老龄化的必然要求。

基于确认和维护家庭、亲属养老功能的需要，《宪法》第49条明确规定"成年子女有赡养扶助父母的义务"，"禁止虐待老人"。以此为根据，民法典婚姻家庭编在一般规定中把保护老人的合法权益作为基本原则加以规定，并在家庭关系中对老人的权益予以周密的保护，如规定父母或祖辈在一定情况下有要求子女或孙辈付给赡养费的权利。以"收养应当有利于被收养的未成年人的抚养、成长，保障被收养人和收养人的合法权益"为原则，收养关系可以使被收养人幼有所育，幼有所长，也可以使收养人老有所依，老有所养。[②]

---

① 杨大文、龙翼飞：《婚姻家庭法》，中国人民大学出版社2018年版，第54页。

② 杨大文、龙翼飞：《婚姻家庭法》，中国人民大学出版社2018年版，第55页。

残疾人是当代社会中的一个特殊群体，由于其身体残缺及功能障碍的影响，他们往往在参与社会生产、进行日常生活中较一般人处于不利的地位。民法典是否有效地维护残疾人群体的平等权利以及保护其在婚姻和家庭中合法权益，已经成为一个国家或地区社会进步与文明程度的十分重要的客观标志。

在亲属法领域，侵害妇女、未成年人和老人的合法权益的行为，法律规定了明确的救济措施。具体而言，在保护未成年人权益方面，民法典婚姻家庭编第1067条第1款规定，父母不履行抚养义务的，未成年子女有要求给付抚养费的权利。第1071条第1款规定，非婚生子女享有与婚生子女同等的权利，任何组织或者个人不得加以危害和歧视。在保护老人的权益方面，民法典婚姻家庭编第1067条第2款规定，成年子女不履行赡养义务的，缺乏劳动力或者生活困难的父母，有要求成年子女给付赡养费的权利。第1069条还规定，子女对父母的赡养义务，不因父母的婚姻关系变化而终止。

【案例评注】

张某某与闫某某人格权纠纷上诉案①

基本案情

2013年正月，张某某、闫某某经他人介绍相识、恋爱。恋爱期间，张某某在南漳、××、××等地打工，闫某某在武汉、汉中等地打工，双方见面时间在20天左右。2016年5月，张某某、闫某某结束恋爱关系。2016年11月8日至2017年1月20日，张某某多次给闫某某发短信，要求闫某某赔偿其损失，闫某某未予理睬。2017年2月8日，张某某到闫某某家索要分手费，双方发生争吵。张某某认为，闫某某曾同意与其结婚，后又反悔，其失去了与他人恋爱的机会，致使其现在还单身，要求闫某某赔偿青春损失费4000元。为此，张某某向一审法院起诉。本案的焦点是：张某某是否侵害了闫某某的婚姻自由。

法院判决

一审法院认为，张某某、闫某某在建立恋爱关系后因多种原因分手，双方均没有侵害对方人格权利的情形。故张某某要求闫某某赔偿其精神损失费无法律依

---

① 审理法院：一审法院为湖北省宜城市人民法院，案号为（2016）鄂0684民初963号；二审法院为湖北省襄阳市中级人民法院，案号为（2016）鄂06民终2382号。

据。一般侵权行为的构成要件包括：有加害行为、有损害事实的存在、加害行为与损害事实之间有因果关系、行为人主观上有过错，只有同时具备前述因素，侵权行为才能成立。当事人对自己提出的诉讼请求所依据的事实或者反驳对方诉讼请求所依据的事实有责任提供证据加以证明，没有证据或者证据不足以证明当事人的事实主张的，由负有举证责任的当事人承担不利后果。本案中张某某要求闫某某赔偿其恋爱期间的误工损失，精神损失、青春损失，但其未能提供证据证实被告存在侵权行为，故对张某某的诉讼请求，一审法院依法不予支持，判决驳回张某某的诉讼请求。

张某某不服一审判决，提起上诉。二审法院认为，根据《中华人民共和国婚姻法》第二条第一款①“实行婚姻自由、一夫一妻、男女平等的婚姻制度”、第五条“结婚必须男女双方完全自愿，不许任何一方对他方加以强迫或任何第三者加以干涉”之规定，公民（男、女）之间是否登记结婚，是双方完全自愿一项重要的民事权利，即使男、女双方建立了恋爱关系，也不能作为男或女一方强制对方必须进行结婚登记成为法定夫妻的理由。具体到本案，闫某某与张某某恋爱后拒绝登记结姻，系法律赋予闫某某对自己婚姻的自由权利，不应认定对张某某婚姻自主权的侵权行为，否则与本法立法目的相悖；并且按照《中华人民共和国侵权责任法》第二条“侵害民事权益，应当依照本法承担侵权责任。本法所称民事权益，包括健康权、姓名权、名誉权、荣誉权、肖像权、隐私权、婚姻自主权、所有权……等人身、财产权益”之规定，张某某并没有证据证明闫某某在恋爱的期间或前后损害其姓名、名誉、隐私、健康权，至于张某某自己陈述与闫某某在恋爱期间存在其他两性行为问题，属道德评价的范畴，不属法律评判的范畴。另外，张某某自认为在恋爱期间延误到沿海城市务工与内地务工报酬之间差异的“财产损失”与《中华人民共和国侵权责任法》第二条中规定的财产权益存在本质的区别，即不属本法规定的范围。因此，张某某在本案中请求闫某某赔偿恋爱期间的误工费、精神损害赔偿金、青春费、欺骗费没有法律依据，一审法院判决驳回张某某的诉讼请求，符合法律规定，二审法院予以维持。

专家点评

婚姻自由是婚姻家庭编的首项原则，婚姻当事人可以自主、自愿地决定自己的婚姻问题，不容许任何人强制、欺骗、乘人之危、包办及非法干涉。但是，缔

---

① 为了体现法院裁判说理的准确性，全书“法院判决”部分引用法律文件的格式与书中其他部分有所区别，保留法院在裁判文书中使用的表述。

结婚姻或解除婚姻不仅是当事人双方的私事，同时也涉及他人和社会的利益。因此，当事人尽管对结婚或离婚表示了完全自愿和真实的态度，但还必须符合法律规定的结婚或离婚条件和程序。本案中，张某某、闫某某自由恋爱后，结束了双方的恋爱关系。闫某某尽管曾经同意与张某某结婚，但这是法律赋予闫某某婚姻自由的权利，继而闫某某有权拒绝与张某某结婚，张某某不能强制、欺骗、乘人之危、包办及非法干涉闫某某的婚姻自由，故张某某的行为侵害了闫某某的婚姻自由，无权向其主张拒绝结婚而精神损害赔偿。

第一千零四十二条 禁止包办、买卖婚姻和其他干涉婚姻自由的行为。禁止借婚姻索取财物。

禁止重婚。禁止有配偶者与他人同居。

禁止家庭暴力。禁止家庭成员间的虐待和遗弃。

【条文释义】

本条是对婚姻家庭领域禁止行为的规定。

包办婚姻，是指第三方（包括父母在内）违背男女双方的意愿，强迫他人（包括子女）结婚的违法行为。买卖婚姻，是指第三方（包括父母）以索取大量财物为目的，强迫他人婚姻的违法行为。二者的区别在于是否以索取一定的财物为目的，包办婚姻只是违背婚姻自由原则但不索取财物，而买卖婚姻则主要是为了索取财物而强迫他人婚姻的行为。[①] 法律禁止包办、买卖婚姻和其他干涉婚姻自由的行为。这些违反婚姻自由行为的性质，是侵害婚姻自主权的侵权行为，应当承担侵权责任，受害人可以请求侵权人承担民事责任，保护自己的权利。

借婚姻索取财物，主要是指婚姻当事人一方向对方索要一定的财物，以此作为结婚条件的行为。其特点表现为：（1）索取财物的主体一般是婚姻当事人一方，这与买卖婚姻相区别。（2）在婚姻决定权上，男女双方对结婚基本是自主自愿，属于意思自治，这也与买卖婚姻相区别。（3）对索要财物的一方来说，他们往往贪图对方的金钱物质。（4）表现形式是一方向另一方索要财产。（5）借婚姻索取财物属于侵害婚姻自由原则的行为，也在禁止之列。

---

① 吴高盛：《〈中华人民共和国婚姻法〉释义及实用指南》，中国民主法制出版社 2014 年版，第 18 页。

法律禁止重婚，禁止有配偶者与他人同居，都是在维护一夫一妻原则。任何人不得有两个或两个以上的配偶，有配偶者在前婚未终止之前不得结婚，否则即构成重婚，后婚当然无效。重婚包括法律上的重婚和事实上的重婚两种。无论哪一种，都构成婚姻无效的法定理由。法律保障一夫一妻制的实现，对于重婚、有配偶者而姘居、卖淫等行为予以法律制裁。对于重婚行为，法律认为构成犯罪的，追究刑事责任。需要注意的是，符合重婚罪条件的，必须是有配偶而重婚的，或者明知他人有配偶而与之结婚的，如果是"包二奶"或者通奸行为，那么虽然这些行为也是婚姻关系中应当被谴责的行为，但是这类行为与重婚行为并不相同，也不能依照重婚罪处罚。①

法律禁止家庭暴力，禁止家庭成员间的虐待和遗弃。家庭暴力是指行为人以殴打、捆绑、残害、强行限制人身自由以及其他手段，给对方配偶以及家庭成员的身体、精神等方面造成损害后果的行为。家庭暴力是发生在家庭里的暴力，不仅包括单纯的身体上的殴打，还包括心理上和情感上的妨害和困扰，以及纠缠不休，打骚扰电话和恐吓。② 虐待是指经常以打骂、冻饿、禁闭、有病不予治疗、强迫过度劳动、限制人身自由、凌辱人格等方法，对共同生活的家庭成员进行肉体上、精神上的摧残和折磨的行为。③ 按照司法解释的规定，持续性、经常性的家庭暴力，构成虐待。遗弃是指负有扶养义务的家庭成员而拒不履行扶养义务的行为。例如，对受害人实施或者威胁实施身体上的侵害以及限制人身自由等控制行为，是对身体权、健康权、生命权以及人身自由权的侵害；对受害人实施或者威胁实施性暴力，实施凌辱、贬低或者其他损害受害人身体完整、伤害受害人自尊的性行为；实施侮辱、诽谤、骚扰，严重侵犯受害人的隐私、名誉、自由、人格尊严等行为；破坏或者损坏受害人的财产，对受害人实施剥夺、减少或者妨害其获得经济来源的行为等，都属于家庭暴力的范围。

这些家庭暴力行为都是针对特定的人实施的行为，后果都使受害人的权利受到侵害，人身利益、财产利益或者精神利益受到损害或者损失。责令家庭暴力行为人承担侵权责任，赔偿受害人的人身损害、财产损害以及精神损害，是保护受害人最重要的方法。应当重视法律救济家庭暴力受害人的权利损害、惩罚家庭暴力违法行为的基本功能。

---

① 吴高盛：《〈中华人民共和国婚姻法〉释义及实用指南》，中国民主法制出版社 2014 年版，第 20 页。

② ［美］凯特·斯丹德利：《家庭法》，屈广清译，中国政法大学出版社 2004 年版，第 101 页。

③ 参见《中华法学大辞典》，中国检察出版社 2003 年版，第 503 页。

【案例评注】

高某与杨某等婚约财产纠纷上诉案①

基本案情

杨某与郭某系夫妻关系，其子杨某某与高某存在婚约关系，两人于2017年元月订婚，××××年××月××日举行结婚仪式，但未进行结婚登记。2017年1月30日，杨某某用杨某、郭某的银行卡为高某刷卡购买了价值25200元的钻戒一枚，杨某、郭某按民间习俗于2017年2月6日给付高某彩礼现金28888元，并将杨某名下的两张银行卡交给高某用于购买白色大众牌轿车一辆，高某于2017年2月7日从两张银行卡中支付购车款及费用274646.12元，2017年3月13日，杨某、郭某又给付高某彩礼48888元，在订婚和举办结婚仪式期间，杨某、郭某及其亲友给付高某现金红包若干。在举办结婚仪式后，杨某某与高某产生矛盾，未能登记结婚，杨某、郭某便要求高某退还财物，其拒绝退还。本案的争议焦点为：(1) 高某收取的77776元彩礼是否应当全部返还；(2) 购买白色大众牌轿车的行为应当如何定性。

法院判决

一审法院认为，我国禁止买卖婚姻、禁止借婚姻索取财物，高某在与杨某、郭某之子杨某某订婚、举办结婚仪式期间收取财物，不符合法律规定，应当返还。确定婚约财产纠纷案件的诉讼主体，不仅要考虑婚约问题，更重要的是要考虑财产权属问题；因为订婚的男女双方一般在经济上不独立，经济基础较差，男方所给付的财产主要来自家庭共有财产，而收受方除个人使用的物品外也并非完全由订婚女主个人支配，因婚约引起的财产纠纷不仅涉及订立婚约双方的个人利益，而且涉及双方父母的合法权益。在婚约财产纠纷诉讼中，当事人所享有的是返还不当得利的请求权，只有对获得财产利益的人才拥有请求的权利；本案中高某收受的财物主要是杨某、郭某给付的，他们作为财产权利人应当享有返还请求权。杨某、郭某给付购车款给高某购买轿车，当事人的合意是特定的，只不过是高某实施了购买行为而已，杨某、郭某只能要求高某返还所购买的轿车而不能要

---

① 审理法院：一审法院为江苏省宝应县人民法院，案号为（2017）苏1023民初3864号；二审法院为江苏省扬州市中级人民法院，案号为（2018）苏10民终864号。

求返还购车款。2017 年 1 月 30 日，杨某某用杨某、郭某的银行卡为高某刷卡购买了钻戒一枚，戒指作为定情之物，有男女方为促进感情发展的一般赠与性质，在解除婚约时，杨某某不主张返还请求权，故对杨某、郭某要求返还戒指款的主张不予支持。杨某、郭某要求高某返还在订婚和举办结婚仪式期间他们及其亲友给付的现金红包 30000 元，该项财产请求权主要由亲友享有，且该项财产具有一般赠与性质，高某在生活中也有相应的费用支出，所以对该项主张不予采纳。据此，判决如下：高某于本判决生效之日起十日内返还杨某、郭某人民币 77776 元和其名下的白色大众牌轿车一辆。

高某不服一审判决，提起上诉。二审法院认为，在 77776 元彩礼是否应当返还的问题上，当事人双方对于该笔彩礼的给付不持有异议。当事人却在订婚后是否同居 6 个月的问题上存在争议。高某提出其与杨某某举行订婚仪式后随即共同居住生活，长达 6 个月之久。经查明，杨某某与其订婚后就去了外地工作，双方仅有短暂的接触，其上诉提出的“共同居住生活 6 个月”与其庭审陈述的事实明显不符。对于高某提出的彩礼消费殆尽的事实，其亦未能提供消费支出的证据予以证实，不予支持。关于白色大众牌轿车定性的问题，被上诉人为了其子杨某某能与高某顺利缔结婚姻关系，出资购买了诉争轿车，并登记在高某名下。该轿车系以缔结婚约为条件的赠与，一审根据被上诉人方为上诉人购置车辆的目的、时间，结合当地风俗，认定诉争轿车具有彩礼性质并无不当。

专家点评

在现实生活中，借婚姻索取财物的行为比买卖婚姻为数更多，涉及面更广，其危害性不可忽视。它起源于封建社会中的婚姻陋俗，又是婚姻金钱化、商品化意识在社会生活中的反映，不仅妨碍婚姻自由原则的贯彻，而且给一些青年的结婚和婚后的生活带来种种困难，衍生一系列社会问题。① 特别是婚约解除后，双方当事人往往会发生婚约财产纠纷。婚约财产纠纷，是基于婚约而产生的赠与。当婚约解除后，对于价值较大的赠与物，受赠与人应当返还赠与人，如果受赠与人拒不返还赠与物，构成不当得利，负有返还义务，赠与人享有请求返还的权利。对此，《最高人民法院关于适用〈中华人民共和国婚姻法〉若干问题的解释（二）》也作出了明确的规定，即第 10 条规定：“当事人请求返还按照习俗给付的彩礼的，如果查明属于以下情形，人民法院应当予以支持：（一）双方未办理结婚登记手续的；（二）双方办理结婚登记手续但确未共同生活的；（三）婚前给付

① 杨大文、龙翼飞：《婚姻家庭法》，中国人民大学出版社 2018 年版，第 50 页。

并导致给付人生活困难的。适用前款第（二）、（三）项的规定，应当以双方离婚为条件。”本案中，高某和杨某某是婚约关系，当事人只举行了结婚仪式，双方未办理结婚登记手续。根据本条以及上述司法解释的规定，高某不能借婚姻索取财物，应当向杨某某返还 77776 元的彩礼。

第一千零四十三条 家庭应当树立优良家风，弘扬家庭美德，重视家庭文明建设。

夫妻应当互相忠实，互相尊重，互相关爱；家庭成员应当敬老爱幼，互相帮助，维护平等、和睦、文明的婚姻家庭关系。

【条文释义】

本条是对配偶相互忠实和家庭成员相互尊重的规定。

忠实义务也称贞操义务，是指配偶的专一性生活义务，也称不为婚外性生活的义务。广义解释还包括不得恶意遗弃配偶他方以及不得为第三人的利益而牺牲、损害配偶他方的利益。忠实义务要求配偶之间相互负不为婚外性交的不作为义务，是为保持爱情专一、感情忠诚而负担的义务，目的是忠实于配偶的对方当事人，不仅约束配偶双方当事人，而且约束配偶权的义务人。配偶权的权利主体以外的其他任何人，负有对配偶权的不可侵义务，与配偶一方通奸，破坏一方配偶的忠实义务，构成对配偶权的侵害。确立配偶互负忠实义务的重要意义是：(1) 体现婚姻的本质要求，保持一夫一妻制的实质。(2) 体现婚姻道德的要求，以性爱为基础的婚姻，具有排他性和专一性。(3) 夫妻相互忠实，可以保证子女血缘纯正，避免造成血缘混乱。(4) 对夫妻行为的评断提供标准。违反忠实义务，就侵害了对方的配偶权，承担损害赔偿责任就是确认配偶一方侵害对方配偶权的侵权行为。

根据民法典婚姻家庭编第 1091 条的规定，配偶一方违反忠实义务，具有重大过错，造成离婚结果的，无过错一方有权请求损害赔偿。这一规定保护的明显是配偶权。忠实义务是配偶之间的义务，重婚或者实施婚外性行为，就是违反忠实义务，就侵害了对方的配偶权，承担损害赔偿责任就是确认配偶一方侵害对方配偶权的侵权行为。配偶权的对外关系也是重要的，法律也是要保护的，我国法律制裁配偶违反忠实义务的侵权行为，但对于第三人与配偶一方发生性行为的侵害配偶权的行为，却不认为是侵权行为，没有规定侵权责任。这是不公平的。

家庭成员之间应当相互尊重，敬老爱幼，互相帮助，维护平等、和睦、文明的家庭婚姻关系。敬老爱幼是我国人民的传统美德，应当在社会主义制度下发扬光大。敬老，是指家庭中的晚辈成员对长辈成员应当予以尊敬，使其愉悦地安度晚年。爱幼，是指家庭中的长辈成员对晚辈成员应当予以爱护，使其茁壮成长。敬老爱幼和保护儿童、老人合法权益的原则是完全一致的，但两者是从不同的角度加以规定的。保护儿童、老人的合法权益，侧重于对各种具体的人身和财产权益的保护，敬老爱幼，则从更高的层次上，即从建设精神文明的高度，对如何处理现家庭中的代际关系提出了更高的要求。这是家庭成员享有的权利义务。

家庭是以婚姻、血缘和共同经济为纽带而形成的亲属团体和生活单位。家庭中的血缘关系先天地形成了不同的"伦"，为了维护"伦"的秩序，便引申出相应的"理"。这样一种朴素的推论，不需要高深莫测的理论支持，任何一个有过正常家庭生活的人都会有切身的体会。[①] 维护家庭成员之间的亲情，要求家庭成员之间必须按照亲情的基本需要，确定家庭成员之间在精神上的权利义务关系，并按照这个准则作为判断身份行为的标准。古代礼教中强调的"父慈子孝，兄宽弟仁"未必不是今天亲属身份关系的准则。例如，剥夺兄弟姐妹悼念共同尊亲属权利的所谓侵害"悼念权"的案件，[②] 说明亲属身份权维护的就是亲属之间的亲情关系，对于违反亲情关系准则的行为，认定其具有违法性，应当受到谴责和民法制裁。家庭成员同居一家，共同生活，在思想、生活、工作、经济等方面理应互相关心、互相帮助，这是家庭的社会功能的具体表现。家庭成员之间的互相帮助，是来自其他方面的帮助不能替代的。相互尊重、敬老爱幼、相互帮助就是家庭成员应当遵守的准则，从而维护平等、和睦、文明的家庭婚姻关系。

维护平等、和睦、文明的婚姻家庭关系，既是对婚姻家庭关系进行法律调整的出发点，也是这种法律调整所追求的价值目标。家庭成员之间应当平等相待，和睦相处。家庭成员具有平等的法律地位，不得恃强凌弱。家庭成员应当团结互助，要避免无谓的纠纷。古人有言："家和万事兴。"在新的社会条件下，这一古训仍有其现实意义。这里所说的文明，不仅包括婚姻家庭领域的物质文明，更重要的是指婚姻家庭领域的精神文明，要求家庭成员共同营造良好的家教、家风、家德。婚姻家庭领域的精神文明建设，是社会主义精神文明建设的重要组成部分。文明的婚姻家庭是文明社会的缩影，文明的婚姻家庭必将推动全社会的文明进步。[③]

---

① 赵庆杰：《家庭与伦理》，中国政法大学出版社 2008 年版，第 289 页。

② 案例的简单内容是，哥哥秘密进行亡父丧事，弟弟获悉后质问哥哥，并向法院起诉哥哥侵害其悼念权。

③ 杨大文、龙翼飞：《婚姻家庭法》，中国人民大学出版社 2018 年版，第 59 页。

【案例评注】

修某与张某离婚后损害责任纠纷案[①]

基本案情

修某、张某原系夫妻关系，于××××年××月登记结婚，婚后育有一女，现已成年。双方婚姻关系存续期间，张某与案外人范某有不正当男女关系，并于××××年××月××日生育一子。后张某诉至法院要求离婚，2016 年 5 月经法院判决准予双方离婚。之后，修某提起诉讼，要求张某赔偿其精神损害 80000 元。张某认为其不存在应当进行损害赔偿的法定事由，因存在过错，愿与修某和解，但修某起诉数额过高，请求法院予以酌情减少。本案的焦点是：因夫妻一方违反忠实义务导致离婚的，无过错的另一方是否能向其主张精神损害赔偿。

法院判决

一审法院认为，夫妻之间应当互相忠实、互相尊重；家庭成员间应当敬老爱幼，互相帮助，维护平等、和睦、文明的婚姻家庭关系。张某在与修某婚姻关系存续期间内与他人有不正当男女关系，并生育一子，导致离婚，此行为伤害了夫妻感情，应该承担相应的民事赔偿责任。尽管修某可向张某主张损害赔偿，但修某主张的精神损害赔偿金数额较高，应根据张某过错程度、给付能力等情况将赔偿数额调整为 50000 元。

原审张某不服一审判决，提起上诉。二审法院认为，此纠纷是关于原审判决精神抚慰金数额是否过多的问题。张某在婚姻关系存续期间与他人有不正当男女关系并育有一子，在婚姻关系存续期间存在过错，应该承担相应的民事责任，考虑到上诉人过错行为对婚姻的影响程度，一审法院酌定张某赔偿修某精神抚慰金 50000 元，在法律允许的自由裁量范围内，二审法院予以确认。故驳回张某的请求，维持原判。

专家点评

夫妻负有忠实义务，既是婚姻关系中生理和伦理价值的反映，也是婚姻家庭

---

① 审理法院：一审法院为江苏省徐州市泉山区人民法院，案号为（2017）苏 0311 民初 2843 号；二审法院为江苏省徐州市中级人民法院，案号为（2017）苏 03 民终 5626 号。

关系的本质要求，属于配偶权的一项重要内容。要求夫妻互相忠实，绝不意味着用法律手段强行维持感情已破裂的婚姻关系，感情确已破裂的夫妻可以依法离婚。因一方的不忠实行为导致离婚的，受害的另一方可以按照婚姻家庭编的有关规定获得法律上的救济。之所以救济受害方，是因为违反忠实义务对配偶的情感和精神所造成的伤害往往是非常严重的，这和我国社会一般大众因习惯、传统等对婚姻家庭的认识有很大关系。因此，《最高人民法院关于适用〈中华人民共和国婚姻法〉若干问题的解释（一）》第28条明确规定了违反忠实义务可产生精神损害赔偿权，具体规则适用《最高人民法院关于确定民事侵权精神损害赔偿责任若干问题的解释》的有关规定。适当的精神损害赔偿数额，应当具有抚慰性和个案性：抚慰性是指赔偿金额能够抚慰无过错方受到的精神伤害和情感打击；个案性是指不同的案件，不同地区、不同当事人的经济状况，赔偿额会不同，从而与当事人的支付能力相对应。在本案中，张某在婚姻关系持续期间内，与范某有不正当男女关系，并生育一子，违反了对配偶修某的忠实义务，对修某的情感和精神造成很大的伤害。不仅如此，有过错的张某还主动诉至法院要求离婚，修某受到更大的打击，最终双方依法离婚。离婚后，修某要求张某赔偿其精神损失80000元。根据《最高人民法院关于适用〈中华人民共和国婚姻法〉若干问题的解释（一）》第28条的规定，修某有权主张该精神损害赔偿，抚慰无过错方修某受到的精神伤害和情感打击，但综合考虑张某的过错程度、给付能力等情况，一、二审法院酌定张某赔偿修某精神抚慰金50000元是合理的。

第一千零四十四条 收养应当遵循最有利于被收养人的原则，保障被收养人和收养人的合法权益。

禁止借收养名义买卖未成年人。

【条文释义】

本条是对收养子女原则的规定。

收养是指自然人领养他人的子女为自己的子女，依法创设拟制血亲的亲子关系的身份法律行为。依收养身份法律行为创设的收养关系，就是拟制血亲的亲子关系，是基于收养行为的法律效力而发生的身份法律关系。其收养者为养父或养母，被收养者为养子或养女。[①] 这种拟制血亲的亲子关系，具有与自然血亲同样

① 陶汇曾：《民法亲属论》，上海法学编译社1937年版，第170页。

内容的权利义务关系。

在收养的身份法律行为中，当事人分别是收养人、被收养人和送养人。其中，领养他人子女为自己的子女的人是收养人，被他人收养的人为被收养人，将子女或者儿童送给他人收养的自然人或者社会组织为送养人。收养行为是变更被收养人身份关系的行为，而不是一般的民事法律行为。因此，尽管被收养的是人，但被收养人是收养法律行为的主体，而不是收养行为的标的。

收养行为在法律上具有以下特征：（1）收养是身份法律行为，是要式行为。收养行为的性质属于身份行为，是建立身份关系的法律行为。收养行为的实施，使原来没有血亲关系的收养人和被收养人的身份关系发生改变，使收养人成为养父、养母，被收养人成为养子、养女，建立了拟制的亲子关系。这种身份行为关系到当事人尤其是被收养人的身份地位问题，必须是要式行为。（2）收养行为人应是具有特定法律身份的人。在一般的民事法律行为中，对行为人的身份通常不加限制，但收养行为涉及人的身份地位问题，所以法律规定了特别的限制：第一，收养人和被收养人必须是自然人，社会组织不具有这样的资格。第二，收养人、送养人和被收养人必须符合法律所规定的资格和条件，否则不得收养子女、送养子女或者被他人所收养。第三，收养只能发生在非直系血亲关系的自然人之间，原本就存在自然血亲关系的自然人之间，自然血缘密切，辈分分明，一旦收养，必然造成血缘关系的混乱，法律禁止直系血亲之间进行收养。第四，除了夫妻共同收养之外，禁止被收养人被二人所收养，目的在于避免违反亲子身份秩序，损害被收养人的利益。（3）收养行为是产生法律拟制血亲关系的行为。收养行为在收养人和被收养人及其近亲属之间产生亲子的权利义务关系，与自然血亲的亲子关系没有区别。这是收养与寄养的主要区别。[①] 这种血亲关系是拟制血亲关系，通过法律的拟制，使没有血亲关系的人发生血亲关系，其特点是，通过法律行为而设立，也可以通过法律行为而解除这种血亲关系。（4）收养行为消灭养子女的自然血缘关系但自然血缘关系仍然存在。收养行为消灭被收养人与其生父母之间的权利义务关系，但子女被他人收养之后，原有的自然血亲关系并没有完全消灭。基于出生而发生的血缘关系，是不可能人为加以消灭的。因此，收养的效力不及于自然血亲关系，法律有关自然血亲关系的一些规定，如禁止结婚的血亲关系等，不受收养的影响。

对于收养行为的性质，有两种不同的认识。一是认为是私法行为，即由当事人自由实施的民事法律行为；二是认为是公法行为，偏重收养的公法性质，强调

---

① 孟令志等：《婚姻家庭与继承法》，北京大学出版社 2012 年版，第 215 页。

公权力介入的特征。收养行为是民事法律行为，是身份行为，当然是私法行为，而不是公法行为。这样认识收养行为的性质，并不排斥公权力对收养行为的干预和监督。对收养实行国家监督主义，有利于保障收养行为依法进行，保护被收养人的合法权益。

收养通常是为了满足收养人没有子女而渴望收养子女、组建完整的家庭的愿望。但是，收养即使具有这样的目的，也必须依照收养的法律要求进行：收养应当有利于被收养人的健康成长，保障被收养人和收养人的合法权益。这是因为，任何被收养人都是独立的个体，都是具有人格尊严的民事主体，应当受到尊重；由于被收养人多数都是未成年人，是祖国和民族的未来和希望，必须有利于他们的健康成长，使他们的合法权益得到保障。只有符合这样要求的收养行为，才是法律承认的收养。

实行收养制度的首要目的，在于使未成年的被收养人，包括丧失父母的孤儿、查找不到生父母的弃儿、出于某些原因生父母不能抚育的子女，能够在收养人的抚育下健康成长。对于收养孤儿、残疾儿童、查找不到父母的弃儿以及继子女，法律都规定了较为宽松的条件，体现的就是这一原则。

收养法律关系既关系到被收养人的利益，也关系到收养人的权益，都必须得到法律的保护。保护的标准，就是养父母子女关系适用法律关于父母子女关系的规定。贯彻这一规定，就体现了保护被收养人和收养人的合法权益的原则。

在现实生活中，存在借收养为名而买卖未成年人的现象。这是社会的丑恶现象，是违反法律或者社会公共利益的行为，必须严厉禁止，严厉打击借收养名义买卖未成年人的违法犯罪行为。

【案例评注】

任某甲、吴某某等与金某甲、金某乙收养关系纠纷案[①]

基本案情

两原告金某甲、金某乙与金某丙系姐弟关系，其父母均早已亡故。金某丙生前未婚，曾因犯罪被判刑入狱数年。自 2005 年 3 月起至 2008 年 3 月止，金某丙每月领取上海市农村最低生活保障金。2007 年 9 月 6 日，被告任某甲、吴某某以

① 审理法院：一审法院为上海市宝山区人民法院，案号为（2015）宝民一（民）初字第 1704 号；二审法院为上海市第二中级人民法院，案号为（2016）沪 02 民终 3541 号。

生父母有特殊困难，无力抚养子女为由将被告任某乙送养给金某丙，并办理了收养登记手续。任某乙的生父母为任某甲、吴某某。事实上，2005 年 6 月 21 日，被告吴某某投资申请设立上海罗太废旧物资回收站获工商管理部门核准，注册资金为人民币（以下币种同）5 万元，之后吴某某申请将上海罗太废旧物资回收站变更为上海任庄物资经营部，注册资金变更为 3 万元，由被告任某甲、吴某某共同经营至今。2008 年 2 月 29 日，金某丙因交通事故受伤，经抢救无效后于同年 3 月 5 日死亡。2015 年 2 月 11 日，金某甲、金某乙诉至法院，请求确认收养人金某丙与被收养人任某乙之间的收养行为无效。本案的焦点是：收养不利于被收养人任某乙的抚养和成长时，收养人金某丙与送养人任某甲、吴某某之间的收养行为是否无效。

法院判决

一审法院认为，根据《中华人民共和国收养法》的相关规定，生父母有特殊困难无力抚养的不满十四周岁的未成年人可以被收养；收养人应当有抚养教育被收养人的能力；收养行为被人民法院确认无效的，从行为开始时起就没有法律效力。本案中，被告任某甲、吴某某婚后生育包括被告任某乙在内共二子，子女人数并不多，被告任某甲、吴某某又共同投资经营上海罗太废旧物资回收站（后变更为上海任庄物资经营部）至今，有相应的经济来源，被告任某甲、吴某某作为生父母，并无充分证据证明其有特殊困难导致无力抚养被告任某乙的情形，故被告任某甲、吴某某送养被告任某乙的行为不符合有关法律规定。金某丙在收养被告任某乙之前曾因犯罪被判刑入狱数年，出狱之后并无固定工作，缺乏经济来源，其依靠每月领取的本市农村最低生活保障金生活。故金某丙作为收养人，并不具备抚养教育被收养人的能力。综上，现原告要求确认金某丙与被告任某乙之间的收养行为无效，法院应予支持。原审法院据此作出判决：金某丙与被告任某乙之间的收养行为无效。

原审判决后，任某甲、吴某某、任某乙不服，提起上诉。二审法院认为，本案争议焦点是收养人金某丙与被收养人任某乙之间收养关系的效力。《中华人民共和国收养法》第二条规定，收养应当有利于被收养的未成年人的抚养、成长，保障被收养人和收养人的合法权益，遵循平等自愿原则，并不得违背社会公德。本案上诉人任某甲、吴某某送养任某乙的申请原因是基于自身经济困难无力抚养子女，常理而言，其收养人应该能给予被收养人任某乙更好的经济保障，有利于任某乙的抚养和成长，但根据本案原审所查明的事实以及上诉人任某甲也自述金某丙曾在其处打工等情形。收养人金某丙显然不具备较上诉人任某甲、吴某某更好的综合条件，送养人及收养人的客观情形与法律所规定的送养人、收养人应具备的条件不符，与《中华人民共和国收养法》的立法目的相悖。故，上诉人任某甲、吴某某的送养行为、金某丙的收养行为，均与《中华人民共和国收养法》的效力性规定不符，收养人金某丙与被收养人任某乙之间的收养关系应系无效。综上所述，原审认定事实清楚，判决并无不当，予以维持。

专家点评

保障未成年人的健康成长是实行收养制度的首要目的。由于未成年人的身心发育尚不成熟，缺乏独立的生活能力和辨认自己行为的社会后果的能力，属于无民事行为能力人或限制民事行为能力人，他们需要家庭的悉心抚养、关怀爱护、培养教育和监督保护。尤其是对那些丧失父母的孤儿、查找不到生父母的弃婴和儿童以及生父母有特殊困难而无力抚养的未成年人，收养关系的成立，可以使他们在温暖的家庭中生活，得到养父母的抚养教育，健康成长。本案中，金某丙收养了任某乙，但金某丙显然不具备较任某甲、吴某某更好的综合条件。如前所述，金某丙曾因犯罪被判刑入狱数年；在经济收入上，金某丙每月领取上海市农村最低生活保障金，还曾外出打工，无法照顾任某乙基本的生活起居。而任某乙的生父母任某甲、吴某某共同投资经营废旧物资回收站至今，有相应的经济来源。因此，任某乙与其生父母任某甲、吴某某共同生活更有利于任某乙的健康成长。法院判决金某丙和任某甲、吴某某之间的收养行为无效是合理的，遵循了最有利于被收养人原则。

第一千零四十五条 亲属包括配偶、血亲和姻亲。

配偶、父母、子女、兄弟姐妹、祖父母、外祖父母、孙子女、外孙子女为近亲属。

配偶、父母、子女和其他共同生活的近亲属为家庭成员。

【条文释义】

本条是对亲属及亲属种类的规定。

亲属是指因婚姻、血缘和法律拟制而产生的人与人之间的特定身份关系，以及具有这种特定身份关系的人相互之间的称谓。

亲属概念包含三方面含义：第一，亲属是一种人与人之间的社会关系，这种社会关系因婚姻、血缘和拟制血缘而产生。在这个含义上使用“亲属”概念，实际上是指“亲属身份关系”，是亲属之间的权利义务构成的法律。第二，亲属标志着具有亲属身份关系的人的特定身份。亲属是人与人之间的一种特定身份，具有特定亲属身份关系的人就具有特定的身份。这种身份是固定的，只要亲属身份关系存在，这种特定身份就不会改变，亲属之间不能相互更换位置而改变身份。在这个含义上的亲属概念，标志着亲属之间的不同身份地位及亲属身份关系的远近亲疏。第三，亲属也是具有亲属身份关系的人相互之间的共同称谓。亲属因其身份的不同，因其亲属身份关系的远近亲疏不同而有不同的称谓，如配偶、父母子女、祖父母孙子女、外祖父母外孙子女、兄弟姐妹、叔姑、舅姨、甥侄等，这些具体称谓集合起来，都可称为“亲属”。在这个含义上使用的“亲属”，实际指的是亲属之间的共同称谓。

亲属的法律特征是：(1) 亲属是以婚姻和血缘为基础产生的社会关系。民事法律关系是一种社会关系，与其他民事法律关系相比，唯独亲属是以两性的结合和血缘的联系为基础而发生的民事法律关系。亲属的发生有自然发生和人为发生两种情形。无论哪一种，如果没有婚姻和血缘，就不会发生亲属这种社会关系，就不存在亲属身份关系。(2) 亲属是有固定身份和称谓的社会关系。亲属一旦形成，亲属之间即具有固定的身份和称谓，除依法律的规定外，不得随意变更。一定的婚姻和血缘关系产生一定的亲属，而亲属身份一经产生就固定下来，非依法律规定不得变更。亲属称谓是亲属身份的表现形式，每种亲属身份都有固定的称谓，亲属身份不变，称谓不得变更。法律所确定的亲属身份和称谓，也可以因法律行为和法律事实的发生而变化，前者如离婚，解除了配偶之间的配偶身份和夫、妻的称谓；后者如配偶一方死亡，生存一方即与对方的亲属之间解除姻亲关系。(3) 一定范围内的亲属有法律上的权利义务关系。法律确立亲属制度的目的，在于调整亲属之间的权利义务关系，使其确定化、有序化，更有利于人类自身的生存发展和社会的稳定。法律对亲属身份关系的调整是有限范围内的调整，各国法律都规定了在法律上发生权利义务的亲属范围。亲属法是规范一定范围内的亲属身份关系的法律。超出此范围的亲属关系，不受法律调整。

亲属与家属的区别。家属是与家长相对应的称谓。我国古代的礼法规定，实行家长制，每个家庭设有家长，共同生活在一个家庭中的其他成员则为家属，主要包括家长的妻、子女、儿媳等近亲属。对于在家庭共同生活的奴婢、妾、童养媳等，因为与家长有人身依附关系，法律也认为是家属。亲属与家属的主要区别是，亲属的范围要比家属的范围广得多，家属不一定是亲属，而亲属也不一定是家属。原《婚姻法》已废除了家长制，无家长、家属的划分，改称家庭成员。民间习惯上虽仍然沿用家长、家属的说法，但其内涵已与古代的家长、家属不同。此种称谓已无法律意义。同居一家的家庭成员法律地位一律平等，享有平等的权利和承担平等的义务。

亲属与家庭成员的区别。家庭成员，是指同居一家共同生活并互有权利义务的亲属。我国古代提倡几代同堂的大家庭，家庭成员往往由血缘关系较为密切的近亲属以及其配偶组成。我国现代家庭成员一般由配偶及父母、子女等血缘关系极为密切的近亲属组成。随着社会发展，家庭规模日益缩小，由父母和未成年子女构成的核心家庭日趋增多。可见，亲属与家庭成员的区别是，家庭成员仅仅是亲属中的极少部分，亲属的范围要广泛得多。因此，家庭成员一定是亲属，而亲属不一定是家庭成员。

我国亲属分为三个种类：

1. 配偶。配偶是因男女双方结婚而发生的亲属，是关系最为密切的亲属，是因男女双方结婚而发生的亲属，是血亲的源泉、姻亲的基础。配偶的亲属身份始于结婚，终于配偶一方死亡或离婚。

2. 血亲，是指有血缘联系的亲属，是亲属中的主要部分。血亲分为自然血亲和拟制血亲。自然血亲是指出于同一祖先有血缘联系的亲属，如父母与子女、祖父母与孙子女、外祖父母与外孙子女、兄弟姐妹等。这些亲属无论是全血缘或半血缘，也无论是婚生还是非婚生，均为自然血亲。自然血亲在整个亲属范围内占重要地位，是家庭成员的主要组成部分。自然血亲还分为全血缘的自然血亲和半血缘的自然血亲。前者是指同胞的兄弟姐妹，他们的血缘都来自同一对男女。后者是指同父异母或者同母异父所生的兄弟姐妹，他们的血缘关系追根溯源，仅有一半相连。全血缘的自然血亲与半血缘的自然血亲在亲属之间的权利义务上没有区别。

拟制血亲是指本无血缘联系或者没有直接的血缘联系，但法律确认与自然血亲有同等权利义务的亲属。拟制血亲一般因收养而产生，在养父母养子女之间产生父母子女的权利义务关系。民法典婚姻家庭编第 1111 条规定，养父母和养子女间的权利义务，适用父母子女关系的有关规定，就是承认收养形成的拟制血亲关系。原《婚姻法》另外承认形成了扶养关系的继父母与继子女为拟制血亲。原《婚姻法》第 27 条第 2 款规定："继父或继母和受其抚养教育的继子女间的权利义务，适用本法对父母子女关系的有关规定。"这里以受其抚养教育为条件，把继父母与继子女分为姻亲关系和拟制血亲两种类型，没有受其抚养教育的为姻亲关系，受其抚养教育的作为拟制血亲对待。这种规定存在问题。继父母与继子女本为姻亲，不同于养父母和养子女之间的关系。其不同之处就在于，收养关系成立以后，养子女与生父母之间的亲属身份关系消灭；而继父母和继子女之间抚养关系的形成，并不消灭继子女与生父母之间的亲子关系。这就使凡是与继父母形成了抚养关系的继子女，具有与其继父母和生父母之间双重的亲子关系，使继子女在法律上享有了独特的法律地位。这种立法例是不切合实际的，应将继父母和继子女之间的关系归并于姻亲之中，形成收养关系的除外。

血亲还分为直系血亲和旁系血亲。直系血亲是指有直接血缘关系的亲属，包括生育自己和自己所生育的上下各代的亲属，如父母与子女、祖父母与孙子女、外祖父母与外孙子女等。在我国历史上，受重男系亲轻女系亲、重父系亲轻母系亲的思想影响，曾经有把外祖父母与外孙子女的亲属排除在直系血亲之外的做法和习惯，这是违反亲属法和自然法则的错误做法。

旁系血亲是指有间接血缘关系的亲属，即与自己同出一源的亲属，如与自己同源于父母的兄弟姐妹，与自己同源于祖父母的伯、叔、姑以及堂兄弟姐妹和姑表兄弟姐妹，与自己同源于外祖父母的舅、姨以及姨表兄弟姐妹和舅表兄弟姐妹等。凡是与自己为同一高祖所生的子孙，除了直系血亲之外，均为五代以内的旁系血亲。

按照血亲的辈分不同，血亲分为尊亲属、卑亲属和平辈血亲。尊亲属又称长辈亲，是指辈分高于自己的亲属，即父母以及父母同辈以上的血亲。父母、祖父母、外祖父母为自己的直系尊亲属，伯、叔、姑、舅、姨为自己的旁系尊亲属。卑亲属又称晚辈亲，是指辈分低于自己的血亲，即子女以及子女同辈以下的血亲。子女、孙子女、外孙子女为自己的直系卑亲属，侄子女、外甥、外甥女为自己的旁系卑亲属。平辈亲属又称为同辈亲，是指与自己辈分相同的亲属。如同胞兄弟姐妹、表兄弟姐妹、堂兄弟姐妹等。凡是平辈亲属都是旁系血亲。

3. 姻亲是指以婚姻为中介而产生的亲属，配偶一方与另一方的血亲之间为姻亲关系，如公婆与儿媳、岳父母与女婿等。以婚姻为中介产生的人际关系的范围很广，并非所有的人际关系都发生法律上的姻亲效果，如我国民间普遍认为己身的子女配偶的父母即亲家为当然的姻亲，但世界上大多数国家的亲属法上不以其为姻亲。

我国的姻亲分为三类：(1) 血亲的配偶。血亲的配偶是指己身的血亲包括直系血亲和旁系血亲的配偶，如儿媳、女婿，为直系血亲的配偶，嫂、姐夫、弟媳、妹夫、伯母、婶母、姑夫、姨夫等为旁系血亲的配偶。(2) 配偶的血亲。配偶的血亲是指配偶的直系血亲和旁系血亲。就夫方来说，配偶的血亲是指岳父母、妻的兄弟姐妹及其子女等；就妻方来说，配偶的血亲是指公婆、丈夫的兄弟姐妹及其子女等。(3) 配偶的血亲的配偶。配偶的血亲的配偶是指自己配偶的血亲的夫或者妻。在男方而言，是指妻的兄弟之妻（舅媳）、姐妹之夫（连襟）；就妻方来说，则是指夫的兄弟之妻（妯娌）、夫的姐妹之夫（姑夫）。[1]

这种亲属身份关系是否为法律上的姻亲，各国法律规定不一。有的国家不予承认，如1890年《德国民法典》和现行《瑞士民法典》均不承认此类亲属，而只承认前两种亲属。有的国家对姻亲范围作扩大规定，不仅包括前三种姻亲，而且把血亲的配偶的血亲也扩展为姻亲，如韩国民法。我国传统不承认血亲的配偶的血亲为姻亲关系。事实上，亲属的范围扩展得越广，越失去法律上的意义。我国亲属法规定以上三种姻亲，不必再规定其他姻亲。至于发生法律效力的姻亲范围，则应限制在一定的亲等之内。

姻亲也同样有尊亲属、卑亲属、平辈亲属以及直系姻亲、旁系姻亲之分。这种划分以其配偶或与配偶的亲系为准而定。例如，公婆是自己的丈夫的直系尊亲属，公婆就是自己的直系尊姻亲；侄媳妇是自己侄儿的妻子，侄儿是自己的旁系卑亲属，侄媳妇就是自己的旁系卑亲属。

亲属之间存在亲疏远近的区别，国外通常用亲等表示。我国没有这样的制度，使用近亲属的概念，确认配偶、父母、子女、兄弟姐妹、祖父母、外祖父母、孙子女、外孙子女为近亲属，在他们之间发生权利义务关系。超出这个范围的亲属，不发生权利义务关系，不受婚姻家庭法的调整。我国这个近亲属的概念，相当于“三代以内的血亲”。

民法典婚姻家庭编没有规定家制，虽有家庭的概念，但没有对家庭概念作出界定，仅规定了家庭成员的概念。配偶、父母、子女等近亲属，是家庭成员，是家庭的组成部分。

【案例评注】

陈某等与甘州区梁家墩镇迎恩村民委员会等侵害集体经济组织成员权益纠纷案[2]

基本案情

原告赵某某系迎恩村六社赵甲之女，户口在该村社。2014年12月31日，赵某某与陈某登记结婚，2015年12月27日生育一子取名陈某某，但迎恩村六社拒

---

① 俗称大姑姐夫和小姑妹夫。

② 审理法院：一审法院为甘肃省张掖市甘州区人民法院，案号为（2017）甘0702民初5008号；二审法院为甘肃省张掖市中级人民法院，案号为（2017）甘07民终1271号。

绝给原告陈某某入户。2015 年 1 月，原告陈某将户口迁入迎恩村六社。从 2014 年开始，被告迎恩村六社将部分土地出租，收取土地租金后给社员分配。2015 年该社给原告赵某某和陈某分配了土地租金。2016 年，该社给每位社员分配土地租金及提留款 1150 元，但未给赵某某、陈某和陈某某分配。原告陈某认为，他迁到赵某某的户籍上，足以说明其具有迎恩村六社集体经济组织成员资格，而且其与赵某某之子陈某某出生在该社，理应具有该村社集体经济组织成员资格，故三原告享有迎恩村六社集体经济收益的分配权。本案的争议焦点是：户口在该村的赵甲之女赵某某、与赵某某结婚后将户口迁入该村的陈某以及出生在该村的赵某某和陈某的婚生子女陈某某是否为赵甲的家庭成员，是否合法取得该村社集体经济组织成员资格。

法院判决

一审法院认为，只要具备迎恩村六社集体经济组织成员资格的人，就应平等享有该社土地租金即集体经济收益的分配权。所谓集体经济组织成员，是指户籍在该集体经济组织，或生活在该组织，而对该组织的土地享有权利，负有义务的人。根据这一定义，农村集体经济组织成员资格，具有很强的身份性质，它可以依法定事件如出生而取得，也可依合法行为如婚姻而取得。原告赵某某出生于迎恩村六社，户口亦登记在该社，因此原告赵某某即具有迎恩村六社集体经济组织成员资格。原告赵某某具有被告迎恩村六社集体经济组织资格，原告赵某某之子原告陈某某自出生时亦应具有被告迎恩村六社集体经济组织成员资格。但是，原告陈某并无证据证明其在迎恩村六社生产生活并以该集体经济组织土地为基本生活保障来源。因此，陈某不享有该村社集体经济收益的分配权。

陈某不服一审判决，提起上诉。二审法院认为，本案的焦点是上诉人是否享有迎恩村六社集体经济收益的分配权。要确认上诉人是否享有迎恩村六社集体经济收益的分配权，首先要确认上诉人是否具有该农村集体经济组织成员资格。《中华人民共和国婚姻法》规定，男女双方登记结婚后，根据双方约定，女方可以成为男方的家庭成员，男方也可以成为女方的家庭成员。上诉人陈某与赵某某登记结婚后，将户口迁入迎恩村六社，其已经丧失原村社的集体经济组织成员资格，迎恩村六社的集体财产就成为其基本生活保障，其有权主张与本村村民享有同等的集体经济收益的权利，要求分配集体经济收益。

专家点评

我国的民法典是第一次明文规定亲属概念的法律。亲属包括配偶、血亲和姻亲。配偶因男女双方结婚而发生的亲属，其亲属身份始于结婚，终于配偶一方死亡或离婚。血亲是有血缘联系的亲属。姻亲是夫妻一方与对方亲属之间发生的亲属关系，可分为三类，即血亲的配偶，配偶的血亲以及配偶的血亲的配偶。近亲属包括配偶、父母、子女、兄弟姐妹、祖父母、外祖父母、孙子女、外孙子女。拟制的近亲属有共同生活的公婆、岳父母、儿媳、女婿。家庭成员包括配偶、父母、子女和其他共同生活的近亲属。本案中，赵某某是该村的村民赵甲之女，是基于血缘关系与赵甲产生的亲属关系，出生以来户口一直在迎恩村六社；陈某是赵某某的配偶，是与赵某某结婚而产生的亲属关系，婚后将户口迁入该村社，生产生活均在该村社；陈某某是陈某与赵某某的婚生子女，是夫妻二人的血亲，出生在该村社。因此，赵某某、陈某和陈某某不仅是合法的亲属，又是合法的家庭成员。农村集体经济组织成员资格，具有很强的身份性质，它可以依法定事件如出生而取得，也可依合法行为如婚姻而取得。由于赵某某、陈某和陈某某是合法的家庭成员，且均取得该村社的户口，有权获得该经济组织成员的资格。

第二章 结 婚

第一千零四十六条 结婚应当男女双方完全自愿，禁止任何一方对另一方加以强迫，禁止任何组织或者个人加以干涉。

【条文释义】

本条是对结婚须有男女双方婚姻合意的规定。

婚姻的一般概念，是指为当时的社会制度所确认的男女双方互为配偶的结合。① 婚姻是人类社会发展到一定阶段而产生的，是同一定的社会生产方式和生活方式相适应的男女两性结合社会形式，不是自始存在和永恒不变的。

结婚，是指男女双方以共同生活为目的，以产生配偶之间的权利义务为内容的两性结合。婚姻是最重要的身份关系，创设婚姻的行为是结婚的身份行为。结婚有广义和狭义之分。广义的结婚包括订婚和结婚。狭义的结婚是男女双方依照法律规定的条件和程序缔结配偶关系，并由此产生相应的民事权利、义务和责任的身份法律行为。按照我国法律规定，结婚须得到法律的确认，即结婚行为再加上婚姻登记，就构成婚姻关系，产生配偶权。

婚姻的性质，在一些国家的立法上被认为是契约，即婚姻是男女两性以成立家庭，建立夫妻一体生活为目的，依据法律的规定而缔结的合同。从法律的观点看，婚姻是一男一女为了共同的利益而自愿终身结合，互为伴侣，彼此提供性的满足和经济上的帮助以及生男育女的契约而已。我国亲属法通说反对“婚姻契约论”的主张。理由是，婚姻并非依当事人自己的意志即可缔结，必须具有国家的意志才可以成立；婚姻是一种身份关系，婚姻双方在财产上的权利义务不过是附随于人身上的权利义务的，创设这种身份关系的婚姻行为，是一种身份法上的行为，婚姻须有结婚的合意，但是婚姻成立的要件和程序、婚

---

① 杨大文主编：《亲属法》，法律出版社2003年版，第64页。

姻的效力、婚姻解除的原因等，都是法定的，而不是行为人意定的，因而不能认为婚姻是契约。

婚姻成立分为广义和狭义的概念。广义的婚姻成立，是指订婚和结婚，两者合为一体。狭义的婚姻成立，是专指结婚。我国古代对婚姻成立采广义概念，订婚是结婚的先行阶段，十分重视婚约的效力。近现代则多采狭义概念，法律不规定订婚和婚约，订婚并非婚姻行为不可缺少的组成部分。在民间，当事人缔结婚姻关系，多采订婚形式，尽管没有法律效力。当事人缔结婚约之后，由于解除婚约而发生的财物纠纷并不少见。因此，对于婚约也应当进行研究，并对因婚约而发生的纠纷研究解决的对策。

婚姻成立即发生法律效力，法律必须加强对婚姻关系的调整，保障婚姻关系的合法性。婚姻成立的法律效力，分为及于当事人的直接效力和及于第三人的间接效力。前者是发生配偶之间的权利义务关系，后者是以婚姻关系的成立为中介，发生亲属之间以及其他的权利义务关系。

结婚的必备要件也称结婚的积极要件，是当事人结婚时必须具备的法定条件。结婚须具备以下三个必备要件。第一，必须具有结婚合意。结婚是婚姻当事人双方的法律行为，双方自愿是婚姻结合的基础。因此，结婚合意是结婚的首要条件，是保障结婚自由的前提，是结婚自主权在亲属法中的体现。它的要求是：当事人双方确立夫妻关系的意思表示真实、一致。法律要求男女双方完全自愿：一是双方自愿而不是单方自愿，二是双方本人自愿而不是父母或者第三者自愿，三是完全自愿而不是勉强同意。法律禁止当事人的父母或者第三人对婚姻进行包办、强迫或者执意干预，排斥当事人非自愿的被迫同意。第二，必须达到法定婚龄。法定婚龄是法律规定的准许结婚的最低年龄，表示的是民事主体的婚姻行为能力必须符合法律要求。民法典婚姻家庭编第 1047 条规定："结婚年龄，男不得早于二十二周岁，女不得早于二十周岁。"当事人只有具有婚姻行为能力，达到法定婚龄，才可以结婚。第三，必须符合一夫一妻制。一夫一妻制，是婚姻制度的基本原则，是结婚的必备条件。法律禁止重婚。凡是已经有配偶的人，不得再结婚。构成重婚罪的，依法追究刑事责任。

【案例评注】

陈某某与冯某夫妻财产约定纠纷案[①]

基本案情

陈某某与冯某于2016年8月9日在金沙县民政局办理了离婚手续，双方在民政局签订了《离婚协议》。《离婚协议》载明：因夫妻双方性格不合，经常吵架，导致夫妻感情破裂，经协商，双方就具体的财产分割达成《协议》。《协议》载明：双方在人生的非常时期立此协议以便双方凭良心道德互相遵守。(1) 甲方(陈某某) 同意乙方 (冯某) 意愿离婚。(2) 矿上股份归甲方所有，债权债务甲方享有与承担，房产与车子乙方所有，但车子归甲方使用。(3) 如今后甲方复婚，则乙方无条件答应，房产仍共同享有，乙方不得有异议。(4) 乙方在甲方经营困难时必须协助甲方共渡经济危机，必要时可用房产作抵押贷款。(5) 双方签字即生效。双方在协议中签字并捺印确认。陈某某诉称双方离婚是为逃避债务而假离婚，请求确认该协议无效。本案的焦点是双方签订的《离婚协议》是否存在无效的情形。

法院判决

一审法院认为，民事法律行为从成立时具有法律约束力。陈某某与冯某均为完全民事行为能力人，双方于2016年8月9日达成《离婚协议》及《协议》，对夫妻共有财产进行约定分割，根据《中华人民共和国民法通则》第五十五条、《最高人民法院关于适用〈中华人民共和国婚姻法〉若干问题的解释（二)》第八条的规定，原、被告签订的《离婚协议》系双方的真实意思表示，不违反法律的强制性规定，合法、有效，双方应按达成的协议履行。原告与被告于同日签订的《协议》中关于财产分割部分也与《离婚协议》中的约定相符，但《协议》第3条涉及复婚的条款，即“如今后甲方复婚，则乙方无条件答应，房产仍共同享有，乙方不得有异议”，因结婚必须是男女双方完全自愿，该条款显然违反了《中华人民共和国婚姻法》第五条“结婚必须男女双方完全自愿，不许任何一方对他方加以强迫或任何第三者加以干涉”的规定，属于无效条款。

---

① 审理法院：一审法院为贵州省金沙县人民法院，案号为（2016）黔0523民初2721号；二审法院为贵州省毕节市中级人民法院，案号为（2017）黔05民终1071号。

陈某某不服一审判决，提起上诉。二审法院认为，陈某某与冯某均对其在《离婚协议》上的签名和捺印及在签署《离婚协议》后办理离婚登记的事实无异议。陈某某主张双方签订的《离婚协议》存在欺诈、胁迫、乘人之危、恶意串通损害第三人利益、违反法律强制性规定等无效情形。根据《中华人民共和国合同法》第五十二条第一项之规定，一方以欺诈、胁迫的手段订立合同，只有在损害国家利益时才无效。但陈某某未提供相应的证据予以证明。根据《中华人民共和国合同法》第五十二条第二项之规定，恶意串通，损害第三人利益的合同无效。但只有特定第三人才是受害人，如果受害人不主张无效，就无法确定第三人受到了损害或必然受到损害。除该特定第三人外的其他人，包括恶意串通的合同当事人自身均不能主张合同无效。故，陈某某主张《离婚协议》无效是没有法律依据的。但是该协议的第 3 条显然违反了《中华人民共和国婚姻法》第五条的规定，属于无效条款。

专家点评

结婚须有婚姻当事人对结婚的合意。结婚合意，是指当事人双方确立夫妻关系的意思表示一致。基于人格独立和自治原则，各国法律大多都把双方合意作为结婚的必备条件。双方合意也意味着男女双方有权自主决定自己的婚姻大事，不受任何第三人的强迫或干涉。当然，法律并不排除当事人的父母或他人对当事人提出意见和建议，但是，是否缔结婚姻应当由当事人自行决定。如果一方因另一方、第三人或组织的强迫或干涉而作出违背自己真实意思的结婚的表示，是可以通过法律得到救济的。民法典婚姻家庭编第 1052 条第 1 款规定了可撤销婚姻的情形，即“因胁迫结婚的，受胁迫的一方可以向人民法院请求撤销婚姻”。因此，法律保护结婚双方对结婚的真实意思，救济结婚时没有合意的当事人，保障他们的婚姻自由。本案中，陈某某与冯某签订的《离婚协议》第 3 条约定了“如今后甲方（陈某某）复婚，则乙方（冯某）无条件答应”，这一内容显然违背了婚姻自由原则，是陈某某对冯某的结婚自由加以强迫和干涉的行为，而不是基于陈某某和冯某对结婚的合意。因此，一、二审法院判决该条款无效是正当的。

第一千零四十七条 结婚年龄，男不得早于二十二周岁，女不得早于二十周岁。

【条文释义】

本条是对法定婚龄的规定。

法定婚龄是法律规定的准许结婚的最低年龄，表示的是民事主体的婚姻行为能力必须符合法律要求。本条规定，结婚年龄，男不得早于22 周岁，女不得早于20 周岁。当事人须具有婚姻行为能力，达到法定婚龄，才可以结婚。

有的学者将结婚行为能力称为结婚的实质要件，或者称为法定婚龄。事实上，民法典婚姻家庭编关于结婚年龄的规定，并非单纯说的是要件和婚龄的限制，而是是否具有结婚的资格的问题。因此，法定婚龄就是关于结婚行为能力的规定，是在何种年龄才能够结婚的规定，是关于自然人结婚的资格规定。将民法典婚姻家庭编关于结婚年龄的规定叫作法定婚龄，并不完全正确，而应当认为是关于结婚行为能力的规定。有的学者认为，具有完全民事行为能力的人不一定具备结婚的能力，必须是达到法定结婚年龄的公民，才具备结婚的行为能力，即婚姻能力。①

由于婚姻关系是自然属性和社会属性的结合，因而确定法定婚龄所要考虑的是婚姻的自然因素和社会因素。自然因素是人的生理条件和心理条件发展的因素，社会因素是指政治、经济、文化、人口状况、道德、宗教、民族习惯等方面的因素。确定法定婚龄必须符合上述因素。我国的法定婚龄较高，更多考虑的是我国的社会因素，提高人的生活质量。在目前我国适当放宽计划生育政策的情况下，普遍要求放宽法定婚龄的过高限制，很多人建议男女都为 18 周岁比较妥当。最后立法机关经综合考虑，还是坚持了现在的规定，只是删除了“鼓励晚婚晚育”的内容。

未达法定婚龄所生子女的权利仍受保护，民法典婚姻家庭编第 1071 条第 1 款明确规定，非婚生子女享有与婚生子女同等的权利，任何人不得加以危害和歧视。因此，即使男女双方因为法定原因导致婚姻无效，但是其子女的合法权利仍然受到合法保护。

---

① 孟令志:《无效婚姻论》，中国社会科学出版社 1996 年版，第 11 页。

【案例评注】

谢某某与王某某离婚纠纷案[①]

基本案情

2014 年 4 月 11 日，谢某某与王某某在美利坚合众国内华达州拉斯维加斯特别回忆结婚教堂举行婚礼，并取得内华达州结婚证。当时，王某某的年龄不到 22 周岁。2016 年 9 月 26 日，中华人民共和国驻洛杉矶总领事馆对此结婚证予以认证。2015 年 4 月 8 日，谢某某与王某某在中华人民共和国沈阳市和平区民政局登记结婚。婚后，双方未生育子女。2015 年 6 月 25 日，双方因争吵而分居。谢某某于 2015 年 9 月 30 日提起诉讼，请求判决离婚。本案的争议焦点是：谢某某与王某某于 2014 年 4 月 11 日在美利坚合众国结婚及双方于 2015 年 4 月 8 日在中华人民共和国登记结婚的效力问题。

法院判决

关于谢某某与王某某在美利坚合众国结婚的效力问题，一审法院认为，公民在国外结婚，原则上应在中国驻该国使、领馆办理结婚登记。如该国和我国无外交关系或该国不承认我驻外使、领馆办理结婚登记，当事人在该国依照婚姻缔结地法律结婚，只要不违背《中华人民共和国婚姻法》的基本原则和中华人民共和国的社会公共利益，其婚姻关系在中国境内有效。本案中，王某某在美利坚合众国结婚时不符合《中华人民共和国婚姻法》规定的男不得早于 22 周岁情形，但该无效婚姻法定事由是相对原因，而不是绝对原因。谢某某与王某某在达到法定结婚年龄后又在中华人民共和国办理了结婚登记，双方在婚姻关系成立时存在婚姻无效的法定事由在提起诉讼时已经不具备，故该婚姻即转化为有效婚姻。且中华人民共和国驻洛杉矶总领事馆对双方在美利坚合众国结婚证予以认证，符合法定程序，故谢某某与王某某在中华人民共和国登记后，双方建立起婚姻关系，该婚姻关系的效力从双方均符合婚姻法所规定的结婚条件时起算，即从 2014 年 4 月 22 日被告年满 22 周岁时起算。关于谢某某与王某某夫妻感情是否确已完全破裂的问题。双方婚后因家庭生活琐事发生矛盾，导致双方感情不和，于 2015 年 6 月

---

① 审理法院：一审法院为辽宁省沈阳市于洪区人民法院，案号为（2016）辽 0114 民初 15553 号；二审法院为辽宁省沈阳市中级人民法院，案号为（2017）辽 01 民终 7421 号。

25 日开始分居。之后，二人的夫妻关系没有改善，双方仍持续分居生活。根据《中华人民共和国婚姻法》第三十二条的规定，男女一方要求离婚的，可由有关部门进行调解或直接向人民法院提出离婚诉讼。人民法院审理离婚案件，应当进行调解；如感情确已破裂，调解无效，应准予离婚。一审法院认定谢某某与王某某夫妻感情确已完全破裂，双方已无和好的可能，故支持双方的离婚。

谢某某对一审判决的财产分割不服，提起上诉。二审法院认为，根据《最高人民法院关于民事诉讼证据的若干规定》第二条规定，当事人对自己提出的诉讼请求所依据的事实或者反驳对方诉讼请求所依据的事实有责任提供证据加以证明。没有证据或者证据不足以证明当事人的事实主张的，由负有举证责任的当事人承担不利后果。本案中，谢某某未能提供新证据证明其上诉主张，故驳回了上诉。

专家点评

结婚年龄的确定关涉家庭的组建、配偶权的实现和社会的稳定。设置法定婚龄的根本动因就是确立配偶权，保护婚姻双方的合法权益从而维持婚姻的稳定状态，这就是结婚年龄的法律意义所在。① 本条规定了我国的法定结婚年龄，男不得早于 22 周岁，女不得早于 20 周岁。男女双方只有满足法定婚龄才有资格结婚，才能到民政局领取结婚证。但是，法律并没有明确违反此规定的法定责任。也就是说，即便是不符合法定年龄而结婚，但以夫妻名义同居，法律也不会干涉，尊重他们同居的权利。只是，这种同居关系一般不会受到法律的保护，如同居的一方当事人对另一方不享有配偶权，同居期间所生的子女不被认定为婚生子女。因此，同居关系不像婚姻关系一样有维持婚姻的稳定状态的功能。值得注意的是，公民在国外结婚，原则上应在中国驻该国使、领馆办理结婚登记。如该国和我国无外交关系或该国不承认我驻外使、领馆办理结婚登记，当事人在该国依照婚姻缔结地法律结婚，只要不违背民法典婚姻家庭编的基本原则和中华人民共和国的社会公共利益，其婚姻关系在中国境内有效。本案中，王某某在美利坚合众国于 2014 年 4 月 11 日结婚时不符合男不得早于 22 周岁的条件，但该无效婚姻法定事由是相对原因，而不是绝对原因。2014 年 4 月 22 日王某某就达到了法定结婚年龄，因而在 2016 年 9 月 26 日，中华人民共和国驻洛杉矶总领事馆对此结婚证予以认证时，夫妻符合法定的婚龄，该婚姻关系是合法有效的。而且，2015 年 4 月 8 日，谢某某与王某某在中华人民共和国沈阳市和平区民政局登记结婚，该婚姻

① 金梦：《比较法视阈下的法定婚龄研究》，载《学术交流》2017 年第 1 期。

关系理应受到法律的保护。由于双方的婚姻关系有效，双方感情确已破裂，调解无效的，应当准予离婚。

第一千零四十八条 直系血亲或者三代以内的旁系血亲禁止结婚。

【条文释义】

本条是对禁婚亲的规定。

禁婚亲是禁止结婚的血亲，是指法律规定的禁止结婚的亲属范围。禁止一定范围的亲属结婚，在原始社会就存在，称为结婚禁忌，是指人类在群婚制中逐渐发现两性近亲结合的危害，因而禁止一定范围的亲属的两性结合。进入个体婚时期，人类有意识地通过立法禁止近亲结婚，考虑的是优生学、伦理道德以及身份和继承上的原因。现代亲属法尽管对禁止结婚的亲属范围有所区别，但是确定禁婚亲的制度则是基本相同的。

我国直系血亲和三代以内的旁系血亲为禁婚亲。直系血亲是指有直接血缘关系的亲属，包括生育自己和自己所生育的上下各代的亲属，如父母与子女、祖父母与孙子女、外祖父母与外孙子女等。旁系血亲是指有间接血缘关系的亲属，即与自己同出一源的亲属，如与自己父母同源的兄弟姐妹，与自己祖父母同源的伯、叔、姑以及堂兄弟姐妹和姑表兄弟姐妹，与自己外祖父母同源的舅、姨以及姨表兄弟姐妹和舅表兄弟姐妹等。凡是与自己为同一高祖所生的子孙，除了直系血亲之外，均为旁系血亲。

具体的禁婚亲是：（1）以世代计算法规定，凡是出自同一祖父母、外祖父母的血亲，都是禁婚亲；（2）三代以内的旁系血亲，一是兄弟姐妹，二是伯、叔、姑与侄、侄女，舅、姨与甥、甥女；三是堂兄弟姐妹和表兄弟姐妹。张某与王某是亲表兄妹，从小学到中学一起上学，后来一起打工，2007 年 8 月分别向自己的父母请求结婚，得到同意后，到民政部门办理结婚证，被拒绝，得知拒绝办理是法律规定为禁婚亲，以保证子孙后代健康的原因后，女方毅然做了绝育手术，以证明不会造成影响子孙后代健康的问题，但仍被拒绝。起诉到法院以后，也被判决驳回。[①]

---

① 余梦成：《“亲上加亲”可以重现》，载高其才主编：《当代中国婚姻家庭习惯法》，法律出版社 2012 年版，第 84 页。

拟制血亲是否属于禁婚亲，各国规定不同，我国婚姻家庭法没有明文规定。在实务中的做法是，直系的拟制血亲之间不准结婚；旁系的拟制血亲关系未经解除，禁止结婚；拟制旁系血亲关系已经解除的，则准许结婚。

【案例评注】

博某 2 与马某 2 等婚约财产纠纷案[①]

基本案情

博某 2 系博某 1 与马某 3 的儿子，马某 2 系马某 1 与阿某的女儿，马某 3 与马某 1 系兄妹关系。2014 年 11 月，博某 2 与马某 2 按彝族风俗习惯举行了婚礼，结婚时博某 2 家给马某 2 家彩礼钱 90000 元。博某 2 与马某 2 至今未办理结婚登记，也未生育子女。马某 2 在原告家生活一段时间后外出打工，至今未再回原告家。博某 2 认为，其与马某 2 没有婚姻关系，请求法院判令马某 2 等三被告连带一次性退还原告给付的彩礼钱和赔偿为举行婚礼时的各项开支费用。双方就彩礼返还一事协商未果，诉至法院。本案的焦点是：博某 2 与马某 2 的婚约关系是否成立，马某 2 三人是否应当返还彩礼钱。

法院判决

一审法院认为，博某 2 与马某 2 虽举行了结婚仪式，但未按法律规定办理结婚登记手续，根据《最高人民法院关于适用〈中华人民共和国婚姻法〉若干问题的解释（二）》第十条第一项的规定，支付彩礼的一方有权要求对方返还，且被告也认可收到彩礼 90000 元，故马某 2 等三人应向博某 2 返还彩礼 90000 元。

马某 2 等三人因不服原审判决，提起上诉。二审法院认为，本案的焦点是马某 2 等三人是否应退还彩礼。马某 2 之父与博某 2 之母系兄妹关系，二人系三代以内表亲关系，根据《中华人民共和国婚姻法》第七条"有下列情形之一的，禁止结婚：（一）直系血亲和三代以内的旁系血亲；（二）患有医学上认为不应当结婚的疾病"的规定，马某 2 与博某 2 属于婚姻法禁止结婚的对象。马某 2 与博某 2 虽然按照当地风俗习惯举办婚礼后共同生活，根据《中华人民共和国民法总则》第一百五十三条第一款"违反法律、行政法规的强制性规定的民事

---

① 审理法院：一审法院为四川省冕宁县人民法院，案号为（2018）川 3433 民初 958 号；二审法院为四川省凉山彝族自治州中级人民法院，案号为（2019）川 34 民终 543 号。

法律行为无效，但是该强制性规定不导致该民事法律行为无效的除外”的规定，马某2与博某2举办婚礼并以夫妻名义共同生活的行为不受法律保护，属于无效民事行为。根据《中华人民共和国民法总则》第一百五十七条的规定，马某2等三人与博某2等三人对马某2与博某2违反婚姻法规定举办婚礼共同生活的行为均有过错，均应承担各自的责任。因此，博某1、马某3、博某2主张赔偿举办婚礼的各项开支费用，一审法院不予支持是正确的。而上诉人马某1、阿某、马某2获得的彩礼钱，是上诉人方因该无效民事行为取得的财产，应当予以返还。

专家点评

禁止直系血亲或者三代以内的旁系血亲结婚，不仅是法律规定的义务，而且是伦理道德、传统风俗习惯的要求。如果没有这种禁止性规范，必然会导致一定的社会秩序的混乱。在对子女的影响上，直系血亲或者三代以内的旁系血亲之间结婚生子的，因血缘关系太近，容易将生理上和精神上的疾病或缺陷遗传给子女、后代，不利于优生优育；在伦理道德上，近亲结婚有悖于优良的传统文化，有碍于形成良好的婚姻道德观。因而，禁止一定范围的亲属结婚是合理的。就本案而言，博某2系博某1与马某3的儿子，马某2系马某1与阿某的女儿。由于马某3与马某1系兄妹关系，博某2与马某2是三代以内的旁系血亲，是法律禁止结婚的血亲关系。双方虽举行了结婚仪式，但未办理结婚登记，博某2与马某2之间不是婚姻关系，也不可能成为合法的夫妻。

第一千零四十九条 要求结婚的男女双方应当亲自到婚姻登记机关申请结婚登记。符合本法规定的，予以登记，发给结婚证。完成结婚登记，即确立婚姻关系。未办理结婚登记的，应当补办登记。

【条文释义】

本条是对结婚程序的规定。

婚姻是社会制度，所以男女的结合必须经过社会的承认，才能正式成立婚姻关系。结婚的程序是结婚的形式要件，是法律规定的缔结婚姻关系必须履行的法律手续。

目前各国立法规定结婚程序，主要有三种形式：(1) 仪式婚，是指结婚必须举行一定的仪式，结婚仪式是婚姻成立的法定要件。例如，宗教仪式婚，即神职人员主持的宗教结婚仪式；世俗仪式婚，即民间由家长主持并有证婚人参加的结婚仪式；法律仪式婚，即由政府官员主持结婚仪式。(2) 登记婚，是指结婚必须到法定登记机关进行登记，方认为成立婚姻。(3) 登记与仪式婚，是指结婚既要进行登记又要举行仪式的结婚形式。

我国结婚实行登记制，要求结婚的男女双方必须亲自到婚姻登记机关进行结婚登记。符合本法规定的，予以登记，发给结婚证。可见，结婚登记是我国婚姻成立的唯一形式要件，是结婚的法定程序。其意义在于，只有在履行了法律规定的结婚程序，即进行结婚登记之后，婚姻才具有法律上的效力，才能得到国家和社会的承认。不论男女双方是否同居、是否举行结婚仪式，都不是结婚的合法形式，只有进行结婚登记，才能发生结婚的法律效力。同时，加强结婚登记制度的管理，对于保障婚姻自由、一夫一妻、男女平等婚姻制度的实施，保护婚姻当事人的合法权益，都具有重要意义。

我国结婚登记程序分为申请、审查和登记三个环节。

1. 申请。要求结婚的当事人，应当向婚姻登记机关提出结婚申请。申请应当由当事人亲自到一方户口所在地的婚姻登记机关进行申请，不得由他人代理。按照国务院《婚姻登记条例》第 5 条规定，当事人申请时，应当携带户口簿、身份证以及本人无配偶及与对方当事人没有直系血亲和三代以内旁系血亲关系的签字声明。离过婚的当事人还必须持离婚证、生效的准予离婚的判决书或者调解书。结婚申请须采取书面形式，由当事人填写结婚登记申请书。

申请结婚登记的当事人应当如实向婚姻登记机关提供上述材料，不得隐瞒真实情况。结婚登记机关不得要求当事人提供上述材料以外的其他证件和材料。如果申请结婚登记的当事人受单位或者他人干涉，不能获得所需证明时，经婚姻登记机构查明确实符合结婚条件的，应当予以登记。

2. 审查。审查是结婚登记程序的中心环节，结婚登记管理机关应当全面查明当事人的有关情况，依法认定当事人是否符合结婚条件。申请中有不清之处，应当向当事人补充询问，或者进行调查了解，提供有关证明材料，或者进行医学上的鉴定。笔者认为，我国婚姻登记制度还应当建立审查期制度，在审查期以内完成登记。

3. 登记。经过审查，认为申请结婚登记的当事人符合结婚条件的，结婚登记机关应当进行结婚登记，发给结婚证书；对于离过婚再婚的，应当注销离婚证件。对于申请结婚的当事人受单位或者他人的干涉，不能获得所需证明文件的，经审查确认之后，应当予以登记。

对于符合以下情形之一的，结婚登记管理机关不予登记：一是未达法定婚龄的；二是当事人非自愿的；三是当事人已经有配偶的；四是属于直系血亲或者三代以内旁系血亲的；五是患有法律规定的禁止结婚或者暂缓结婚的疾病的。不予登记的决定作出之后，当事人不服的，可以依照行政复议程序申请复议；对复议决定不服的，可以依照《行政诉讼法》的规定提起行政诉讼。

对于离婚后申请复婚的，结婚登记机关依照有关结婚登记的程序进行登记，双方自愿恢复夫妻关系的，予以复婚登记。

未办理结婚登记的男女如果要得到法律的保护，即使在一起同居甚至形成事实婚姻关系，也应当补办登记。事实婚姻是男女双方未办理结婚登记手续，而以夫妻名义共同生活，同时周围的人也认为其是夫妻关系的行为。事实婚姻的法律特征是：(1）当事人具有结婚的主观目的。在事实婚姻关系中，当事人双方在主观上具有明确的创设婚姻关系、永久共同生活的主观意愿，并且双方在结婚的意思表示上完全一致，具有结婚合意。(2）在客观上有夫妻的共同生活。在事实婚姻关系中，当事人双方有共同的婚姻居所，有共同的性生活、经济生活与物质生活，可能形成夫妻共同财产，还可能有共同的子女，具有与婚姻关系当事人几乎相同的权利义务关系。(3）当事人的事实婚姻关系具有公示性。事实婚姻关系的当事人双方并不隐瞒自己的同居关系，对外公开宣称他们为夫妻，其他人也公认其为夫妻关系，具有婚姻身份关系的公示性。(4）双方婚姻关系的实质性要件符合法律规定。事实婚姻关系的双方当事人结合，共同生活，完全符合法律规定的结婚的实质要件，不违反法律。(5）双方婚姻关系欠缺法律规定的形式要件。事实婚姻关系的最直接表现，就是双方没有到婚姻登记机关办理结婚登记手续，欠缺结婚的形式要件。对于事实婚姻的男女双方，只有进行结婚登记，才能发生结婚的法律效力。

申请婚姻登记的当事人如果弄虚作假、骗取结婚登记的，婚姻登记机关应当撤销婚姻登记，对结婚、复婚的当事人宣布其婚姻关系无效，收回结婚证，并可以对当事人处以罚款。单位或者组织为申请结婚登记的当事人出具虚假证件和虚假证明的，婚姻登记机构应当予以没收，并可建议该单位或者组织对直接责任人予以批评教育或者行政处分。结婚登记机构的工作人员对不符合结婚条件的当事人予以登记的，结婚登记机构应当对该工作人员予以行政处分或者撤销其婚姻登记管理人员的资格，对不符合结婚登记条件的当事人撤销结婚登记，收回婚姻登记证书。

【案例评注】

冯某与丁某离婚后财产纠纷案①

基本案情

原告冯某与被告丁某自2003年2月开始同居生活，于某年某月某日举办婚宴，并开始以夫妻名义共同生活，双方于某年某月某日办理结婚登记。2003年3月24日，被告丁某与案外人张某签订契约一份，约定张某自愿将其位于临清市东兴街的私有房产一处卖予被告。购买上述房产后，原告冯某与案外人郭某签订契约一份，约定郭某将其私有的地产一处转让与丁某。现临清市新华办事处东兴街837号房产登记于被告丁某名下。2010年5月，原临清市国税局家属院被列为临清市搬迁改造范围。原、被告取得位于临清市黑庄民族小区4号楼3单元×楼回迁楼房一处，该楼房未办理房屋所有权登记。现丁某与冯某离婚，双方对婚姻关系有效的起始时间产生了争执。本店的焦点是：丁某与冯某婚姻关系的效力从何时起算，继而判断夫妻共同财产的范围。

法院判决

一审法院认为，《最高人民法院关于适用〈中华人民共和国婚姻法〉若干问题的解释（一）》第四条规定："男女双方根据婚姻法第八条规定补办结婚登记的，婚姻关系的效力从双方均符合婚姻法所规定的结婚的实质要件时起算。"本案冯某和丁某自2003年2月开始同居生活，共同以夫妻名义生活多年后办理结婚登记，双方所办理的结婚登记是否为补办，应全面综合本案案情进行认定，而不能仅仅以办理结婚登记时填写《申请结婚登记声明书》或《申请补办结婚登记声明书》进行区分，故原、被告办理的结婚登记宜认定为结婚登记的补办。原、被告举办婚宴时均已符合婚姻法规定的结婚的实质要件，故原、被告婚姻关系的效力应从举办婚宴之日起算。《中华人民共和国婚姻法》第十七条规定，夫妻在婚姻关系存续期间所得的法定财产归夫妻共同所有。临清市东兴街的房产系于原、被告婚姻关系存续期间购得，被告丁某应就其主张的该房产为其个人财产承担举证责任。被告现有证据不足以证明该房产系被告的个人财产，应认定为原、被告

① 审理法院：一审法院为山东省临清市人民法院，案号为（2016）鲁1581民初4246号；二审法院为山东省聊城市中级人民法院，案号为（2017）鲁15民终2288号。

共同财产。因临清市黑庄民族小区 4 号楼 3 单元 × 楼的房产尚未取得完全所有权，故对于该处房产法院不予处理。据此，判决冯某依法享有位于山东省临清市东兴街房产二分之一的份额。

丁某不服一审判决，提起上诉。二审法院认为，本案争议的焦点问题为：一、双方婚姻关系的效力应从什么时间起算；二、位于临清市新华办事处东兴街的 837 号房产是否属于双方夫妻共同财产。

关于焦点一，《中华人民共和国婚姻法》第八条规定："要求结婚的男女双方必须亲自到婚姻登记机关进行结婚登记。符合本法规定的，予以登记，发给结婚证。取得结婚证，即确立夫妻关系。未办理结婚登记的，应当补办登记。"《最高人民法院关于适用〈中华人民共和国婚姻法〉若干问题的解释（一）》第四条规定："男女双方根据婚姻法第八条规定补办结婚登记的，婚姻关系的效力从双方均符合婚姻法所规定的结婚的实质要件时起算。"本案中，上诉人丁某与被上诉人冯某自 2003 年 2 月起开始同居生活。虽然双方办理结婚登记时填写的是《申请结婚登记声明书》、而不是《申请补办结婚登记声明书》，但双方举办婚宴时均已符合婚姻法规定的结婚的实质要件，综合本案案情，宜认定双方办理的结婚登记为结婚登记的补办。故双方婚姻关系的效力应从举办婚宴之日起算。

关于焦点二，根据《中华人民共和国婚姻法》第十七条的规定，夫妻在婚姻关系存续期间所得的法定财产归夫妻共同所有。本案中，位于山东省临清市东兴街的房产系上诉人丁某与被上诉人冯某婚姻关系存续期间购得，应认定为双方的共同财产，一审法院判决冯某依法享有该房产二分之一的份额并无不当。

综上所述，上诉人丁某的上诉请求不能成立，应予驳回；一审判决认定事实清楚，适用法律正确，应予维持。

专家点评

男女在登记结婚并取得结婚证后，无论是否同居生活、无论是否举行结婚仪式，都具有法律上的夫妻身份关系，其婚姻受到国家的承认和法律的保护。如一方或双方反悔，须按离婚程序解除婚姻关系。反之，如果男女双方仅举行结婚仪式或同居生活，但没有办理结婚登记的，则其婚姻不具有法律效力。但是，如果男女双方符合婚姻法所规定的结婚的实质要件，之后补办登记的，婚姻关系的效力应追溯到符合结婚的实质要件时起算。法律依据是本条的最后一句规定"未办理结婚登记的，应当补办登记"，以及《最高人民法院关于适用〈中华人民共和国婚姻法〉若干问题的解释（一）》第 4 条的规定，即"男女双方根据婚姻法第八条规定补办结婚登记的，婚姻关系的效力从双方均符合婚姻法所规定的结婚的实质要件时起算”。然而，不管是不存在事实婚姻的男女双方办理结婚登记，还是具备实质要件的事实婚姻的双方补办结婚登记，结婚登记的作用均在于使当事人结婚的状况向社会公示，更重要的是由婚姻登记机关对当事人双方是否符合法定的实质要件通过审查进行直接的监督，防止违法婚姻的发生，维护正常的社会秩序。本案中，冯某与丁某自2003年2月开始同居生活，于某年某月某日举办婚宴，并开始以夫妻名义共同生活，之后双方补办了结婚登记。冯某与丁某虽未先办理结婚登记，但二人举办婚宴，以夫妻名义共同生活符合结婚的实质要件，并且，之后补办了结婚登记。因此，根据本条的规定，应当将二人的婚姻关系的效力从双方均符合婚姻法所规定的结婚的实质要件，即举办婚宴之日起算为宜。

第一千零五十条 登记结婚后，按照男女双方约定，女方可以成为男方家庭的成员，男方可以成为女方家庭的成员。

【条文释义】

本条是对男女结婚后可以成为对方家庭成员的规定。

男女双方进行了登记结婚后，就成为配偶，成为一个家庭的实体成员。但是，究竟成为哪一方家庭的成员，应当按照男女双方的约定确定，这体现了在我国男女双方都有平等决定夫妻住所的权利。换言之，根据双方的约定，男方可以到女方家落户，成为女方的家庭成员；女方也可以到男方家落户，成为男方的家庭成员。在现实生活中，通常情况下是女方成为男方家庭的成员，但是也不妨碍约定男方可以成为女方家庭的成员。后者通常叫作“入赘”，是男方“嫁入”女方家庭。根据男女平等原则，任何一方成为另一方的家庭成员都不应当受到歧视，是双方的共同选择，符合法律规定。

【案例评注】

下桥梓口村四组与李某侵害集体经济组织成员权益纠纷案[①]

基本案情

李某与下桥梓口村四组村民孟某于2013年1月4日登记结婚，2013年3月22日将户口由渭南蒲城迁到下桥梓口四组。2014年，下桥梓口四组给李某分配过一次土地补偿款。2017年4月，因政府征用土地，下桥梓口四组决定给其村组新增人口每人分配土地补偿款5400元，给出嫁姑娘及其子女、女婿分配一半。李某认为其为下桥梓口四组村组合法村民，应与其他村民享受同等待遇，但下桥梓口四组则认为，李某落户于下桥梓口四组村组时没有经过村民代表大会同意，其后也没有成为下桥梓口四组的经济成员，且根据村民代表大会关于出嫁姑娘及其子女、女婿按半人标准分配的决定，给李某分配一半土地补偿款。本案的焦点是：李某是否为女方的家庭成员，成为合法的下桥梓口村四组集体经济组织成员。

法院判决

一审法院认为，公民合法的民事权益受法律保护，任何组织和个人不得侵犯。李某因与下桥梓口四组村组村民孟某结婚，将户籍迁至下桥梓口四组村组，属于该村组的合法村民，应当与其他村民享有同等的收益分配权。下桥梓口四组下桥梓口四组给李某分配一半土地补偿款之决定，与国家法律、法规及政策相违背，侵害了李某的合法权益，应当给付李某土地补偿款5400元。

宣判后，下桥梓口四组不服一审判决，向法院提起上诉。二审法院认为，登记结婚后，根据男女双方约定，女方可以成为男方家庭的成员，男方可以成为女方家庭的成员。李某与下桥梓口村四组村民孟某于2013年1月4日登记结婚，婚后李某将户口迁入下桥梓口村四组，符合户口迁转的规定，李某婚后成为女方家庭成员，也符合《中华人民共和国婚姻法》第九条的规定，李某因结婚将户口迁入小桥梓口村四组，并在下桥梓口村四组居住生活，应认定李某具有下桥梓口村

---

① 审理法院：一审法院为陕西省西安市灞桥区人民法院，案号为（2017）陕0111民初2645号；二审法院为陕西省西安市中级人民法院，案号为（2017）陕01民终11569号。

四组集体经济组织成员资格，下桥梓口村四组在分配征地补偿款时应按同一标准向李某进行分配。

专家点评

无论是女方到男方家落户，还是男方到女方家落户，双方的合法权益均应受到保护。实践中，多是女方到男方家落户，男方到女方家落户是少数。为了更好地保护女方权益，中共中央办公厅、国务院办公厅已经联合发出《关于切实维护农村妇女土地承包权益的通知》，明确指出在农村土地承包中，必须坚持男女平等原则，不允许对妇女有任何歧视。农村妇女无论是否婚嫁，都应与条件相同的男性村民享有同等权利，任何组织和个人不得以任何形式剥夺其合法的土地承包权、宅基地使用权、集体经济组织收益分配权和其他有关经济权益。本案是关于男方到女方住所落户，女方所在的集体经济组织不承认男方成为当事人集体经济组织成员资格，侵害男方和女方享有与所在地农村集体经济组织成员的平等权益。按照李某和孟某的约定，李某将户口迁入女方孟某所在的下桥梓口村四组，成为孟某的家庭成员，从而李某理应取得下桥梓口村四组集体经济组织成员资格，该集体经济组织无权剥夺李某的权利，应当向其分配征地补偿款。一、二审法院判决是合理的。

第一千零五十一条 有下列情形之一的，婚姻无效：

（一）重婚；

（二）有禁止结婚的亲属关系；

（三）未到法定婚龄。

【条文释义】

本条是对无效婚姻的规定。

无效婚姻，是指男女因违反法律规定的结婚要件而不具有法律效力的两性违法结合。无效婚姻是违反婚姻成立要件的违法婚姻，不具有婚姻的法律效力。无效婚姻并不是一种单独的婚姻种类，而是用以说明借婚姻之名而违法结合的概念，属于无效的民事行为。结婚是确立夫妻关系的法律行为，必须符合法律规定的各项条件，只有具备法定实质要件和通过法定程序确立的男女结合，方为合法婚姻，发生婚姻的法律效力。无效婚姻不符合这样的要件，属于无效的婚姻关系。

各国亲属法在明文规定结婚法定条件的同时，大多设有无效婚姻制度，以此来作为避免和处理违法婚姻的对策，确保法定的结婚条件和程序付诸实施。无效婚姻制度与有关结婚条件、结婚程序的规定一道，从正反两方面构成了结婚制度的完整内容，二者相辅相成，缺一不可。

无效的民事行为自始无效的法理基础是，其原来发生的一切效力均归属于消灭。对婚姻无效性的确认会带来严重的消极后果，原因是婚姻一旦被宣告无效，业已形成的婚姻关系就须解体，组成的家庭就要被拆散，造成婚姻关系的不稳定。立法者尽量缩小这样的消极后果，将无效婚姻确定为取决于两性结合的违反法律的强制性规定，其违反的是社会公共利益和公序良俗，而不是以当事人的意思不真实或者直接违背。

婚姻行为无效是绝对无效。提出婚姻无效请求的应当是婚姻当事人。依照司法解释的规定，还可以由利害关系人提出。婚姻关系本是民事法律关系，是当事人的私生活，国家不宜干预过多，但是无效婚姻的情形涉及国家的婚姻制度和社会生活秩序。因此，有关的利害关系人也可以提出婚姻无效的请求。可以提出的请求权的利害关系人为，以重婚为由申请宣告婚姻无效的，为当事人的近亲属和基层组织；以未到法定婚龄为由申请宣告婚姻无效的，为未达法定婚龄者的近亲属；以有禁止结婚的亲属身份关系为由申请宣告婚姻无效的，为当事人的近亲属；以婚前患有医学上认为不应当结婚的疾病，婚后尚未治愈为由申请宣告婚姻无效的，为与患病者共同生活的近亲属。

婚姻无效的法定事由是：（1）重婚。一夫一妻是基本原则，任何人不得有两个或两个以上的配偶，有配偶者在前婚未终止之前不得结婚，否则即构成重婚，后婚当然无效。重婚包括法律上的重婚和事实上的重婚，都构成婚姻无效的法定理由。（2）当事人为禁婚亲。直系血亲和三代以内的旁系血亲禁止结婚，凡属上述范围内的亲属，无论是全血缘还是半血缘、无论是自然血亲还是拟制血亲，都不得结婚。（3）未达法定婚龄。第1047条规定的法定婚龄为男22周岁、女20周岁。未达法定婚龄的婚姻，申请宣告婚姻无效，应当依法获准。

对这一规定需要明确两个问题：第一，这里规定的无效婚姻的法定事由是全面列举，仅列举的情形为无效婚姻的法定事由。至于其他如无婚姻关系的虚假结婚、弄虚作假骗取结婚证等，都不能作为无效婚姻的法定事由，不得请求宣告婚姻无效。第二，这里规定的无效婚姻法定事由是相对原因，而不是绝对原因。相对原因意味着，如果请求宣告婚姻无效时，无效婚姻的法定事由已经消失的，则不得宣告婚姻无效。对此，《最高人民法院关于适用〈中华人民共和国婚姻法〉

若干问题的解释（一）》第 8 条规定：“当事人依据婚姻法第十条规定向人民法院申请宣告婚姻无效的，申请时，法定的无效婚姻情形已经消失的，人民法院不予支持。”因此，在婚姻关系成立时存在婚姻无效的法定事由，而在申请宣告婚姻无效时已经不具备该事由的，其婚姻已经由无效婚姻转化为有效的婚姻关系。这有利于稳定婚姻关系的稳定和社会的安定。

婚姻无效宣告之后，其法律后果有以下三项：（1）当事人之间的婚姻关系自始无效，溯及既往。（2）双方当事人同居期间取得的财产，按照共同共有处理，能够证明是当事人一方所有的，为一方所有。（3）当事人所生的子女为婚生子女，与其父母具有父母子女的权利义务关系。

【案例评注】

李某某与向某甲婚姻无效纠纷案[1]

基本案情

李某某与向某甲系表兄妹关系，李某某生母杨某甲与向某甲生母杨某乙系同父同母的姐妹。2000 年 7 月 14 日，原、被告双方在慈利县三合口乡人民政府办理结婚登记。2015 年 4 月，李某某以其婚姻属于法律禁止结婚的情形为由向法院起诉，要求判决确认双方婚姻关系无效。本案的焦点是：李某某与向某甲是否为禁止结婚的亲属关系。

法院判决

法院认为，李某某与向某甲系表兄妹关系的事实清楚，证据充分。法律规定直系血亲和三代以内的旁系血亲禁止结婚。凡有禁止结婚的亲属关系的，人民法院应判决宣告其婚姻关系无效。根据《中华人民共和国婚姻法》及相关司法解释之规定，人民法院审理宣告婚姻无效案件，对婚姻效力的审理不适应调解，应当依法作出判决且有关婚姻效力的判决，一经作出，即发生法律效力。因此，李某某请求确认其与向某甲的婚姻关系无效的诉讼请求应当予以支持。根据《中华人民共和国婚姻法》第七条、第十条、《最高人民法院关于适用〈中华人民共和国婚姻法〉若干问题的解释（一）》第九条及《中华人民共和国民事诉讼法》第一百四十四条之规定，判决李某某与被告向某甲的婚姻关系无效。

---

① 审理法院：湖南省慈利县人民法院；案号：（2015）慈民一终字第 639 号。

专家点评

基于自然选择规律的要求以及长期形成的伦理观念，禁止一定范围的亲属结婚，是多国亲属立法的通例。由于民族文化和传统习惯的不同，禁止结婚的亲属在范围上有广义和狭义之分。关于禁止结婚的亲属范围，民法典婚姻家庭编第1048条予以了规定，即“直系血亲或者三代以内的旁系血亲禁止结婚”。据此，我国禁止结婚的亲属的范围是直系血亲或者三代以内的旁系血亲，如果违反法律，执意结婚的，婚姻效力为无效。本案中，李某某生母杨某甲与向某甲生母杨某乙系同父同母的姐妹，李某某与向某甲系表兄妹关系，是三代以内的旁系血亲关系，属于我国禁止结婚的亲属关系。因此，即使李某某与向某甲办理了结婚登记，双方并不是合法的夫妻关系，该婚姻是无效的。

第一千零五十二条 因胁迫结婚的，受胁迫的一方可以向人民法院请求撤销婚姻。

请求撤销婚姻的，应当自胁迫行为终止之日起一年内提出。

被非法限制人身自由的当事人请求撤销婚姻的，应当自恢复人身自由之日起一年内提出。

【条文释义】

本条是关于因胁迫而结婚，婚姻可撤销的规定。

可撤销婚姻是指虽未违反法律强制性规定，但因欠缺婚姻合意，受胁迫的一方当事人可向人民法院申请撤销的违法两性结合。可撤销婚姻的法理基础在于，尊重当事人的意思基础，确定相对的无效状况，赋予当事人撤销婚姻关系的权利或者维持婚姻关系的权利，让其根据自己的意愿自由选择，这有利于保护婚姻当事人的利益，有利于维护婚姻家庭的稳定，而不至于将更多的违法婚姻推入绝对无效的范围，造成社会的不稳定，损害妇女、儿童的权利。

可撤销婚姻的法理基础是，可撤销的民事行为，其法律后果取决于当事人的态度。如果当事人认为可以维持已经形成的法律关系，则不予撤销，使其继续发生法律效力。如果当事人不想维持已经形成的法律关系，则在一定的期限内行使撤销权，将该法律行为撤销，恢复到原来没有建立这种法律关系的状况。因此，可撤销婚姻的法理基础，在于尊重当事人的意思基础，确定相对性的无效状况，赋予当事人撤销婚姻关系的权利和维持婚姻关系的权利，让其根据自己的意愿自由选择。这样更有利于保护婚姻当事人的利益，有利于维护婚姻家庭的稳定。

胁迫是可撤销婚姻的法定事由。婚姻胁迫是指行为人以给另一方当事人或者其近亲属以生命、健康、身体、名誉、财产等方面造成损害为要挟，迫使另一方当事人违背自己的真实意愿而结婚的行为。构成婚姻胁迫，须具备以下要件：(1) 行为人为婚姻当事人或者第三人。至于受胁迫者，则既可以是婚姻关系当事人，也可以是婚姻关系当事人的近亲属。(2) 行为人须有胁迫的故意，其内容是通过自己的威胁而使一方当事人产生恐惧心理，并基于这种心理而被迫同意结婚。(3) 行为人须实施胁迫行为。这种行为应是以受胁迫人或者其近亲属的人身利益或者财产利益造成损害为威胁的不法行为，使其产生恐惧心理。(4) 受胁迫人同意结婚与胁迫行为之间须有因果关系。受胁迫人之所以同意结婚，是因为胁迫行为致使其产生恐惧心理而不得不结婚。

可撤销婚姻也是欠缺婚姻成立要件的违法婚姻，它与无效婚姻都是违法婚姻。但无效婚姻是双方当事人具有真实的结婚合意，由于违反法律关于结婚的强制性规定而构成的违法两性结合；而可撤销婚姻则是婚姻的基础合意没有达成，在结婚的法律强制性规定方面则没有违反。

无效婚姻和可撤销婚姻的概念并不完全相同。例如，有的国家或地区根据违反的结婚要件的不同，把违法婚姻区分为无效婚姻和可撤销婚姻，如日本、英国及美国的部分州立法。有的国家除规定这两种违法婚姻外，还规定“不适法婚姻”的违法婚姻，如德国和瑞士。有的国家如法国另有“婚姻不存在”的名目，基于“无规定，即无效”的传统见解，把那些同性相婚、不具备结婚的法定方式等未被法律列入无效原因的违法结合概括在其中。① 也有的并不区分无效婚姻和可撤销婚姻以及其他违法婚姻的种类，而是采取单一的无效婚姻制度，如古巴、秘鲁等。在不同的国家或地区，关于无效婚姻和可撤销婚姻的概念也不尽相同。

我国立法明确规定无效婚姻和可撤销婚姻的违法婚姻形式。作这样的规定，是基于民法的民事法律行为的基本规则。在我国民法中，民事行为分为民事法律行为、无效的民事行为、可撤销可变更的民事行为和效力待定的民事行为。在亲属法领域，法律确认无效的结婚民事行为就是无效婚姻，而可撤销的结婚民事行为就是可撤销婚姻。

根据民事法律行为的基本规则和民法典婚姻家庭编的具体规定，婚姻无效和

---

① 杨大文主编：《婚姻法学》，中国人民大学出版社 1989 年版，第 128 页。

可撤销具有以下区别：

1. 构成两性违法结合的原因不同。无效婚姻是由于违反法律规定的婚姻成立条件而构成的两性违法结合，违反的法律内容是法律规定的强制性规定，即结婚的法定条件。可撤销婚姻虽然也违反法律，但违反的法律内容是关于婚姻当事人的结合必须是真实的婚姻合意的要求，是双方当事人没有真实的建立婚姻关系的合意。

2. 两性违法结合的法律后果不同。无效婚姻的法律后果是婚姻当然无效、绝对无效，尽管无效婚姻必须通过诉讼程序宣告，但这并不能否认无效婚姻具有当然无效的性质。而可撤销婚姻由于基本具备了婚姻成立的法定条件，仅仅是当事人的合意不够真实，因此不发生当然无效的问题。如果受胁迫的当事人或其他有撤销权的人申请撤销，法院依照法律予以撤销，发生婚姻自始无效的后果；如果当事人不诉请撤销，则婚姻仍得继续存在，发生婚姻的法律效力。

3. 请求宣告无效或者撤销的时限不同。无效婚姻由于是违反法律的强制性规定，因而自始不发生法律效力，主张婚姻无效没有时间的限制，当事人在任何时候都可以请求宣告婚姻无效。而可撤销婚姻仅仅是当事人的婚姻合意欠缺真实基础，在结婚的强制性法律规定方面并没有违反。因此，当事人请求撤销违法婚姻必须在一定的时限之内进行，超过规定的时限，请求无法得到支持。

4. 宣告婚姻无效和撤销的请求权人不同。主张婚姻无效的请求权人应当是婚姻关系当事人和利害关系人，因为在无效婚姻的情况下，有的当事人并不请求无效，由于这种婚姻形式违反国家的强制性法律规定，法律规定利害关系人也可以行使请求权，宣告婚姻无效，以维护法律的统一实施。而可撤销婚姻仅仅是缺乏当事人的真实合意，仅仅涉及当事人的结婚意愿的问题，请求婚姻撤销的请求权人则为婚姻当事人，只能由其决定是否撤销婚姻，其他人不享有这种权利。

5. 婚姻无效是绝对无效，而胁迫的婚姻行为则符合法律规定的条件，不存在婚姻无效的法定事由，但是由于婚姻关系的建立缺乏合意，一方或者双方是被胁迫而建立，因此其效力在于当事人的选择。当事人选择撤销该婚姻行为，是符合法律规定的，保证了当事人婚姻自由的意志和婚姻自主权的行使。如果受胁迫的一方或者双方愿意维持这段婚姻，则不予撤销也是可以的，该婚姻关系继续有效。

撤销婚姻的请求权受除斥期间的约束，除斥期间为 1 年，申请人应当自胁迫行为终止之日起 1 年内提出撤销婚姻的请求。被非法限制人身自由的当事人请求撤销婚姻的，则应当自恢复人身自由之日起 1 年内提出。超过除斥期间的，撤销权消灭，撤销婚姻的请求不能得到支持。

【案例评注】

戚某与李某撤销婚姻纠纷案[①]

基本案情

戚某与李某于2012年通过网络认识后建立恋爱关系。2014年2月27日，戚某与李某因家庭纠纷报警，警察到现场后李某称可自行处理，不需要民警处理。后双方于2014年3月12日依法登记结婚。结婚当日双方自愿对《夫妻财产约定协议》进行公证，约定双方婚前取得并登记在各自名下的房产归各自所有，婚后各人的收入归各人所有。登记结婚后，戚某与李某并未实际共同生活。同年6月4日，戚某与李某商谈离婚及孩子的事，因未谈成功，夫妻二人及李某母亲发生拉扯，致李某（有5个月身孕）身体不适，戚某衬衣被撕坏。李某要求民警证实戚某存在暴力行为，当初之所以同意结婚是因为戚某胁迫，而戚某认为李某存在敲诈行为。本案审理的焦点在于：本案中是否存在法律规定的“胁迫”事由。

法院判决

一审法院认为，本案中不存在法律规定的“胁迫”事由。首先，根据《最高人民法院关于适用〈中华人民共和国婚姻法〉若干问题的解释（一）》第十条第一款规定，本案戚某主张的“胁迫”内容是李某欲将双方的关系、李某怀孕等情况通过向戚某所在工作单位领导报告或在网络发帖等方式进行散播，但李某否认其实施了前述行为，且现有证据也不能证明戚某主张的“胁迫”事实存在或者已经发生；其次，李某在本案中要求与戚某协商“如何解决孩子的问题”在主观上是为了避免流言蜚语，让戚某给自己和孩子一个交代，客观上是为了孕育的子女具备国家规定的出生条件而要求与原告登记结婚，该行为在道德和法律范畴内并无不当；最后，从戚某与李某登记结婚时对双方婚前取得及婚后可能取得的财产进行约定并公证的事实可以看出，当事人在登记结婚时仍能理性判断和处分权利义务关系，据此可以进一步推定当事人在选择进行结婚登记时亦应是双方事前权衡利弊之后的自主意思表示，因此该行为并未违反法律的规定。综上，一审法院认为，因戚某在恋爱过程中导致李某“未婚先孕”，故即使存在戚某违背真实意

---

① 审理法院：一审法院为云南省昆明市五华区人民法院，案号为（2014）五法黑民初字第225号；二审法院为云南省昆明市中级人民法院，案号为（2015）昆民二终字第348号。

思表示被迫与李某结婚的情形，也应当是戚某迫于一定的压力，为避免自己的利益受损，在权衡利弊之后作出与李某结婚的抉择。故在双方婚姻关系缔结过程中并不存在法律规定的“胁迫”事实，不支持戚某对要求撤销婚姻的请求。

一审判决宣判后，戚某不服，向法院提起上诉。二审法院认为，《中华人民共和国婚姻法》第十一条规定，因胁迫结婚的，受胁迫的一方可以向婚姻登记机关或人民法院请求撤销该婚姻。受胁迫的一方撤销婚姻的请求，应当自结婚登记之日起一年内提出。被非法限制人身自由的当事人请求撤销婚姻的，应当自恢复人身自由之日起一年内提出。《最高人民法院关于适用〈中华人民共和国婚姻法〉若干问题的解释（一）》第十条第一款规定：“婚姻法第十一条所称的‘胁迫’，是指行为人以给另一方当事人或者其近亲属的生命、身体健康、名誉、财产等方面造成损害为要挟，迫使另一方当事人违背真实意愿结婚的情况……”本案中，戚某主张其因受胁迫而与李某结婚，李某对此不予认可，故戚某应对双方的婚姻是否存在上述法律、司法解释规定的“胁迫”情形承担举证责任。对此，戚某补充的证据不足以证明双方的婚姻存在婚姻法及其司法解释规定的“胁迫”情形，故不支持戚某主张撤销婚姻的请求。

专家点评

婚姻自由是我国宪法赋予公民的基本的人身权利，也是婚姻法的首要原则。结婚自由是婚姻自由的一个重要方面，结婚自由要求婚姻当事人双方应当具有结婚的合意，意思表示真实。如果当事人因受胁迫，不得不违心地作出同意结婚的意思表示，那么鉴于其本人并不具有结婚的真实意愿，法律赋予其撤销该婚姻的权利。关于胁迫婚姻中“胁迫”的界定，《最高人民法院关于适用〈中华人民共和国婚姻法〉若干问题的解释（一）》第10条中有所规定，即“行为人以给另一方当事人或者其近亲属的生命、身体健康、名誉、财产等方面造成损害为要挟，迫使另一方当事人违背真实意愿结婚的情况”。需要指出的是，在现实生活中，胁迫婚姻并不仅限于一方对另一方的胁迫，也有双方均受到胁迫的情形。某些包办婚姻的当事人，双方都是受第三人的胁迫而成婚的，在这种情形下，双方均可依法请求撤销该婚姻。在本案中，李某主张戚某曾经有过胁迫行为，基于胁迫行为产生了恐惧心理，其才与戚某结婚，认为他们的婚姻属于法定的可撤销婚姻。但是，李某不能举证证明戚某以对本人或其他近亲属实施了司法解释中列举的侵害行为，迫使李某违背真实意愿与戚某结婚。不仅如此，本案中没有其他第三人对双方的婚姻加以胁迫的情形。因此，本案不属于可撤销婚姻。

第一千零五十三条 一方患有重大疾病的，应当在结婚登记前如实告知另一方；不如实告知的，另一方可以向人民法院请求撤销婚姻。

请求撤销婚姻的，应当自知道或者应当知道撤销事由之日起一年内提出。

【条文释义】

本条是对当事人患有重大疾病未告知可撤销婚姻的规定。

在缔结婚姻关系时，如果一方患有重大疾病，虽然不属于禁止结婚的疾病，但是对对方当事人负有告知义务，应当在结婚登记前如实告知另一方，对方当事人同意的，当然可以缔结婚姻关系。患病一方当事人如果不尽告知义务或者不如实告知的，即不告知或者虚假告知，另一方当事人享有撤销权，可以向人民法院行使该撤销权，请求撤销该婚姻关系。

因重大疾病未告知而提出撤销婚姻请求的撤销权，受除斥期间的限制，除斥期间为1年，权利人自知道或者应当知道撤销事由之日起1年内提出。超过除斥期间，撤销权消灭，撤销婚姻的请求不能得到支持。

【案例评注】

严某1与钟某1离婚纠纷案[①]

基本案情

严某1于2009年4月经福建省武平县残疾人联合会认定为智力残疾三级。钟某1于2011年8月经福建省武平县残疾人联合会认定为智力残疾二级。严某1、钟某1及双方父母都知道二人的病情。××××年××月××日，严某1的母亲与钟某1的母亲陪同严某1和钟某1前往武平县妇幼保健院进行婚前医学检查，经检查，未发现严某1存在医学上不宜结婚的情形。同日，严某1的母亲与钟某1的母亲陪同严某1和钟某1前往武平县民政局婚姻登记处办理结婚登记。婚后，严某1和钟某1于××××年××月××日生育一男孩，取名严某3。严某3于

① 审理法院：福建省武平县人民法院；案号：（2019）闽0824民初1821号。

2017 年 12 月 22 日经福建省武平县残疾人联合会认定为智力残疾二级。2015 年 6 月起，钟某 1 的父母将其接回娘家居住，严某 1 和钟某 1 分居至今。严某 1 主张与钟某 1 离婚。本案的焦点是：严某 1 婚前知道钟某 1 患有医学上认为不应当结婚的疾病，婚后能否以对方患有重大疾病为由主张婚姻无效或可撤销？

法院判决

法院认为，根据《中华人民共和国婚姻法》第十条规定，婚前患有医学上认为不应当结婚的疾病，婚后尚未治愈的，婚姻关系无效。中国残疾人联合会制定的《残疾人使用评定标准（试用)》规定，智力残疾二级属于重度智力低下水平。根据中华人民共和国卫生部制定的《婚前保健工作规范》及福建省卫生厅制定的《福建省婚前保健工作规范（试行)》规定，一方或双方患有重度、极重度智力低下，不具有婚姻行为能力的，医学意见为建议不宜结婚。本案中，钟某 1 婚前患有智力残疾二级，属于重度智力低下，法定代理人钟某 2 确认钟某 1 不具有婚姻行为能力，并且其生育的孩子亦患有智力残疾二级。因此，钟某 1 应认定为婚前患有医学上认为不应当结婚的疾病，且婚后尚未治愈，其与严某 1 的婚姻关系无效。

专家点评

原《婚姻法》第 10 条规定了婚前患有医学上认为不应当结婚的疾病即重大疾病的人结婚，婚后尚未治愈的，婚姻关系为无效。本条改变了以往的规定方式，不强行禁止患有重大疾病的人结婚，而是将结婚与否的权利交给患病的当事人和与其要结婚的当事人，这有利于保障患有重大疾病的自然人结婚的权利，体现了婚姻自由原则。但是，为了防止患有重大疾病的一方故意隐瞒自己的病情，不告知另一方，给另一方造成身体和精神上的损害，本条规定了另一方若婚前未被如实告知时，可以向人民法院请求撤销该婚姻。换言之，一方在婚前未如实告知另一方自己的病情的，另一方享有撤销该婚姻的权利，从而保护了另一方合法的权利。但是，行使撤销权有除斥期间，未被告知病情的一方当事人应当自知道或者应当知道撤销事由之日起 1 年内提出，如果过了该期限，法律就视为其愿意接受该婚姻关系，放弃撤销婚姻的权利，当事人就无权再提出撤销婚姻的请求，但是，当事人仍可以通过离婚的方式，结束该婚姻关系。若本案发生在民法典生效后，严某 1 和钟某 1 及双方父母事先都知道二人患有智力残疾三级、二级病情的情况下，双方仍选择进行结婚登记。显然，双方在结婚过程中，不存在互相隐瞒病情的情形，故严某 1 和钟某 1 均无权请求法院撤销该婚姻或判决该婚姻无效。

第一千零五十四条 无效的或者被撤销的婚姻自始没有法律约束力，当事人不具有夫妻的权利和义务。同居期间所得的财产，由当事人协议处理；协议不成的，由人民法院根据照顾无过错方的原则判决。对重婚导致的无效婚姻的财产处理，不得侵害合法婚姻当事人的财产权益。当事人所生的子女，适用本法关于父母子女的规定。

婚姻无效或者被撤销的，无过错方有权请求损害赔偿。

【条文释义】

本条是对婚姻无效或者被撤销后果的规定。

婚姻被确认无效或者被撤销，其直接的法律后果是当事人间的不合法婚姻关系溯及既往地消灭，即自始没有法律约束力。宣告婚姻无效与从来没有婚姻的逻辑相同，法庭对无效婚姻和可撤销婚姻所作的无效宣告，至少从表面看，其效力可被追溯至婚姻关系成立之时。[①] 由此派生的法律后果有三：一是对当事人的法律后果，违法婚姻关系消灭之后，在当事人之间有可能产生其他权利义务关系；二是对子女的法律后果，涉及父母婚姻被宣告无效或者被撤销后，子女的法律地位及扶养问题；三是财产上的法律后果，应当对双方当事人的财产进行分割。

1. 对当事人的法律后果。无效和婚姻被撤销，对当事人的法律后果是婚姻关系自始无效。根据《最高人民法院关于适用〈中华人民共和国婚姻法〉若干问题的解释（一）》第13条的规定，自始无效是指无效或者被撤销的婚姻在依法被宣告或者被撤销时，才确定该婚姻自始不受法律保护。所以，婚姻无效或者被撤销的效力溯及既往，从婚姻关系开始时起就不具有婚姻的效力，当事人不具有夫妻的权利义务，相互不亨有配偶权，并且自始不亨有配偶权。对于具备婚姻无效情形的婚姻关系，如果未被宣告无效的，则其婚姻关系是有效的。

值得研究的是，婚姻无效或者被撤销，恶意当事人要不要对善意当事人的损害承担赔偿责任？根据成立无效婚姻或者可撤销婚姻时当事人的主观状况，应当把当事人分为善意当事人和恶意当事人两种。例如，抢婚的一方当事人即为恶意当事人，被抢的一方当事人即为善意当事人。对于善意当事人因无效婚姻或者可

---

① ［美］哈利·D. 格劳斯、大卫·D. 梅耶：《美国家庭法精要》，陈苇等译，中国政法大学出版社2010年版，第181页。

撤销婚姻被宣告无效或者被撤销，造成财产损失和精神损害的，恶意当事人应当承担赔偿责任。可以借鉴的是，《瑞士民法典》第134条规定婚姻无效对配偶人产生的后果："1. 婚姻被宣告无效的，其善意结婚的妻子保留其因婚姻而取得的身份，但可恢复使用其婚前的姓名。2. 配偶在财产权上的纠纷，以及配偶请求损害赔偿、扶养费或抚慰金等的权利，准用离婚的有关规定。"

2. 对子女的法律后果。婚姻无效或者被撤销，其婚姻关系为自始无效，而对无效婚姻关系或者可撤销婚姻关系中父母所生育的子女却不认为是非婚生子女。尽管民法典婚姻家庭编第1071条第1款规定，非婚生子女享有与婚生子女同等的权利，任何组织或者个人不得加以危害和歧视，但为了更好地保护子女利益，法律应当规定子女的婚生地位并不因父母婚姻被宣告无效或者被撤销而改变。例如，《瑞士民法典》第133条规定："婚姻被宣告无效，即使双方当事人均为恶意，丈夫仍被视为婚生子女的父亲。在上述情况下，子女与父母的各项准用离婚的有关规定。"《墨西哥民法典》第255条和第256条规定："本着诚意缔结的婚姻，虽被宣告为无效，但在该项婚姻存在期间，始终产生有利于配偶双方的一切民事效力；同时，始终产生有利于子女的一切民事效力。如果配偶中只有一方是本着诚意的，则该项婚姻只对该配偶及子女发生民事效力。如果配偶双方都是居心不良的，则该项婚姻只对他们的子女发生民事效力。"

正是为了保护子女的利益，民法典婚姻家庭编第1054条第1款的最后一句规定："当事人所生的子女，适用本法关于父母子女的规定。"婚姻关系被宣告无效或者被撤销，该婚姻关系发生的父母子女关系并不因此改变，子女仍然是婚生子女，发生父母子女的亲权或者亲属权。同时，在婚姻被宣告无效或者被撤销后，当事人必须妥善处理子女的抚养和教育问题；当事人不能就子女的扶养和教育达成协议的，由人民法院依法判决。

3. 对财产的法律后果。由于无效婚姻关系不具有婚姻的法律效力，因而原则上不能适用夫妻财产制的有关规定。同居期间所得的财产，首先尊重当事人的个人意愿，由当事人协议处理，协议不成时，由人民法院根据照顾无过错方的原则判决。同居期间的财产已经形成共有的，应当按照共有的一般规则处理；没有形成共有的，则按照各自的财产归个人的原则处理；无法确认财产所有的性质的，按照共有处理。但是，对于重婚导致婚姻无效的财产的处理，不得侵害合法婚姻当事人的财产权益。具体而言，可以给重婚导致无效婚姻中无过错的当事人多分同居期间所得财产，但不得侵害重婚一方第一个合法婚姻的配偶一方当事人的财产权益。此外，被宣告无效或被撤销的婚姻，在当事人同居期间所得的财产亦属于共有财产。在一方死亡时，应当将生存一方的份额分出，其余为死者的遗产。

【案例评注】

李某与任某婚姻无效纠纷案①

基本案情

李某与任某系表兄妹关系。2013 年 2 月，双方按照少数民族习俗举行结婚仪式后同居生活，于××××年××月××日办理结婚登记。双方按照当地少数民族习俗举行结婚仪式时任某支付给李某彩礼 36628 元。举行结婚仪式后共同外出务工，其间一直共同生活。在共同生活期间李某办理了交通银行的信用卡，任某办理了招商银行和平安银行的信用卡。之后，李某和任某将二人的信用卡交给李某的表哥李甲，并告知其密码。李甲得到双方的信用卡后，透支了李某的 2000 元和任某的 70530.66 元。之后银行通知李某和任某还款，二人才知道自己的信用卡被透支。李某和任某偿还了李某信用卡债务，任某的信用卡债务无力偿还。任某为了偿还信用卡债务，向其父亲借款 70530.66 元。现李某请求法院判决双方婚姻无效。双方在同居期间的共同财产有电视机、洗衣机、打米机各一台，李某放弃分割。双方无债权。本案的争议问题是：婚姻无效时，如何认定李某和任某在同居期间所负的债务。

法院判决

一审法院认为，李某与任某系表兄妹关系，双方的婚姻属于婚姻法规定禁止结婚的情形。因此，现李某请求判决双方婚姻无效的诉讼请求，符合法律规定。李某自愿退还任某彩礼 30000 元。双方共同生活期间的债务 70530.66 元，李某提出其不知任某何时办理信用卡和把卡交给其表哥李甲的事实，因此不应承担该债务。从李某与任某在外务工期间一直共同生活、都办理了信用卡、双方的信用卡都交给了李某的表哥李甲和任某父亲汇款到李某的账户等事实来看，李某应当知晓信用卡交给其表哥的事实。因此，该债务应当认定为双方的共同债务。根据婚姻法第十二条的规定，同居期间的债务应当共同承担。因此，该债务原、被告各承担一半，即 35265.33 元。判决：一、李某与任某的婚姻无效；二、双方共同生活期间向被告父亲借款 70530.66 元，李某和任某各承担 35265.33 元；三、由李

---

① 审理法院：一审法院为贵州省黔东南苗族侗族自治州雷山县人民法院，案号为（2016）黔 2634 民初 70 号；贵州省黔东南苗族侗族自治州中级人民法院，案号为（2016）黔 26 民终 1064 号。

某于本判决生效之日起5日内退还被告彩礼30000元。

李某对一审法院对共同债务的认定不服，提起上诉。二审法院认为，李某与任某系表兄妹关系，根据《中华人民共和国婚姻法》第十条第二项的规定，原审法院判决李某与任某的婚姻无效于法有据。李某提出70530.66元不是夫妻共同债务，系任某的个人债务。李某与任某在共同生活期间办理了信用卡，且任某将卡交给李某的表哥管理使用，被其恶意透支70530.66元。因此，任某父亲贷款汇给李某偿还透支款，虽然被恶意透支的信用卡并非李某持有，但任某是在与李某共同生活期间，将卡交付给李某的表哥管理使用，导致被恶意透支欠下债务，后由任某父亲贷款偿还。根据《中华人民共和国婚姻法》第四十一条“离婚时，原为夫妻共同生活所负的债务，应当共同偿还”的规定，原判认定70530.66元为夫妻共同债务并无不当。

专家点评

对无效或被撤销婚姻的当事人，不适用民法典婚姻家庭编有关夫妻财产制的规定，因为夫妻财产制所调整的财产关系，是以特定的身份关系为前提的，但无效或被撤销婚姻的当事人同居期间并非为婚姻关系存续期间，所以在此期间产生的债权债务，不能适用夫妻财产制的有关规定。如果无效或被撤销的婚姻中的当事人对财产作了约定，只要这种约定符合民事法律行为的有效要件，根据意思自治的原则，应当肯定其法律效力，分割财产时按照该约定处理。如果没有约定的，应当根据《最高人民法院关于适用〈中华人民共和国婚姻法〉若干问题的解释（一）》第15条的规定予以处理，即“被宣告无效或被撤销的婚姻，当事人同居期间所得的财产，按共同共有处理。但有证据证明为当事人一方所有的除外”。本案中，李某与任某系表兄妹关系，双方的婚姻属于无效婚姻，双方在共同生活期间所产生的债权债务不能适用夫妻财产制。而且，由于李某与任某在共同生活期间对财产没有约定，因而也不能按照约定处理债权债务。只能根据《最高人民法院关于适用〈中华人民共和国婚姻法〉若干问题的解释（一）》第15条的规定，按照共同共有处理财产。故李某的表哥恶意透支任某的信用卡70530.66元为李某和任某的共同债务，双方应当各承担一半的金额。

第三章 家庭关系

第一节 夫妻关系

第一千零五十五条 夫妻在婚姻家庭中地位平等。

【条文释义】

本条是对夫妻在婚姻家庭关系中地位平等的规定。

男女平等是宪法原则，也是民法原则，在婚姻家庭领域表现为男女平等。男女平等的基本含义包括以下三个方面：(1) 在婚姻关系中的男女平等。男女在婚姻关系中，权利平等，条件平等。结婚后处理家庭事务，双方的权利义务平等。男女有平等的离婚请求权，有同等的共同财产分割权利和抚养子女的权利，在共同债务的清偿和经济互助等方面也都有同等的权利。(2) 家庭成员的地位平等。男女在家庭领域中的地位和权利义务上一律平等，凡是共居的家庭，全体成员不论男女一律平等，任何亲属的地位和权利不得超过其他亲属，一方不得支配另一方，其权利义务遵照法律的规定享有和行使，不得有超越法律规定的权利，尤其是男性家庭成员不得侵害女性家庭成员的权利，损害女性的平等地位。(3) 所有的近亲属之间的地位平等。在其他近亲属之间，其法律地位和权利义务关系也必须依照法律规定，男女亲属地位平等，享有法律规定的权利义务，任何亲属都不得歧视女性亲属，损害女性亲属的平等地位。

夫妻在婚姻家庭关系中地位平等，是婚姻家庭领域男女平等原则的主要内容，是一切自然人在法律面前人人平等基本原则在婚姻关系中的体现，体现的是两性平等的基本人权。其核心是男女双方在婚姻、家庭生活中的各个方面都平等地享有权利，负担义务，互不隶属、支配。夫妻双方地位平等贯穿于整个婚姻家庭编，表现在人身关系、财产关系以及子女抚养等多个方面，是一个总的原则。[①]这对保护妇女合法权益，实现妇女在婚姻家庭方面的平等地位有十分重要的意义。

夫妻在家庭中地位平等，是夫妻关系的指导原则，是确定夫妻各项权利义务的基础。夫妻在家庭中地位平等，是婚姻法的一项基本原则，有关家庭关系一章的规定应当以夫妻平等作为指导原则，在实际审判中，也应当以此为原则。同时，现实生活纷繁复杂，家庭纠纷也多种多样，法律、法规和司法解释无法穷尽每一种情形。因此，在实践中，如果法律没有明确规定，对夫妻关系的处理，就要依据夫妻在家庭中地位平等这一原则作出判断。

夫妻在家庭中地位平等，主要是指夫妻在人格上的平等以及权利义务的平等。也就是夫妻双方不存在主次之分，都是平等的主体，夫妻双方应当互相尊重对方的人格独立，不得剥夺对方享有的权利。特别是要强调保护妇女，保护妻子在家庭中的人格独立，反对歧视妇女，反对以打骂等方式虐待妇女。重点是保护妇女在家庭中的各项权益。

当然，夫妻平等原则在具体生活中并不代表夫妻在家庭生活的所有方面都应当实现完全的平等，如各占50%的权利，承担50%的义务，也不代表要各自承担一半的家庭支出，或者承担一半的家务劳动。在具体的问题上，应当根据实际情况处理，但是在总体原则上，应当保证夫妻双方在人格以及权利义务上的平等。

夫妻在婚姻关系中平等原则的具体表现是：（1）男女在缔结婚姻关系中权利义务平等，条件平等。（2）在结婚后处理家庭事务中，夫妻双方的地位平等，权利义务平等。（3）在对待各自的亲属方面，夫妻双方都有平等的权利和义务，都须平等地尊重对方的尊亲属。任何亲属都不得歧视女性亲属，损害女性亲属的平等地位。（4）在对待自己的子女、孙子女的关系上，地位平等，权利义务平等。（5）在双方感情破裂后，夫妻双方都有平等的离婚请求权，有同等的共同财产分割权利和抚养子女的权利，在共同债务的清偿和经济互助等方面也都有同等的权利。（6）继承权男女平等。

除此之外，生育权上夫妻双方享有平等的权利。妇女享有生育自主权。在很长一段时间里，中国的妇女并没有实质意义上的生育自主权。但是随着经济社会的不断发展，妇女的生育自主权逐渐通过各种方式确定起来。《人口与计划生育法》第17条规定，公民有生育的权利，也有依法实行计划生育的义务，夫妻双

---

① 吴高盛：《〈中华人民共和国婚姻法〉释义及实用指南》，中国民主法制出版社2014年版，第58页。

方在实行计划生育中负有共同的责任。《妇女权益保障法》第51条规定，妇女有按照国家有关规定生育子女的权利，也有不生育的自由。在现实生活中，我国在很大程度上还存在着男尊女卑的思想，妇女不能按照自己的意愿行使自己的生育权，如有的妇女正处在事业上升期，但是夫方坚决要求其生育，最后导致其事业受到影响。为了进一步明确妇女在生育方面的自主权，《最高人民法院关于适用〈中华人民共和国婚姻法〉若干问题的解释（三）》第9条规定，夫以妻擅自中止妊娠侵犯其生育权为由请求损害赔偿的，人民法院不予支持；夫妻双方因是否生育发生纠纷，致使感情确已破裂，一方请求离婚的，人民法院经调解无效，应依照原《婚姻法》第32条第3款第5项规定的“其他导致夫妻感情破裂的情形”处理。

对此，男方也并非没有救济途径，如果双方可以在生育问题上达成一致，那么即不存在任何问题。但是，如果双方无法就生育问题达成一致最终导致夫妻关系破裂的，那么男方可以向人民法院请求离婚。从另外一个角度说，夫妻生活本来就是需要双方在许多问题上能够达成一致意见的，这才能构成共同生活的思想基础。生育并不是婚姻的必然结果，结婚之后可以要小孩，也可以不要小孩，属于双方自由决定的结果。如果对于生育等重大问题，不能达成一致意见，那么离婚也许是比较好的选择。

【案例评注】

付某与张某离婚后损害责任纠纷案[①]

基本案情

张某与付某于2005年3月7日在双流县民政局结婚。2007年12月3日，张某分别到广西民族医院、广西生殖健康中心进行生殖健康体检，检查出其患有无精症。张某遂到广西民族医院男科医生李某处就诊，后李某建议张某、付某做人工授精手术，二人同意李某的建议。但付某并未在有资质的医院做人工授精手术，生育了张某某、付某1。2015年11月16日，张某与付某在四川省成都市天府新区成都片区管理委员会社会事业局婚姻登记处协议离婚，签署了《离婚协议》。2016年3月24日，张某委托了广东华曦法医物证司法鉴定所鉴定，该鉴定

---

① 审理法院：一审法院为四川省成都市双流区人民法院，案号为（2016）川0116民初2570号；二审法院为四川省成都市中级人民法院，案号为（2017）川01民终1252号。

所于同年3月28日作出鉴定结论，张某非张某某的生物学父亲。2016年4月11日，张某又委托了广东华曦法医物证司法鉴定所鉴定，该鉴定所于同年4月16日作出亲子鉴定意见书，载明了张某不是付某1的生物学父亲。张某向法院起诉，请求付某赔偿两个孩子非其亲生子女而受到的精神损害。本案的焦点是：付某未与张某协商如何受孕的情况下，擅自怀孕，付某是否不尊重与其享有平等的家庭地位的张某。

法院判决

一审法院认为，夫妻在家庭中的地位平等。张某与付某结婚后，双方因为一直无孩子的问题到医院进行身体检查，张某被检查出患有“无精症”，遂商量进行人工授精怀孕，双方签下了“声明书”“保证书”各一张，2008年9月19日张某某出生，2013年3月10日付某1出生。张某明知自己身体情况，并与付某商量用捐献者的精子做人工授精手术，其应知两个孩子都不是自己亲生，故张某在本案中存在一定的责任。双方在结婚后共同生活，应相互坦诚，付某并未到有资质的医院做人工授精手术，其在法庭上陈述的受孕经过，未举出证据予以证明，况且付某1的出生也未有证据证明双方协商去做人工授精受孕，故不能排除付某存在《中华人民共和国婚姻法》第四十六条第二项所规定情节而怀孕的事实，其自身存在一定过错。张某要求的损害赔偿金过高，一审法院认为以50000元为宜。关于张某某、付某1的抚养，付某当庭陈述愿意抚养。由于本案所判决范围不包括对夫妻共同财产的划分，张某应另案起诉。综上所述，一审法院判决张某某、付某1由付某抚养，并承担二子今后的所有抚育费，张某不再承担二子的抚育费。

付某不服一审判决，提起上诉。二审法院认为，（1）关于付某是否存在隐瞒张某的事实，根据本案查明的实际情况，虽然张某在生育张某某前曾书写“声明书”“保证书”各一张，但均只是表示愿意通过人工授精的方式生育孩子，而付某生育两个孩子均没有采用该授精方式，且其一直未向法庭举出相关证据证明两个孩子系采用何种方式授精所生，对该事实一直予以隐瞒，付某上诉称张某完全知晓并要求其按非正规途径人工授精方式生育子女的理由，亦未举出证据证明，故付某上诉主张其不应当支付张某损害赔偿金，张某亦应按双方离婚时的协议支付张某某的抚养费的上诉理由不能成立。（2）关于一审法院适用《中华人民共和国合同法》第五十四条第一款第二项处理本案是否不当的问题，张某在并不知晓两个孩子系按非正规途径人工授精方式生育的前提下，与付某协议将双方名下的房屋全部归付某所有，应是在被欺诈的情况下，违背真实意思订立的合同，亦可以请求法院予以撤销，故一审法院虽适用法律有误，存在一定瑕疵，但并不影响对本案的处理结果。综上，故上诉人付某的上诉理由不能成立。

专家点评

夫妻在家庭中地位平等的原则是贯穿于婚姻家庭编的基本原则，因为夫妻是家庭的基本成员，只有在家庭地位平等的基础之上，才能平等地行使权利、平等地履行义务。因此，夫妻在家庭中地位平等，既是确定夫妻间权利义务的原则，也是处理夫妻间权利和义务纠纷的基本依据，体现了男女平等原则。对于夫妻间的权利和义务纠纷，法律有具体规定的，应按具体的规定处理；无具体规定的，则应按夫妻在家庭中地位平等原则的精神予以处理。[①] 本案中，张某患有无精症，张某与付某夫妻虽然均对人工授精生育子女的方式表达过同意的态度，但是付某在实际受孕前未与张某协商具体受孕的方法，擅自受孕，受孕后也未提供其通过正规的人工受孕方式生育张某某、付某1的证据，故不能排除其与他人同居而受孕的情形。换言之，关于人工受孕的具体实施问题，付某对张某没有尽夫妻间相互坦诚的义务，没有尊重张某与其在家庭中平等的地位。

第一千零五十六条　夫妻双方都有各自使用自己姓名的权利。

【条文释义】

本条是对夫妻姓氏权的规定。

夫妻姓氏权也叫作夫妻称姓，是指夫妻缔结婚姻关系后，妻是否有独立姓氏的权利，也包括赘夫是否有独立姓氏的权利。现代一些国家和地区的法律仍有妻可从夫姓、夫可随妻姓的规定。

对此，有四种立法例可以参考：（1）妻从夫姓。《瑞士民法典》第161条规定："妻从夫姓并取得夫的身份权。"有的国家规定在妻从夫姓的原则下，另规定妻有保留本姓之权，如瑞典。（2）从约定，无约定时从夫姓。《德国民法典》第1355条第2款规定："夫妻得在结婚时向户籍吏表示确定以夫的出生姓氏或妻的出生姓氏为婚姻姓氏。夫妻未作此项确定时，以夫的出生姓氏为夫妻的婚姻姓氏。"（3）允许任意约定。原《苏俄婚姻和家庭法典》第18条规定："结婚时，夫妻可以根据自己的意愿选择一方的姓作为他们共同的姓，或者双方各自保留自

---

① 杨大文、龙翼飞：《婚姻家庭法》，中国人民大学出版社2018年版，第104页。

己婚前的姓。”（4）妻在姓名前冠夫姓。“民国民法”第1000条规定：“妻以其本姓前冠以夫姓。赘夫以其本姓冠以妻姓。但当事人另有订定者，不在此限。”有学者称该条立法为示男女平等之意，实为最进步及有弹性的立法。[①] 这种评价似乎并不公允。

配偶各自有无独立的姓氏权，是关系配偶有无独立人格的标志之一。夫妻之间的形式平等应与实质平等相统一，没有形式平等，实质平等亦难保障。为保障配偶各自的人格独立，尤其是保障妻的独立人格，夫妻应有独立的姓氏权，不能将妻从夫姓（同姓说）或妻冠夫姓（冠姓说）而是夫妻一体主义，避免妻对夫的人身依附关系，故1950年《婚姻法》就废除了妻随夫姓的封建传统，实行了夫妻姓氏权的完全平等（即别姓说）。夫妻双方都有各用自己姓名的权利，体现了我国配偶的独立人格。

我国夫妻姓氏权的含义是：第一，夫妻各用自己的姓氏，既不一方随另一方姓，也不一方须冠另一方之姓。其重点，在于彻底推翻“妻随夫姓”的陋习，赋予已婚妇女以独立的姓名权，维护妇女的独立人格。第二，夫妻姓氏权的平等，也意味着双方人格的真正平等，既不歧视妇女的独立人格地位，也不歧视赘夫的独立人格地位，赘夫也有独立的姓氏权。第三，法律作这样的规定，并不妨碍配偶双方在平等自愿的基础上，就姓名问题作出约定，并通过约定，女方可改姓男方的姓，男方也可以改姓女方的姓。第四，在婚姻关系存续期间，双方的姓名权得独立行使，依法可以使用自己的姓名、改变自己的姓名。

【本条无案例】

第一千零五十七条 夫妻双方都有参加生产、工作、学习和社会活动的自由，一方不得对另一方加以限制或者干涉。

【条文释义】

本条是对配偶职业、学习和社会活动自由权的规定。

职业、学习和社会活动自由权，亦称从业自由权或平等从业权，是指已婚者以独立身份，按本人意愿决定社会职业、参加学习和社会活动，不受对方约束的

---

① 史尚宽：《亲属法论》，荣泰印书馆1980年版，第261页。

权利。这既是配偶法律地位平等的标志，又是配偶平等行使权利和承担义务的法律保障。只有配偶享有平等的从业权，才能把社会、家庭和夫妻双方的个人利益有机地结合起来。平等从业权是配偶双方共同享有的权利，更重要的是指妻的从业权，保障已婚妇女参加工作、学习和社会活动的自由权利。

很多学者将这一权利称为夫妻的人身自由权。① 这种称谓值得研究。人身自由权是具体人格权，表明的是自然人对于行动和思维的自由权。配偶权中的自由权内容相当单纯，就是指夫妻婚后的职业、学习和社会活动的自由权，不具有人身自由权那样广泛的内容，因此称之为职业、学习和社会活动自由权或者从业自由权为宜。

各国关于从业自由权的立法大致有四种体例：一是明文规定配偶双方享有平等的从业权，如德国、俄罗斯等；二是一般地规定夫妻各自相对独立的平等权利而不作具体例示，如法国；三是完全不设定有关条文，如日本；四是赋予夫对妻就业的同意权，如瑞士。

社会实践表明，已婚妇女如无平等的从业权，不能自由进行工作、学习和社会活动，就不能享有政治、经济和地位上的平等。国外传统民法中的“锁钥权”，就是从业权的对立物，即夫享有从业权，妻享有主持家务权。这种立法与我国古代“男不言内，女不言外”的封建礼教是一致的。在这种制度下，妻的权利和地位都不能实现平等。

我国的职业、学习和社会活动自由权的内容是：（1）从业自由权。夫妻双方都有权参加生产和工作，反对禁止已婚妇女参加工作的做法，保障双方的权利平等。夫妻都有选择职业的自由，反对一方干涉另一方的择业自由。（2）学习自由权。夫妻在婚姻关系存续期间，有权通过适当的方式进行学习，提高自己的素质和能力，特别是保障已婚女性的学习自由，提高妇女的素质和工作能力。（3）社会活动自由权。夫妻在婚姻关系存续期间享有平等的社会活动自由权，可以自由进行参政、议政活动，参加科学、技术、文学、艺术和其他文化活动，参加群众组织、社会团体的活动，以及各种形式的公益活动。

本条在规定职业、学习和社会活动自由权时，特别规定一方不得对他方加以限制或干涉。夫妻双方应当互相尊重，保证对方的自由，不得进行非法限制和干预，特别要消除重男轻女、男外女内的传统观念，确保已婚妇女的自由。

---

① 杨大文主编：《亲属法》，法律出版社 2003 年版，第 113 页；王洪：《婚姻家庭法》，法律出版社 2003 年版，第 109 页；刘引玲：《配偶权问题研究》，中国检察出版社 2001 年版，第 118 页。

【案例评注】

王某与马某离婚后财产纠纷案①

基本案情

王某与马某于2010年农历12月21日举行婚礼后同居生活，2011年3月19日办理结婚登记手续，2014年9月28日协议离婚。在婚姻关系存续期间，双方利用夫妻共同财产偿还马某婚前个人债务1.3万元；维修房屋及通自来水支出为2000元；马某参加就业考试支付的费用。但是王某认为，当时双方正在闹矛盾，这些费用应当由马某单独承担。本案的焦点是：结婚后马某参加就业考试支出费用等费用是否属于夫妻共同财产分割范围。

法院判决

审理该案的法院认为，本案争议的焦点为：（1）利用婚后夫妻共同财产偿还的1.3万元是否属婚前个人债务。该债务系马某婚前借用，且与王某没有利益关系，故该债务应认定为利用夫妻共同财产偿还马某个人债务。（2）夫妻共同财产维修房屋及通自来水支出为2000元应否分割的问题。因双方在协议离婚时，已对夫妻共同财产予以分割，在没有显示公平及其他特殊情况存在的条件下，应尊重当事人意愿，维护诚实信用原则，不再分割。（3）王某与马某在共同生活期间，马某参加就业考试支出费用是否属于夫妻共同财产分割范围。根据《中华人民共和国婚姻法》第十五条的规定，夫妻双方都有参加生产、工作、学习和社会活动的自由。一方不得对他方加以限制或干涉。同时，夫妻之间有相互帮助的义务。其在共同生活期间为改善家庭生活而利用夫妻共同财产支出的费用，均属正常支出，不属分割范畴。故王某不能请求马某偿还其在参加考试时所支出的费用。因夫妻双方对夫妻共同财产享有平等处分的权利，故应由马某返还上述债务的一半。

专家点评

本条规定夫妻双方都有参加生产、工作、学习和社会活动的自由，这既是夫妻地位平等的标志，又为夫妻平等地行使权利和承担义务提供了法律保障。从形

---

① 审理法院：甘肃省庄浪县人民法院；案号：（2018）甘0825民初843号。

式上来看，人身自由权适用于所有自然人，当然包括婚姻关系的当事人。因而，任何一方都有参加生产、工作、学习和社会活动的自由，另一方不得对他方行使该项人身自由权利进行限制或干涉。但现实生活中，该条主要是为了保障已婚妇女享有参加生产、工作、学习和社会活动的自由权利，禁止丈夫受封建夫权思想的影响，限制或干涉妻子的人身自由。需要指出的是，夫妻双方应当正当行使上述权利，不得滥用权利损害对方和家庭的利益。任何一方在行使该项权利时，都必须同时履行法律规定的夫妻双方对婚姻家庭承担的义务。如果夫妻任何一方不当行使该项权利，对方有权提出意见，进行必要的劝阻。本案中，王某和马某登记结婚，是合法的夫妻关系。在婚姻关系存续期间，马某有权以夫妻共同财产支付其参加就业考试的费用。因为马某与王某在家庭中地位平等，双方均享有平等的参加生产、工作、学习和社会活动的自由和权利，所以马某有参加工作的权利。由于马某参加就业考试与其日后参加工作有直接或间接的联系，因此其有权利参加就业考试。而且，马某参加就业考试，其目的是日后积极参加工作，增加家庭的共同财产，其参加就业考试支出费用理应属于夫妻共同财产分割范围。再者，马某并未滥用权利，损害王某和家庭的利益。王某无权加以干涉或限制。

第一千零五十八条 夫妻双方平等享有对未成年子女抚养、教育和保护的权利，共同承担对未成年子女抚养、教育和保护的义务。

【条文释义】

本条是对共同亲权的规定。

亲权，是指父母对未成年子女在人身和财产方面的管教和保护的权利和义务。[①] 在近代法上，亲子关系效力中最重要、最核心的部分就是亲权。[②] 现代亲属法的亲权是父母共同亲权。

亲权肇始于个人主义勃兴之际。当家属制度盛行之时，以其家长权独为强大，只有家长权而无亲子权义。待家属制度衰落，个人主义代起，乃与家长权中

① 李志敏：《比较家庭法》，北京大学出版社1988年版，第227~228页。

② 陈棋炎、黄宗乐、郭振恭：《民法亲属新论》，三民书局2002年版，第377页。

之一部分变为由父一人行使，称之为父权，再变而由父母共同行使，称之为亲权。[①]

亲权的法律特征有：(1) 亲权的性质是基本身份权。亲权不是人格权，是基本身份权，是由若干派生身份权构成的权利的集合体。因此，亲权不是单一的权利，而是一个由若干具体权利构成的权利，与配偶权、亲属权相并列，三者统一构成亲属法的身份权。(2) 亲权是权利和义务的综合体。亲权作为父母与未成年子女之间的身份权，一方面，这是父母的权利，未成年子女必须服从父母的教养与保护；另一方面，亲权的行使又具有职责的性质，是法定的义务，父母基于这种法定义务，应对其未成年子女的养育和照顾尽全责。因而，亲权不得抛弃、非法转让或非法剥夺。(3) 亲权是父母对于未成年子女的权利义务。亲权的主体是父母和未成年子女，各国现代立法对此的规定是一致的。日本旧法以子女成年兼能自立者，始不服从亲权，故子女虽已成年，若仍在其父母家而待其抚养，尚不能脱离亲权。其现行民法已无此限制。[②] 现代民法认为，亲权只是父母对其未成年子女的权利与义务，子女既已成年，即脱离父母亲权的保护，享有完全的民事行为能力，父母与成年子女之间的权利义务关系就成为亲属权。有的学者主张亲权是专属于父母的权利，[③] 但既然亲权是确定父母与未成年子女间相互关系的身份权，其权利主体就不能只是父母，还必须有未成年子女，未成年子女同样也是亲权的权利主体，而不能是亲权的义务主体。(4) 亲权以教育、保护未成年子女为目的。亲权是专有权，只为父母所专有，父母者，无论生父母、养父母及形成抚养关系的继父母，都专有亲权。亲权的目的具有一定的支配性质，这种支配性质并非专制的人身支配，而是以教养、保护未成年子女为其目的，对亲权利益进行支配。因此，父母的亲权并非无限制，亲权的行使仅限于监护子女的必要范围且符合子女的利益始可。[④]

亲权与监护权的区别有：(1) 性质不同。亲权与监护权虽同为身份权，但二者在其具体属性上有严格区别。亲权确定的是父母与未成年子女之间的身份权，属于亲属法上的身份权，规定在婚姻家庭法之中，是亲属法的具体内容。监护权是基于身份权而发生的权利，是民法关于民事主体制度的组成部分，它确定的是监护人与被监护人之间的权利义务关系。亲权是严格的身份权概念，监护权并不是严格的亲属法上的身份权的概念，因而可以称之为准身份权。(2) 权利主体的

---

① 曾明群：《父母子女之权利义务》，商务印书馆 1939 年版，第 1 页。
② 史尚宽：《亲属法论》，荣泰印书馆 1980 年版，第 591 页。
③ 杨大文主编：《婚姻家庭法》，中国人民大学出版社 2012 年版，第 167 页。
④ 林菊枝：《亲属法专题研究》，五南图书出版公司 1985 年版，第 139 页。

范围不同。亲权仅限于父母对于未成年子女的教养保护权，既不包括亲属以外的其他人对未成年子女的权利义务，也不包括父母以外的其他亲属对未成年子女的权利义务。因而，亲权的权利主体是有限的，主体单一。监护权的权利人范围较宽泛，包括祖父母、外祖父母，兄、姐，配偶，子女，其他亲属、朋友，所在单位，居民委员会、村民委员会或民政部门。二者相比，监护权的权利主体范围远远超过亲权的权利主体范围。(3）权利范围不同。亲权的权利范围仅限于对未成年子女的教养和保护的权利和义务，除此之外亲权无权调整。监护权的权利范围不包括父母对未成年子女的身份利益支配权，而是包括对其他无民事行为能力人或限制民事行为能力人的身份利益支配权。例如，对已成年的精神病患者，亲权不能概括这样的监护内容，只能由监护权进行调整。(4）权利内容不同。亲权的内容包括对未成年子女的教养和保护权。教养权内容很广泛，包括住所指定权、子女交还请求权、惩戒权、职业许可权、法定代理权和同意权。监护权的权利范围虽宽于亲权，但其只具有保护权，不具有教养权的内容。因而，在权利内容上，监护权窄于亲权。

亲权与监护权的联系是亲权与监护权同为身份权，除有以上区别外，它们还具有共同之处和相应的联系。这主要表现在，亲权和监护权都表明人与人之间的身份关系，亲权表现的是父母与未成年子女之间的身份关系，而监护权则表明的是监护人与被监护人之间的身份关系；亲权与监护权的客体都具有身份利益的性质。

亲权与亲属权都是亲属法上的身份权，都是关于亲属之间身份关系的权利，其功能都是表明特定的亲属之间的身份和地位，规范特定亲属之间的权利和义务。

亲权与亲属权的区别是：(1）权利主体不同。亲权的权利主体只是父母，不包括其他人。亲属权的权利主体不仅包括父母，还包括其他亲属，即除了配偶和未成年子女的父母之外的其他近亲属。(2）权利主体的相对人不同。亲权的权利主体是父母，其相对权利主体是未成年子女。子女成年以后，不再是亲权主体的相对权利主体，而是亲属权的权利主体。亲属权的权利主体具有平等性，不存在相对权利主体。(3）亲权的内容宽于亲属权。亲权的主要内容是教养、保护权，内容很广泛。亲属权的内容相比之下，是比较狭窄、单一的：一是表明亲属的身份，二是相互之间的扶养、赡养、抚养权等。(4）亲权从总体上说，是父母的权利，包括权利和义务。亲属权是亲属身份关系当事人的权利，其权利义务是相互的。

共同亲权原则是当代亲属法规定的亲权基本原则。共同亲权，是指亲权的共同行使，即亲权内容的行使均应由父母共同的意思决定，并对外共同代理子女。[①]

---

① 林菊枝：《亲属法专题研究》，五南图书出版公司1985年版，第143页。

在美国家庭法上，尽管不称为亲权而称为监护权，但也承认共同监护，认为在婚姻关系存续期间，监护的权利由夫妻共同享有。[①]

共同亲权原则之前的亲权原则是父亲专权原则。父亲专权原则是男女不平等原则的产物，体现了亲属法上的人格不平等。这一原则不只是古代父权、家父权的原则，就是在近代资产阶级民事立法中，父亲专权原则也是亲权的原则。后来基于子女利益的观点，认为最需要亲权保护的幼儿，与母之关系较其与父之关系更为密切，母之亲权遂受承认，但初时仍以父亲为第一亲权人，以母为第二亲权人。直至近代，因男女平等观念的兴起，各国立法才以共同亲权原则取代了父亲专权原则，[②] 在亲权领域中真正实现了男女平等。

共同亲权的内容是：(1) 亲权为父母平等的权利。在父亲专权原则下，亲权只为父亲享有，始则由父亲或男性最高尊亲属所专有，父亲或最高尊亲属死亡后，仍由男性继承人所专有享有；继之则由父亲所享有，当父亲失踪、离去或死亡时，则由母亲代理（或享有）。直到现代立法，亲权才成为父母平等的权利，无孰高孰低之分。(2) 亲权为父母共同的权利。共同亲权原则不仅表现在平等享有，也表现在由父母所共同享有。这就是说，亲权是一个整体的权利，父和母是共同亲权人，而不是将亲权分割，由父和母分别享有。(3) 亲权的行使由父母共同为之。亲权是父母的共同权利，行使时应由父母共同的意思来决定，单独行使符合配偶权的相互代理权的，认其有效，但父母的一方违背另一方意思表示的亲权行为，则为无效。

父母共同行使亲权原则，以父母间有婚姻关系存在为前提。因而在父母离婚后，亲权由与未成年子女共同生活的一方行使；对非婚生子女，亲权由与未成年子女共同生活的一方行使，当其被另一方认领后，亲权才为其父母共同行使。

父母共同行使亲权，当意思表示不一致时的规则是：(1) 一般事务，父母的意思表示不一致，或者一方违反他方的意思，虽有争议，但不致引起法律上的问题，则在所不问。(2) 重要事项，如果父母意思表示不一致，无法共同行使亲权时，必须采取妥善的对策解决。对此，各国立法有的作了不同的规定，有的未作具体规定。在日本，旧民法规定，亲权归属于与子女同居之父，如父不在或不能行使亲权时，由母行使。后来日本民法修改，提倡男女两性平等，改为亲权由父母于婚姻中共同行使，对于意思表示不一致的应如何处理，则未设规定。《德国民法典》曾规定，当出现此种情况时，父亲享有父之最后决定权，于 1959 年 7

① ［美］哈里·D. 格劳斯、大卫·D. 梅耶：《美国家庭法精要》，陈苇等译，中国政法大学出版社 2010 年版，第 149 页。

② 林菊枝：《亲属法新论》，五南图书出版公司 2006 年版，第 312 页。

月29日被德国联邦宪法法院以违宪为理由判决无效。经过修改的该法典第1627条后段规定："在意见发生分歧时，父母应力图取得意见一致。"第1628条规定："父母在处理亲权照顾权的个别事务或对子女具有重要意义的某些种类的亲权照顾权的事务意见不能一致时，监护法院得按父母的一方申请，将决定权让与父母的一方，但以此让与符合子女的权益为限。此项让与得附以某些限制或负担。在决定之前，监护法院应谋求父母就符合子女利益的处理取得一致的意见。"德国法的上述规定是可以借鉴的。我国台湾地区"民法"则承认父母共同行使亲权发生意见分歧时的最后决定权。一般均认为父之最后决定权违反两性平等的原则；未作任何规定的立法不能解决争议，难以妥善保护未成年子女的利益；而法院参与家庭事务，不仅违反家庭自治原则，而且会给法院造成过重负担。综合比较起来，仍以德国的立法为佳。我国也应采取德国的立法例，应当补充这样的内容。在实务中，首先应当坚持父母协商原则，在重大问题父母争议无法统一时，应当准许亲权人一方向法院起诉，法院依子女利益原则作出判决。

【案例评注】

陶某1与庄某抚养纠纷案[①]

基本案情

2010年下半年，陶某1、庄某相识相恋，2014年1月3日领取结婚证，××××年××月××日生育女儿陶某2。2016年11月21日，双方产生矛盾，在泗阳县民政局协议离婚。离婚协议第四项的主要内容为："婚后育有一女姓名陶某2，由女方抚养，男方每月支付1200元抚养费。"陶某1、庄某离婚后，女儿随庄某生活。2017年4月，陶某1在探望女儿陶某2时，将女儿带回家，之后再未送至庄某处。庄某与陶某1协商要回女儿的抚养权未果，因而向法院起诉。本案的焦点是如何确定陶某2的抚养权。

法院判决

一审法院认为，庄某、陶某1作为父母，对子女都有抚养、教育和保护的权利和义务。父母要求直接抚育未成年子女，是父母的义务，更是父母的权利。子

---

① 审理法院：一审法院为江苏省泗阳县人民法院，案号为（2017）苏1323民初3283号；二审法院为江苏省宿迁市中级人民法院，案号为（2017）苏13民终2755号。

女由谁抚育，主要看子女随哪一方生活对其成长更为有利。本案中，女儿陶某2未满二周岁，且双方在离婚协议中也约定了女儿由庄某抚养，故陶某2随其母亲庄某共同生活对其成长有利。所以支持庄某主张抚养女儿的请求。同时，不直接抚养子女的一方有义务承担必要的抚养费，陶某1应承担子女抚养费。结合双方收入、子女等实际情况，支持庄某要求陶某1承担抚养费每月800元的主张。一审法院判决：陶某2随庄某共同生活；陶某1支付子女抚养费每月800元，自2017年6月起至女儿陶某2独立生活时止。

陶某1认为陶某2应由其抚养，故提起上诉。二审法院认为，离婚后，庄某、陶某1双方均应履行抚养、教育子女的义务。根据《中华人民共和国婚姻法》和《最高人民法院关于人民法院审理离婚案件处理子女抚养问题的若干具体意见》规定，陶某1与庄某在离婚协议第四条中，对女儿的抚养权明确约定为陶某2由女方抚养，况且一审判决作出时陶某2未满二周岁，综合考虑孩子的性别、年龄、成长环境、生活现状等因素，根据有利于子女身心健康、保障子女合法权益的原则，一审判决确定陶某2随庄某共同生活并无不当。

专家点评

夫妻抚养、教育和保护未成年子女，既是权利，又是义务。夫妻在婚姻关系存续期间，对未成年子女共同行使亲权。离婚后，如果不直接抚养未成年子女的一方，擅自将未成年子女藏匿，欲自己直接抚养的，另一方在征求未成年子女意见后，可以主张由其直接抚养子女的权利。但是，如果与未成年子女共同生活的父母一方的亲权人有滥用亲权等行为，对子女的利益明显不利的，另一方可以请求变更抚养归属。本案中，庄某、陶某1作为父母，对陶某2平等享有抚养、教育和保护的权利和义务。但是，庄某、陶某1在登记离婚时，在离婚协议中已明确载明了陶某2由庄某直接抚养，陶某2负责支付抚养费。根据该协议，庄某享有直接抚养陶某2的权利，陶某1不直接享有该项权利。但陶某1在探望女儿陶某2时，将女儿带回家后，再未送至庄某处，欲自己抚养陶某2。陶某1明知自己不享有直接抚养陶某2的权利，还未经庄某的同意，擅自将陶某2带回自己的家进行抚养，妨害了庄某行使亲权，况且，庄某并未滥用亲权等行为，对陶某2明显不利，陶某1无权请求变更抚养归属。故庄某享有要求陶某1归还陶某2的权利。

第一千零五十九条 夫妻有相互扶养的义务。

需要扶养的一方，在另一方不履行扶养义务时，有要求其给付扶养费的权利。

【条文释义】

本条是对配偶相互扶养的规定。

配偶之间享有相互扶养的权利，相对的一方负有此种义务。本条只规定了相互扶养权，而没有规定相互扶助权。完整的相互扶养、扶助权，不仅包括扶养权，还应包括夫妻间的彼此协作、互相救助的权利和义务。

夫妻之间的扶养，是指夫妻在物质上和生活上互相扶助、互相供养。这种权利和义务完全平等，有抚养能力的一方必须自觉承担这一义务，尤其是在一方丧失劳动能力时，更应当履行这一义务。一方违反这一义务，另一方有权要求其履行，可以请求有关组织调解，也可以向人民法院提起请求给付之诉，要求对方给付扶养费。

配偶之间的彼此扶助义务，要求夫妻相互支持对方的意愿和活动，对家事共同努力，相互协力。当配偶一方遭遇危急情形，对方配偶负有救助、援救的义务。违反这种彼此协作、互相救助义务，法律一般将其作为离婚的法定理由。我国古代立法中的“义绝”，就包含这种意思。有的国家规定配偶一方有权限制或禁止他方从事有害于自己的行为。《最高人民法院关于人民法院审理离婚案件如何认定夫妻感情确已破裂的若干具体意见》第 10 条“不履行家庭义务”和第 13 条“受对方的虐待、遗弃”可以确认夫妻感情确已破裂，可以依法判决离婚。违背相互协作、相互救助的义务，得为合法离婚理由之义。至于限制、禁止配偶一方有害于自己的行为的权利，我国立法无明文规定，依正当防卫的原则，如配偶一方实施有害于另一方的行为，构成不法侵害时，对方配偶有权防卫。

【案例评注】

吴某与周某抚养费纠纷案[①]

基本案情

吴某与周某于2005 年经人介绍相识并按照农村风俗举行结婚仪式，后开始同居生活。2006 年4 月27 日，双方生育一子周某1，现随周某一方生活。2007 年2

① 审理法院：一审法院为四川省岳池县人民法院，案号为（2017）川 1621 民初 1087 号；二审法院为四川省广安市中级人民法院，案号为（2017）川 16 民终 1586 号。

月13日，双方补办了结婚登记。2008年6月8日，吴某因出现行为怪异，被其父亲吴某某送往重钢总医院住院治疗，入院诊断为情感性精神病。2017年2月10日，吴某某委托广安世纪司法鉴定中心对吴某目前精神状态以及有无民事行为能力进行鉴定。2017年2月14日，广安世纪司法鉴定中心作出鉴定意见为：(1)被鉴定人吴某目前精神状态为“双相情感性精神障碍（稳定期）；(2)被鉴定人吴某目前为限制民事行为能力”。同年2月21日，吴某经中国残疾人联合会确定为精神残疾人，残疾等级为贰级，监护人为吴某某。2017年3月13日，岳池县嘉陵乡福兴寺村村民委员会指定吴某之父吴某某为其监护人。吴某向法院请求判令周某从2017年9月1日起每月给付扶养费2000元。本案的焦点是：患有情感性精神障碍的吴某，是否有权要求其配偶周某支付扶养费。

法院判决

一审法院认为，扶养是指平辈亲属之间依法发生的经济供养和生活扶助的权利义务关系。根据婚姻法的相关规定，夫妻有相互扶养的义务，一方不履行扶养义务时，需要扶养的一方，有要求对方给付扶养费的权利。本案吴某与周某自愿登记结婚，是合法的夫妻关系。婚后吴某突发精神疾病入院治疗，被诊断为情感性精神病，出院后一直按医嘱服用药品。2017年2月，吴某经鉴定确定为限制民事行为能力人，并被中国残疾人联合会确定为二级精神残疾人。周某常年在外务工，对吴某应尽一定的扶助义务，故支持吴某要求周某支付扶养费的诉讼请求。吴某主张周某从2017年9月1日起每月支付扶养费2000元，考虑到吴某的实际状况，及当地的实际生活水平，结合周某需独自抚养婚生子的情况，酌定周某每月支付吴某扶养费400元为宜，不支持超出的部分。据此判决：周某自2017年9月起每月28日前支付吴某扶养费400元。

吴某对一审判决周某支付抚养费的金额不服，提起上诉。二审法院认为，在夫妻关系存续期间，夫妻互有扶养义务。一方不履行扶养义务时，需要扶养的一方，有要求对方给付扶养费的权利。本案中，吴某与周某是夫妻关系。吴某是限制民事行为能力人，无法通过自己的劳动获取经济收入，且其罹患精神病确需长期治疗。吴某在正常生活都无法维持的情况下，更无力承担每月治疗所必需的医疗费用，其有权利要求被上诉人履行扶养义务。夫妻间的扶养义务不仅在于经济上的相互供养，更需要生活上的相互扶助、精神上的相互关怀。吴某患病近十年，作为丈夫的周某常年在外务工，对吴某的生活、就医照顾明显缺失。在吴某的父母主动承担起照顾吴某日常生活的情况下，周某应当承担起给付扶养费的法定义务。根据当地社会经济生活水平，结合上诉人目前的病情、日常生活及医疗支出等客观情况，一审判决被上诉人每月给付吴某 400 元扶养费，不足以满足吴某的实际生活及就医所需。综合考虑双方实际情况，二审法院确定周某每月支付吴某扶养费 1500 元为宜。

专家点评

夫妻扶养从婚姻合法成立之时起产生，至婚姻合法终止时消灭，在婚姻关系有效存续的整个过程中一直存在且具有法律拘束力，因而是一种常态性的、持续性的法律关系。不论婚姻的实际情势如何，也不论当事人双方的感情状况怎样，夫妻扶养既是双方的权利，也是双方的义务，因而不履行义务的行为，必然是一种侵权行为。夫妻扶养作为法定义务，具有法律强制性，但是基于夫妻关系的特殊性，应以当事人调节为主导，以自觉履行为普遍，并以公力干预为辅助，以司法救济为保障。[①] 本案中，吴某与周某补办了结婚登记后成为合法的夫妻，双方有互相扶养的义务。因此，吴某被确诊患有情感性精神病后，周某有扶养吴某的义务。这项义务贯穿于吴某与周某婚姻关系有效存续的整个过程，且对双方具有法律拘束力。吴某与周某在婚姻关系存续期间，即使吴某常年在外地工作，夫妻感情欠佳，即使吴某之父吴某某担任吴某的监护人，负责照顾患病的吴某，扶养吴某也始终是周某的义务。由于周某不履行扶养吴某的义务，吴某有权要求周某支付扶养自己的费用。在周某不愿自觉支付扶养费的情况下，吴某也有权通过司法救济保障其合法权益。

第一千零六十条　夫妻一方因家庭日常生活需要而实施的民事法律行为，对夫妻双方发生效力，但是夫妻一方与相对人另有约定的除外。

夫妻之间对一方可以实施的民事法律行为范围的限制，不得对抗善意相对人。

【条文释义】

本条是对夫妻日常事务代理权的规定。

日常事务代理权，亦称家事代理权，是指配偶一方在与第三人就家庭日常事

---

① 杨大文、龙翼飞：《婚姻家庭法》，中国人民大学出版社 2018 年版，第 213 页。

务为一定法律行为时，享有代理对方权利行使的权利。家事代理权是配偶权中的一项重要内容，不仅关系到夫妻平等权利问题，而且关系到善意第三人的合法利益问题。日常事务代理权行使的法律后果是，配偶一方代表家庭所为的行为，对方配偶须承担后果责任，配偶双方对其行为应当承担连带责任。家事代理权与表见代理相似，适用表见代理的原理，其目的在于保护无过失第三人的利益，有利于保障交易的动态安全。

在部分英美法国家，规定妻以夫的信用与商人交易，只要夫未表示反对，法律即认为妻有代理权。《瑞士民法典》第 166 条第 1 款对此规定最为典型："配偶双方中任何一方，于共同生活期间，代表婚姻共同生活处理家庭日常事务。"

家事代理权的前身是罗马法的妻之理家权。在罗马法中，妻在家的地位是家子，本无治理家务之权。依学说上的家事委任说，妻的理家权系由夫的委托而生。近现代民事立法的夫妻权利日渐平等，妻之理家权渐由家事代理权所代替，夫妻相互享有家事代理权的主张逐渐得到认可并且在立法上得到承认。在英国，1970 年的婚姻程序及财产法废除了原法律中对家务契约单独负责的规定，改为夫妻互有家事代理权，承认了双方的对等地位。民事立法对此规定得最为科学、严谨的，是"民国民法"第 1003 条规定："夫妻于日常家务，互为代理人"，"夫妻之一方滥用前项之代理权时，他方得限制之，但不得对抗善意第三人。"

家事代理权的性质，有委任说、默示委任说、法定代理说、婚姻效力说等不同主张。通说采法定代理说，认为该权利为法定代理权之一种，非有法定的原因不得加以限制，妻因其身份当然有此项代理权。日常家务的范围，包括夫妻、家庭共同生活中的一切必要事项。诸如购物、保健、衣食、娱乐、医疗、雇工、接受馈赠等，皆包括在内。一般认为，家庭对外经营活动不包括在内。

家事代理权的行使，应以配偶双方的名义为之。配偶一方以自己的名义为之者，仍为有效，行为的后果及于配偶二人。如为夫妻共同财产制，夫妻共同承担行为的后果，取得权利或承担义务；夫妻有其他约定的，从其约定。对于配偶一方超越日常事务代理权的范围，或者滥用该代理权，另一方可以因违背其意思表示而予以撤销，但行为的相对人如为善意无过失，则不得撤销，因为法律保护善意第三人的合法权益。

家事代理权的行使规则是：(1) 代理的事务限于家庭日常事务，如一家的食物、光热、衣着等用品的购买，保健、娱乐、医疗，子女的教养，家具及日常用品的购置，保姆、家庭教师的聘用，亲友的馈赠，报纸杂志的订阅。对于这类事务，夫妻间均有代理权，一方不得以不知情而推卸共同的责任。(2) 紧迫情形处理的代理权推定，该代理权的范围可以适当扩张，推定有代理权。对于夫妻一方在紧迫情形下，如果为婚姻共同生活的利益考虑，某业务不容延缓，并且他方配偶因疾病、缺席或者类似原因，无法表示同意时，推定夫妻一方对超出日常事务代理权范围的其他事务的代理，为有代理权。(3) 其他事务的共同决定。对于超出上述范围的婚姻事务，应当由夫妻双方共同决定，不得由一方决定。对于超出日常事务代理权范围的事务，如果一方配偶赋予他方特别的授权，则该方为有代理权。(4) 第三人无法辨别配偶一方是否有代理权的责任，如果配偶中任何一方实施的行为为个人责任，但该行为无法使第三人辨别是否已经超越日常事务代理权的，他方配偶应当承担连带责任。

夫妻一方滥用日常事务代理权的，他方可以对其代理权加以限制。为了保障交易的安全，保护善意第三人的合法利益，该种限制不得对抗善意第三人。

家事代理权依一定的事实而消灭。这种消灭分为一时消灭和永久消灭。日常家务代理权的一时消灭。例如，无正当理由拒绝同居而分居者，分居期间无代理权，恢复共同生活即恢复代理权；因一方滥用代理权而被对方予以限制的期间，该代理权亦一时消灭。离婚、婚姻因无效而被撤销、一方配偶死亡，均永久消灭家事代理权。

【案例评注】

韩某与段某等房屋买卖合同纠纷案[①]

基本案情

韩某与肖某是夫妻，于1979年10月4日登记结婚。1994年9月25日，韩某与肖某以集资建房的方式，取得了位于天门市××大道××单元××楼东侧住房的所有权。2002年7月2日、2004年3月5日，肖某先后以其名义为该房屋办理了天国用（2002）字第1025号国有土地使用证和天门市房权证竟字第××号房屋所有权证。2014年3月，肖某将房屋租给段某。此间，肖某以口头方式向外界表达出售该房屋的意愿，也曾有他人在段某租住期间以购买为由查看过房屋。2017年3月24日，段某向肖某表达购房意向，肖某同意后，双方在一房屋买卖中介机构的工作人员的见证下，签订《房地产买卖合同》一份，约定了房屋的价款、段某支付价款的具体方法、办理不动产转移手续的时间以及违约责任。2017

---

① 审理法院：一审法院为湖北省天门市人民法院，案号为（2017）鄂9006民初1773号；二审法院为湖北省汉江中级人民法院，案号为（2018）鄂96民终92号。

年6月26日，天门市人民政府决定对涉案房屋所在区域实施棚户区综合改造。同年7月13日，韩某、肖某一同找段某，要求解除房地产买卖合同并返还房屋产权证书，但遭拒绝。为此，韩某诉至一审法院。本案的焦点是：肖某以自己的名义与段某签订买卖韩某、肖某夫妻共同财产的房屋的协议，该民事法律行为是否对肖某的配偶韩某产生法律效力。

法院判决

一审法院认为，段某与肖某均是完全民事行为能力人，签订房屋买卖合同属双方真实意思表示，讼争房屋虽是韩某、肖某的夫妻共同财产，但根据《中华人民共和国婚姻法》第十七条第二款、《最高人民法院关于适用〈中华人民共和国婚姻法〉若干问题的解释（一）》第十七条的规定，肖某对该房屋享有平等的处理权。肖某在将该房屋出租给段某居住时，已向外界表达了售房意愿，韩某对此未持反对意见，应视为其同意出售该房屋。韩某在明知肖某已将该房屋予以出售后，并未阻止其接收段某支付的所购房屋欠款15000元，应推定其同意出售该房屋。因此，段某在与肖某签订房屋买卖合同后，已按合同约定履行了给付定金140000元及支付余款15000元的义务，并实际占有、使用该房屋，肖某亦将房屋所有权证、国有土地使用证予以交付，根据权利义务对等及诚实信用原则，一审法院认定段某与肖某签订的房屋买卖合同合法有效，依法受法律保护。

韩某对一审判决不服，提起上诉。二审法院认为，段某与肖某在案外人的见证下签订的《房地产买卖合同》，是双方当事人的真实意思表示，其内容也不违反法律和行政法规的强制性规定，合法、有效，应受法律保护。涉案房屋是韩某与肖某的夫妻共同财产，段某在与肖某签订涉案房屋买卖合同时亦知晓该事实。肖某未经其他共同共有人即韩某同意，自行与段某签订《房地产买卖合同》，且肖某的行为未得到韩某的事后追认，根据《中华人民共和国物权法》第九十七条有关“处分共有的不动产或者动产以及对共有的不动产或者动产作重大修缮的，应当经占份额三分之二以上的按份共有人或者全体共同共有人同意，但共有人之间另有约定的除外”之规定，肖某的行为属无权处分，其与段某签订的《房地产买卖合同》对韩某不产生法律效力。

专家点评

婚姻生活中，日常需处理的事务甚多，必然有夫妻相互代理的需要。这种代理基于配偶身份而生，不以明示为必要，与一般民事代理不同。夫妻日常事务代理权就是夫妻一方因日常事务与第三人进行民事交往时所为的法律行为，视为夫妻共同的意思表示，对另一方产生相同的法律效力。在实践中，何为家庭日常生活的需要，一般应根据客观标准予以认定，不取决于第三人个人的认识，这是由日常家事代理的首要目标是强化配偶之间的生活共同体而非保护交易安全所决定的。按照实践中的观点，判断家庭日常生活需要时，可以参考国家统计局关于我国城镇居民家庭消费的八大种类，根据夫妻共同生活的状态（如双方的职业、身份、资产、收入、兴趣、家庭人数等）和当地一般社会生活习惯予以认定，结合负债金额大小、家庭富裕程度、夫妻关系是否安宁、当地经济水平及交易习惯、借贷双方的熟识程度、借款名义、资金流向等因素，立足点在于满足需要的适当性。[①] 本案中，肖某与段某签订了《房地产买卖合同》，处分了夫妻共同所有的房屋。肖某实施的这个民事法律行为，从国家统计局关于我国城镇居民家庭消费种类来看，不属于家庭日常生活需要而必须实施的行为。而且，段某明知肖某有配偶，在未确定该房屋为肖某个人财产还是夫妻共同财产的情况下，与肖某签订超出家庭日常生活需要范围的行为，无法推定其为善意。因此，肖某实施的签订房地产买卖合同的民事法律行为并非为家庭生活需要而实施的行为，对韩某不发生法律效力。

第一千零六十一条　夫妻有相互继承遗产的权利。

【条文释义】

本条是对配偶相互享有继承权的规定。

依照民法典继承编的规定，夫妻之间互为配偶，相互享有继承权。配偶可以用遗嘱将遗产分配给对方配偶继承。在法定继承中，配偶是第一顺序继承人，在对方配偶死亡时，依照法定继承的规定，在第一顺位享有继承其遗产的权利。这种权利以配偶关系的存在为前提。离婚发生法律效力后，其法律后果之一，就是消灭他们之间的继承权，任何一方都不是对方遗产的法定继承人，无权再以配偶的身份继承对方的遗产。

配偶享有法定继承权需满足以下条件：(1) 存在合法的婚姻关系。配偶与被继承人之间存在合法的婚姻关系是配偶享有继承权的先决条件。(2) 配偶一方死亡，因为继承开始的原因是自然人死亡。(3) 生存配偶未丧失继承权。我国法律规定了自然人丧失继承权的四种情形，如果配偶存在任一情形时，同样会丧失继

---

① 参见朱虎：《夫妻债务的具体类型和责任承担》，载《法学评论》2019 年第 5 期。

承权，无法继承被继承人的遗产。

关于配偶继承顺序的争论，主要集中在配偶是否作为一个固定的继承顺序参加继承上，这实际上也是关于配偶继承顺序两种立法例的借鉴的问题。一种立法例是将配偶的继承顺序作为法定的第一继承顺序，如我国民法典继承编；另一种立法例是不确定配偶为某一固定继承顺序，而是规定配偶可以和任何顺序的血亲继承人一起参加继承，其应继份一般比其他继承人要多，这一立法例为绝大多数大陆法系国家或地区所采。

在法定继承中，将配偶以固定顺序规定为第一顺序，存在的问题是，会造成剥夺其他继承人继承权的后果。在法定继承中，配偶一方死亡，没有子女也没有父母，第一顺序继承人就只有配偶一人，不论第二顺序继承人有多少，都不会发生第二顺序的继承问题。因此，死者的遗产就被配偶一人全部继承，等于在事实上剥夺了第二顺序继承人的继承权。

根据民法典的规定，被继承人的财产一般包括在夫妻共同财产中的份额以及其个人财产。共同财产主要是指除另有约定外夫妻在婚姻存续期间所得的财产，包括：工资、奖金；生产、经营的收益；知识产权的收益；继承或赠与所得的财产等。夫妻可约定其个人特有财产全部归共同所有或部分共同所有，这部分财产也属于共同财产。夫妻个人财产主要包括一方的婚前财产；因一方身体受到伤害获得的医疗费、残疾人生活补助费等费用；遗嘱或赠与合同中确定只归夫或妻一方的财产；一方专用的生活用品和其他应当归一方的财产。在分割遗产时，夫妻在婚姻关系存续期间所得的共同所有的财产，除另有约定外，应当将共同所有的财产的一半分出为配偶所有，其余的为被继承人的遗产。也就是说，被继承人的个人财产、共同财产的一半为其所有遗产，如果丈夫生前没有立遗嘱，其生存的配偶与其他第一顺序的继承人，包括被继承人的子女、父母按照法定继承均分其遗产。

除此之外，有两个问题需要研究：(1) 事实婚姻的当事人。对于未按民法典婚姻家庭编有关规定办理结婚登记而以夫妻名义共同生活的男女，当一方死亡时，另一方可否以配偶身份主张享有继承权，大陆法系一般认为配偶欲获得继承权，必须以被继承人死亡时婚姻关系存在为要件，配偶继承权的规定，于事实上夫妻无适用余地。① 部分学者有不同的观点。② 根据《最高人民法院关于适用〈中华人民共和国婚姻法〉若干问题的解释（一）》第5条规定的原则，未按婚姻

① 陈棋炎等：《民法继承新论》，三民书局2000年版，第48页。
② 详见房绍坤等：《继承法（教学参考书）》，法律出版社1999年版，第62页。

法有关规定办理结婚登记而以夫妻名义共同生活的男女，同居期间一方死亡的，若双方同居关系发生在 1994 年 2 月 1 日民政部《婚姻登记管理条例》公布实施以前，男女双方已经符合结婚实质要件的，双方成立事实婚姻关系，则生存的一方可以配偶身份对另一方的遗产主张继承权；若双方同居关系发生在 1994 年 2 月 1 日民政部《婚姻登记管理条例》公布实施以后，男女双方符合结婚实质要件的，且双方后来补办了结婚登记的，则另一方当然得以配偶身份继承对方的遗产，而未补办结婚登记的，另一方对死亡一方的遗产不得以配偶身份主张享有继承权。(2) 准婚姻关系的当事人。准婚姻关系与事实婚姻关系具有严格的区别，并非同一性质。在准婚姻关系当中，同居的双方当事人之间不是亲属，不发生配偶的身份地位，也不发生配偶的权利义务关系，因而不属于法定继承人的范围，他们之间不产生继承关系，不得相互继承遗产。

【案例评注】

陈某、胥某与岳某继承纠纷案[①]

基本案情

1990 年 11 月 8 日，在如东县人民法院主持下，陈某的母亲陈某甲与父亲施某甲就离婚纠纷达成协议，该法院作出了陈某甲与施某甲离婚的民事调解书。1992 年 2 月左右始，施某甲与岳某共同生活，双方未领取结婚证。1994 年 7 月 5 日，施某甲、被告岳某、宋某、胥某及宋某甲作为申请人提出个人建房申请书，拆除原旧房后，将原房屋改建成三上三下楼房。施某甲、施某甲的母亲宋某于 1999 年、2004 年先后死亡。陈某以岳某为被告向法院提起法定继承纠纷诉讼，要求依法继承施某甲、宋某遗产。本案的争议焦点是：岳某与施某甲是否系夫妻关系，其对施某甲、宋某的遗产是否享有继承权。

法院判决

关于岳某与施某甲是否系夫妻关系，其对施某甲、宋某的遗产是否享有继承权的问题，法院认为，(1)《中华人民共和国婚姻法》第八条规定："要求结婚的男女双方必须亲自到婚姻登记机关进行结婚登记。符合本法规定的，予以登记，发给结婚证。取得结婚证，即确立夫妻关系。未办理结婚登记的，应当补办

① 审理法院：江苏省如东县人民法院；案号：(2016) 苏 0623 民初 220 号。

登记。”《最高人民法院关于适用〈中华人民共和国婚姻法〉若干问题的解释（一）》第五条规定：“未按婚姻法第八条规定办理结婚登记而以夫妻名义共同生活的男女，起诉到人民法院要求离婚的，应当区别对待：（一）1994 年 2 月 1 日民政部《婚姻登记管理条例》公布实施以前，男女双方已经符合结婚实质要件的，按事实婚姻处理；（二）1994 年 2 月 1 日民政部《婚姻登记管理条例》公布实施以后，男女双方符合结婚实质要件的，人民法院应当告知其在案件受理前补办结婚登记；未补办结婚登记的，按解除同居关系处理。”本案中，施某甲在离婚后自愿与被告岳某建立“夫妻”关系，双方虽未进行合法的婚姻登记，但施某甲与被告岳某在 1992 年共同生活时均已符合结婚的实质要件，符合上述规定的事实婚姻成立的条件，故两者系夫妻关系。(2)《中华人民共和国婚姻法》第二十四条规定，夫妻有相互继承遗产的权利。岳某作为施某甲的妻子，其对施某甲的遗产依法享有继承的权利。(3) 依据《中华人民共和国继承法》第十二条规定，丧偶儿媳对公、婆尽了主要赡养义务的，作为第一顺序继承人。岳某在施某甲死亡后，虽仍与宋某同住，但宋某的次子仅与其一墙之隔，其他儿子均住同一镇区。岳某认可施某甲死亡后，宋某随其生活，其余兄弟亦贴补些费用，由于岳某未能证明其对宋某的生活起居的照顾及相应生活费用的支出承担了主要的赡养义务情况，不支持岳某以第一顺序继承人的身份对宋某的遗产进行分割的请求。

专家点评

法律确认配偶继承权的依据是婚姻关系合法存在，即夫妻身份的现实存续。换言之，只有在婚姻关系依法有效缔结之后，合法有效存续期间，配偶一方死亡，另一方才享有继承权。因此，配偶继承权兼具身份和财产的双重属性。需要注意的是，我国以夫妻共同财产制为法定财产制，除夫妻另作约定外，夫妻在婚姻关系存续期间所得的财产均为共同财产，因而一方配偶死亡时，遗产的状态大多是夫妻生前共有。为此，认定和分割该生前共同财产，有利于保障生存一方的财产权，同时有利于保障生存配偶及其他顺序继承人的继承权。本案中，1992 年 2 月左右始，施某甲与岳某共同生活，双方未领取结婚证，但根据《最高人民法院关于适用〈中华人民共和国婚姻法〉若干问题的解释（一）》第 5 条的规定，由于施某甲与岳某符合结婚的实质要件，可以认定双方为夫妻关系。施某甲是夫妻关系存续期间去世的，而且岳某不存在丧失继承权的情形，故岳某享有配偶继承权。由于施某甲的遗产房屋是施某甲、岳某、宋某、胥某及宋某甲共同所有的不动产，因此岳某只能继承施某甲相应部分的财产。

第一千零六十二条 夫妻在婚姻关系存续期间所得的下列财产，为夫妻的共同财产，归夫妻共同所有：

（一）工资、奖金、劳务报酬；

（二）生产、经营、投资的收益；

（三）知识产权的收益；

（四）继承或者受赠的财产，但是本法第一千零六十三条第三项规定的除外；

（五）其他应当归共同所有的财产。

夫妻对共同财产，有平等的处理权。

【条文释义】

本条是对夫妻共同财产及范围的规定。

夫妻共同财产，是指夫妻在婚姻关系存续期间，一方或双方取得，依法由夫妻双方共同享有所有权的共有关系。它不是讲某种财产，而是指一种夫妻财产制度，以及在该种财产制度下财产所有人的权利义务关系。

夫妻共有财产的法律特征是：（1）夫妻共有财产的发生以夫妻关系缔结为前提，以夫妻没有选择其他夫妻财产制为必要条件，依照法律的规定而产生。任何共同共有关系的产生均须依一定的法定共同关系的存在为依据，夫妻共有财产同样如此。由于夫妻共有财产具有多种形式，法律准许夫妻共同选择法律规定以外的财产制形式，因而夫妻共有财产不仅要基于夫妻关系的缔结为前提，而且必须以夫妻没有选择其他财产制形式为条件，并非因存在夫妻关系就必然发生。（2）夫妻共有财产的权利主体是夫妻二人。夫与妻是两个权利主体，不是一个权利主体。正因如此，夫妻才对财产构成共有关系。有的学者认为，夫妻构成的家庭就是一个主体，对外享有一个权利，是一个整体。这种观点不准确。诚然，在夫妻共有财产中，夫妻享有的是一个权利，即共有权，但作为它的主体的夫妻却是两个分别具有民事权利能力和民事行为能力的独立主体，是独立的人。将夫妻作为一个整体对待有其道理，但因此认为夫妻是一个共同的权利主体，则是错误的。（3）夫妻共同财产的来源为夫妻双方或一方的婚后所得。形成夫妻共同财产，一是婚后所得，二是夫妻双方或者一方所得。在一般情况下是双方所得，但是一方工作获得报酬，而另一方没有工作，对家庭没有实际的财产贡献，同样也构成夫妻共同财产，享有共有权。这一点，与合伙构成合伙共有财产和夫妻以外的家庭成员构成家庭共有财产不同。合伙人不向合伙投资，不创造利益，就不会享有合伙财产的权利，也就不是合伙人。其他家庭成员成为家庭共同财产的主体，应当向家庭作出财产贡献，否则也不能形成家庭共有财产。(4) 夫妻共有财产的性质为共同共有。在夫妻共有财产存续期间，夫妻作为共有人，不分份额地共同享有夫妻共同财产的所有权，除非夫妻关系消灭，共同共有关系不能终止。

夫妻共有财产关系的发生，依照共同共有依据法律规定而发生的原则，是基于夫妻关系的缔结。但仅基于这样一个法律事实并不必然发生夫妻共有关系，还必须基于另一种法律事实，即缔结夫妻关系的双方未选择其他夫妻财产制。缺少上述任何一个必备要件，都不能发生我国法定的夫妻财产共有关系，即夫妻共有财产。(1) 夫妻关系的缔结。这是发生夫妻财产共有关系的首要条件。婚姻关系的缔结，依照法律规定，须由缔结婚姻关系的男女亲自到国家婚姻登记机关，表示双方缔结婚姻关系的意愿，经审查符合结婚条件的，以结婚登记的时间作为婚姻关系缔结的时间。夫妻关系一经缔结，即具备发生夫妻共同共有关系的第一个要件。(2) 缔结婚姻的双方当事人未选择其他夫妻财产制。依照民法典婚姻家庭编的规定，缔结婚姻的双方当事人有约定夫妻财产制而排除法定夫妻共有财产制适用的权利。如果双方行使这一权利，另行约定其他夫妻财产制形式，也不发生我国法定的夫妻共有关系。只要双方没有约定采取其他夫妻财产所有形式，夫妻共有财产关系自婚姻缔结之日起发生，夫妻一方或双方所得的财产均为夫妻共同财产。

夫妻对财产所有的约定对法定夫妻共有财产制排斥的效力，约定全部财产采取其他夫妻财产所有形式的，全部排除法定夫妻共有财产制的效力；约定部分财产或某个财产采取其他所有形式的，约定只对这部分和这个财产发生效力，对于夫妻婚后所得的其他财产仍发生共同共有关系。在时间上，约定整个婚姻期间采取其他所有形式的，排斥法定夫妻共有财产制的适用；在婚姻关系缔结以后约定采取其他所有形式的，原则上从约定时间起，约定生效，但约定采取溯及既往原则的，则从夫妻关系缔结起，约定生效。

本条规定，夫妻共同财产分为五个部分，只要是夫妻双方在夫妻关系存续期间所得，即成为夫妻共同财产：

1. 工资、奖金、劳务报酬。工资、奖金、劳务报酬均为劳动所得报酬，指夫或妻一方或者双方从事一切劳动包括脑力劳动、体力劳动所获得的工资报酬和奖金报酬。具体而言，基本工资、各种形式的补贴、奖金、福利等，甚至还有一定范围的食物分配，都属于这一范围。

2. 生产、经营、投资的收益。夫妻关系存续期间一方或双方经营私营企业、个体工商业、合伙等，凡其所获收益，均为夫妻共同财产。不仅如此，股票、股权、股份等投资性收益也属于夫妻共同财产。

3. 知识产权的收益。夫妻共同取得的知识产权，如共同写作的书籍、论文，共同发明的专利等，归夫妻共同享有，其所得经济利益，属于夫妻共同财产。一方取得的知识产权，权利本身属于个人所有，依该权利已经取得的经济利益为夫妻共同财产，在夫妻关系存续期间尚未取得的经济利益即预期利益，不属于夫妻共同财产。在现实中，很多离婚的夫妻要求将一方未取得经济利益的知识产权作为夫妻共有财产进行分割。例如，一方在婚姻存续期间写作的著作，离婚时还没有得到稿酬，对方要求对该著作权全部或者对其预期的财产权利作为夫妻共同财产进行分割。这种要求是无理的，因为一方面，知识产权是权利人的权利，不是权利人就不能获得这个权利；另一方面，在婚姻关系存续期间获得的财产是夫妻共同财产，著作权的稿酬等还没有获得，不能作为夫妻共同财产。

4. 继承或受赠的财产。共同受赠、继承的财产，为夫妻共有财产。一方或双方继承、受赠的财产作为夫妻共同财产，符合婚后所得共同制的原则，但是遗嘱或赠与合同中确定只归夫或妻一方的财产除外。这就是说，如果遗嘱或者赠与合同明确规定只将遗产或者财产处分给夫妻一方的，他方不享有这项财产的所有权，不作为共同财产。

5. 其他应当归夫妻共同所有的财产。这些财产主要包括：（1）一方或双方取得的债权：双方取得的任何债权均为预期的夫妻共同财产；一方取得的债权亦属夫妻共同财产。该种债权，包括各种债权及记载债权的文书即有价证券，包括这些债权实现所获得的财产利益，如夫或妻一方购买奖券而中奖，为夫妻共有财产。（2）其他还如获得的资助、捐助等，也为夫妻共有财产。夫妻对上述五种共同财产，有平等的处理权。

在确定夫妻共同财产范围时，还有以下几种具体情况：

1. 夫妻分居的财产。夫妻分居两地，分别管理、使用的婚后所得财产，为夫妻共同财产，不能因为分别管理和使用而认为是个人财产。近年来，这种情况大为减少，但还存在。夫妻分居两地，并不影响夫妻的权利义务关系，对财产的性质仍然是共有，不会因为分居两地而改变。对财产的分别管理、使用，是夫妻行使共有权的内容，也不是对共有财产的分割，也不会改变财产共有的性质，应当认定为夫妻共同财产。但这种情况在离婚时分割财产会发生作用。分居两地，财产分别管理、使用的，原则上将自己管理、使用的财产分割给该人，如果财产价值悬殊，可以作价补偿。

2. 已登记结婚但未共同生活的财产。已登记结婚尚未共同生活，一方或双方受赠的礼金、礼物、收入，只要不违背法律规定，应认定为夫妻共同财产，不能因尚未共同生活而认定为个人财产。这是因为，既然建立了婚姻关系，没有约定实行其他财产所有形式，当然产生夫妻共有财产。从此之后各人所得财产都是夫妻共同财产。如果双方离婚，对这些财产应当作为夫妻共同财产分割。

3. 性质难以界定的财产。对是个人财产还是夫妻共同财产难以确定的，主张权利的一方不能证明，人民法院又无法查实的，按夫妻共同财产处理。这是夫妻共同财产推定。没有证据证明特定财产是夫妻共同财产还是个人财产的，推定为夫妻共同财产，较为公平。离婚时因此发生争议，按照夫妻共同财产进行分割。

4. 夫妻相互赔偿的可能性。民法典婚姻家庭编建立了离婚过错赔偿制度，规定了由于过错造成离婚的，无过错一方可以请求对方损害赔偿。这样规定是没有问题的。问题是，很多人主张实行家庭暴力造成对方损害的，即使没有离婚，受害方也可以请求对方予以损害赔偿。对于这个问题，涉及夫妻共有财产的范围问题。如果发生这种行为的夫妻实行的是夫妻共有财产制，两个人又没有自己的财产，一方面是加害人如何支付损害赔偿金，另一方面是受害人对这个收入是否作为共同财产，都有问题。这两个问题中的后一个好办，直接由受害方建立自己的个人财产就行了；前一个问题，如果加害人一方没有自己的财产，是没有办法处理的，只能从共同财产中支付。这种做法是不得已而为之，弄得不好，会损害夫妻关系，加速夫妻关系的破裂，因此必须慎重。

夫妻共有财产权与配偶权的关系是：（1）配偶权是配偶之间的身份关系。配偶权是夫妻之间的基本身份权，所包括的八项权利都是基本身份利益，并没有财产权的内容。这是因为，配偶权的客体不包括法律明定的财产权利，如财产共有权、相互继承权，这些权利是原《物权法》和原《继承法》调整的范围，不属于人身权法的内容。夫妻共有财产权是夫妻之间最重要的权利之一。只是因为这个权利是财产权性质，是物权，所以在身份权中不加以规定而已。（2）夫妻共有财产权与配偶权是婚姻发生的两个最重要的关系。婚姻一经发生，在配偶之间就发生两个法律关系，一个是配偶的身份关系，另一个是配偶的财产关系。配偶权和夫妻共有财产权，是两个相互依赖、相互配合的权利。尽管它们是性质不同的两个权利，也是不能完全分开的。离开了配偶权，夫妻共有财产权就失去了存在的基础；离开了共有权，配偶权就失去了物质依赖，无法保持和发展。只有这两个权利并存，才能保证夫妻关系和谐发展。

夫妻共有财产主体的权利义务，原则上与一般共同共有人的权利和义务相同，但仍有其特点。夫妻共有财产权利人即配偶享有如下权利：

1. 平等享有占有、使用、收益、处分权。这个权利包含两个方面：一方面表明，配偶对于夫妻共有财产享有平等的权利，一律平等地享有所有权，包括占有、使用、收益权和处分权，任何一方不得歧视对方。另一方面表明，每个人的权利都是针对全体夫妻共同财产的，是完整的权利，而不是共有权的某一个部分。平等的权利，完整的权利，构成夫妻共有财产权利的主要内容。由于夫妻之间可以约定不同于夫妻共有财产的其他形式，因此在双方约定的对财产的不同行使权利方法时，并不是违反法律，而是行使自己权利的行为，是对财产权行使的约定。

2. 共同处理权和单独处理权。配偶对夫妻共同财产均有共同处理权和单独处理权。共同处理权是针对处分夫妻共同财产等重大事务的权利。变卖夫妻共同财产，在夫妻共同财产上设置他物权，以及其他使夫妻共同财产发生重大变化的事务，均应由配偶共同决定处理，任何人不得独断专行。单独处理权是指对某些具体的、不涉及夫妻共同财产发生重大变化的事务，以及依据家事代理权进行的事务，配偶有单独的处理权。

3. 相互代表权。在配偶之间相互有代表权。对于一般的夫妻共有财产处理，可以代表对方进行，但是重大事项不能代表。这种相互代表权与配偶权中的日常事务代理权相似。共同财产的平等处理权是共有财产权的具体内容，而不包含家事代理权。行使相互代表权应当受到必要限制。对此，可以借鉴《埃塞俄比亚民法典》的规定。该法第 658 条规定："下列事项，必须得到配偶双方一致同意：（1）转让共同的不动产；（2）转让价值超过 5000 埃塞俄比亚元的动产，或记有配偶双方之名的有价证券；（3）订立超过 1000 埃塞俄比亚元的借款合同；（4）进行超过 100 埃塞俄比亚元的赠与或为第三人超过 100 埃塞俄比亚元的债务作保证。"进行这种限制，是对保障配偶双方财产权利的重要的措施。我国立法和司法也应当建立这样的限制制度。可以考虑限制的条件为：夫妻处分下列夫妻共同财产，必须得到配偶双方一致同意：（1）转让共同的不动产；（2）转让价值超过 1 万元人民币的动产或记有配偶双方之名的有价证券；（3）订立超过 1 万元人民币的借款合同；（4）进行超过 5000 元人民币的赠与或为第三人超过 5000 元人民币的债务作保证。

4. 物上追及权。夫妻共有财产受到不法侵害的，配偶双方均享有此权利，可以独自行使停止侵害、排除妨碍、返还原物、赔偿损失的请求权。

夫妻共有财产主体的义务如下：（1）将夫妻共同财产交付夫妻共同管理使用的义务。原《婚姻法》规定，在实行夫妻共有财产的配偶之间，财产绝大多数是分为两部分的，一部分是夫妻共同财产，另一部分是个人财产。这就将俗称的家庭中的"小金库"合法化，配偶一方可以公开享有自己单独的所有权。在这样的体制下，应当将个人财产和夫妻共同财产严格划清界限。同时，明确配偶双方都负有将属于夫妻共同财产的财产集中归配偶共同管理使用，严格履行义务，按时将自己的所得交付夫妻共同管理使用。违背该义务，应当承担责任。(2) 夫妻共同财产的维修、保管、改良义务。这项义务为配偶双方的义务，均应承担。具体操作，可以由双方配偶实行，也可以由配偶一方实行，所支出的费用由夫妻共同财产支付。(3) 对所欠债务的连带清偿义务因家庭共同生活、共同经营中所欠债务，为夫妻共同债务，须负连带清偿义务，配偶为连带债务人。(4) 共同赔偿责任。夫妻共同财产致他人损害，或者夫妻一方造成他人损害时，应以夫妻共同财产承担赔偿责任。(5) 保持共有关系。除特殊情况外，在夫妻共有财产关系存续期间，任何一方不得要求划分份额、分割共有财产、擅自处分共有财产。夫妻双方均须负此义务。

夫妻共有财产关系的消灭，应当基于婚姻关系消灭的原因事实，包括离婚和夫妻一方死亡。

第一，离婚。离婚导致婚姻关系消灭，导致夫妻共有财产关系的消灭。离婚分为登记离婚和判决离婚。这两种离婚发生同样的法律效力。

离婚的时间是夫妻共有财产终止的基准时间。从这时起，夫妻共有财产关系不复存在，夫妻共同财产开始分割，成为个人各自所有的财产。登记离婚的时间，应以离婚证上登记的时间为准；裁判离婚的时间，应以调解或判决离婚的法律文书发生法律效力的时间为准。

第二，夫妻一方死亡。夫妻一方死亡，婚姻关系消灭，导致夫妻共同共有关系终止。死亡包括自然死亡和宣告死亡，产生同样的法律后果。死亡的时间，自然死亡以死亡证开具的时间为准，宣告死亡则以裁判文书发生法律效力时为准。夫妻一方死亡引起的夫妻共有财产终止与离婚引起的夫妻共有财产终止的效力基本相同，只是前者为分出死者的财产为遗产，后者进行共同财产分割而已。

夫妻双方同时死亡，也同样发生婚姻关系消灭和夫妻共有财产消灭的后果，但共同财产成为遗产。

第三，夫妻另行约定其他财产制。在夫妻之间实行夫妻共有财产期间，如果双方配偶共同约定不再实行夫妻共有财产制，重新约定实行分别所有制或者其他财产制，也消灭夫妻共有财产，发生新的财产关系。

【案例评注】

赖某等与周某民间借贷纠纷案[①]

基本案情

2012年12月17日，赖某与曹某结婚。2013年12月至2014年，赖某陆续向周某借款290000元，约定借款月利率为2%。2015年11月15日，赖某归还周某60000元。同日，赖某重新出具《借条》1张，交由周某收执。《借条》主要约定：借款金额为230000元，利息每月4600元，利息每月付清，借款期限1年。后赖某未按约还款付息，经周某催讨，赖某于2016年3月10日，以三明礼邦工艺品有限公司的名义出具《借条》1张交由周某收执。2016年10月25日，赖某作为转让方，周某作为受让方签订《三明礼邦工艺品有限公司股权转让协议》，该协议约定“赖某将其持有的三明礼邦工艺品有限公司2.069%股权（认缴出资额20690元）以230000元转让给周某，周某同意按此价格购买该股权”。2017年1月12日，赖某与周某到宁化县工商行政管理局办理了三明礼邦工艺品有限公司股权变更登记。周某认为，赖某、曹某立即支付周某以借款本金230000元为基数，按月利率2%为标准，自2015年11月15日起至2016年10月25日止的利息52133元。本案的焦点是：赖某经营的三明礼邦工艺品有限公司产生的收益是否属于其与曹某的共同财产，赖某、曹某夫妻是否应当以该资产向周某偿还债务。

法院判决

一审法院认为，周某与赖某之间因借款形成的债权债务关系明确，且不违反有关法律规定，依法受法律保护。《最高人民法院关于审理民间借贷案件适用法律若干问题的规定》第二十六条第 款规定，借贷双方约定的利率未超过年利率24%，出借人请求借款人按照约定的利率支付利息的，人民法院应予支持。周某主张以借款本金230000元为基数，按月利率2%为标准，自2015年11月15日起至2016年10月25日止的利息52133元的诉讼请求，于法有据，应当予以支持。《最高人民法院关于适用〈中华人民共和国婚姻法〉若干问题的解释（二）》第二十四条规定，债权人就婚姻关系存续期间夫妻一方以个人名义

---

① 审理法院：一审法院为福建省宁化县人民法院，案号为（2017）闽0424民初1670号；二审法院为福建省三明市中级人民法院，案号为（2018）闽04民终220号。

所负债务主张权利的，应当按夫妻共同债务处理。本案债务发生在赖某与曹某婚姻关系存续期间，且该借款用于家庭投资，故曹某应对本案赖某的债务承担共同清偿责任。据此判决：赖某、曹某应在判决生效之日起十日内支付周某借款利息 52133 元。

赖某、曹某不服一审判决，提起上诉。二审法院认为，赖某向周某所借款项系在与曹某婚姻关系存续期间，对外经营三明礼邦工艺品有限公司所产生。根据《中华人民共和国婚姻法》第十七条和《最高人民法院关于适用〈中华人民共和国婚姻法〉若干问题的解释（二）》第十一条的规定，赖某对外经营三明礼邦工艺品有限公司产生的收益属于其与曹某的共同财产，故与该收益相对应的消极财产即债务也应属于夫妻共同债务，一审判决曹某对赖某所负前述债务承担共同清偿责任并无不当，故驳回赖某和曹某的上诉请求。

专家点评

夫妻在婚姻关系存续期间因生产、经营、投资的收益所得的财产，为夫妻的共同财产，归夫妻共同所有。夫妻对共同财产，有平等的处理权，即夫或妻就处理夫妻共同财产上的权利是平等的。因日常生活需要而处理夫妻共同财产的，任何一方均有权决定。夫或妻非因日常生活需要对夫妻共同财产作出重要处理决定，夫妻双方应当平等协商，取得一致意见。他人有理由相信其为夫妻双方共同意思表示的，另一方不得对抗善意第三人。在本案中，赖某与曹某婚姻关系存续期间对外经营三明礼邦工艺品有限公司，该公司所产生的收益是夫妻二人在婚姻关系存续期间因经营所得的财产，属于夫妻共同财产。由于夫妻对共同财产有平等的处理权，赖某有权向周某转让部分股权抵周某的债务。赖某未经配偶曹某的同意，非因日常生活需要处理夫妻共同财产的股权，该法律行为不应对曹某有效，但周某有理由相信赖某转让股权是基于夫妻双方共同意思表示，故曹某无法以其不知道借款一事为由对抗善意的第三人周某。赖某经营的公司收益用于夫妻共同生产经营，属于夫妻的积极的共同财产，与之相对应的消极财产即债务也当然属于夫妻共同债务，故赖某与曹某应当以夫妻共同财产偿还周某的债务。

第一千零六十三条　下列财产为夫妻一方的个人财产：

（一）一方的婚前财产；

（二）一方因受到人身损害获得的赔偿或者补偿；

（三）遗嘱或者赠与合同中确定只归一方的财产；

（四）一方专用的生活用品；

（五）其他应当归一方的财产。

【条文释义】

本条是对夫妻个人财产范围的规定。

夫妻个人财产，是指夫妻在实行共同财产制的前提下，依照法律的规定或者夫妻之间的约定，各自保留一定范围的属于个人所有的财产。夫妻个人财产具有三个明显特征：一是独立于夫妻共同财产之外；二是其权利主体是单个的人，即夫或者妻；三是其权利属于单独所有权，而不是共有权。法律保护夫妻个人财产，属于配偶一方的财产的，属于个人财产，不认为是夫妻共同财产。本条规定适用于实行共同财产制前提下，夫妻的个人财产如何划分的问题。夫妻如果实行分别财产制，那么属于夫妻一方个人所有的财产应当由夫妻双方事先约定，无需法律规定。当然，如果夫妻双方没有约定所有财产的归属，可以通过本条确定财物的归属。

民法典婚姻家庭编关于夫妻财产制的发展，可以分为明显的三个阶段：一是家庭财产属于夫妻共同财产；二是规定婚后所得财产归夫妻共同共有；三是既强调对夫妻共同财产的保护，也强调对夫妻个人财产的保护。这三个阶段的发展，是逐渐向着承认夫妻财产个性化的立场进步，逐渐摆脱在夫妻财产制上的守旧思想。

在现阶段，民法典婚姻家庭编采取保护夫妻个人财产的立场的必要性是：第一，顺应时代的发展需要。我国现在实行的是社会主义市场经济，通行的是市场经济规律，过于强调共有制，在家庭领域完全不保护个人的财产所有权，与社会的市场经济形式不相符合。第二，适应财产关系的变化。财产法的基本规律体现的是个性化，强调个人权利界限的清晰。在财产法领域，一旦出现财产权利的界限模糊，就会妨害个人创造财富的积极性。亲属法应当在强调家庭共同生活的共同财产基础的同时，尊重个人的财产权利要求。特别是婚前财产，其所有权就是个人的，如果结婚后，对于自己的婚前财产的所有权都无法享有，显然是在借婚姻的共同生活侵害个人的财产权。第三，保护财产权利人的权利支配。在婚姻存续期间，对于有些财产也应当确认为个人的财产，予以保护。例如，在赠与和继承问题上，财产所有人明确夫妻的一方作为继承人或者受赠人的，就应当保护这种权利人权利支配的意思表示，不能将其作为夫妻共同财产。

本条规定确定夫妻个人财产的范围是：

第一，婚前个人财产。婚前财产是指夫妻在结婚之前各自所有的财产，包括婚前个人劳务所得财产、继承或受赠的财产以及其他合法财产。除此之外，婚前个人所有的货币及一般的生产资料、生活资料均归个人所有，不属于夫妻共同财产。一方的婚前财产在婚后产生的孳息和自然增值部分，根据《最高人民法院关于适用〈中华人民共和国婚姻法〉若干问题的解释（三）》第5条的规定，仍应属于个人财产。但是，如果个人婚前所有的不动产在婚后用共同财产进行过修缮等改良行为，增加了价值的，在该财产中应当包含对方配偶的权利。

第二，一方因受到人身损害获得的赔偿或者补偿。一方因受人身伤害而获得的医疗费、残疾人生活补助费以及其他的赔偿或者补偿，是因受到人身伤害而得到的补偿费中的部分。该种财产具有人身性质，是用于保障受害人生活的基本费用，须归个人所有，不能作为夫妻共有财产。

第三，遗嘱或赠与合同中确定只归一方的财产。赠与人或被继承人明确以赠与、继承给个人为条件，所赠与或者所继承的物品具有鲜明的个人属性，也体现了财产所有人支配财产的真实意志，完全是所有权应有的内容。过去，将这部分财产一律作为婚后所得，成为夫妻共同财产，有的遗嘱人或者赠与人在财产归属上发生严重的分歧，产生纠纷，既不利于社会秩序的稳定，也违背了财产所有人的意志。现在规定这种财产为个人所有，不能成为夫妻共同财产，也就避免了这些问题的出现，同时也是公平的。

第四，一方专用的生活物品。个人衣物、书籍、资料等都是极具个人属性的财产，为个人财产。在离婚纠纷中争夺这些财产的也不在少数。

第五，其他应当归一方所有的财产。包括：（1）婚前个人财产增值部分。婚前个人财产在婚后增值，应当分为两个部分：经过夫妻共同管理、经营部分的增值，为夫妻共同财产；自然增值和未经共同管理、经营部分的增值，为个人财产。（2）复员、转业军人的复员费、转业费、医疗补助费和回乡生产补助费，归个人所有。（3）夫妻一方的人身保险金。人寿保险金、伤害保险金等具有人身性质，只能作为个人财产。（4）其他个人财产。与个人身份密切相关的奖品、奖金，国家资助优秀科学工作者的科研津贴，一方创作的手稿、文稿、艺术品设计图、草图等，为个人所有。

第六，夫妻之间借贷。近年来，出现了夫妻之间的借贷关系，也就是夫妻双方订立借款协议，约定将夫妻共同财产的一部分借给一方，从事个人经营活动或者用于个人其他事务。对于这种借贷关系是否承认其效力，有不同意见。《最高人民法院关于适用〈中华人民共和国婚姻法〉若干问题的解释（三）》第16条认可这种借贷关系。如果夫妻之间订立借款协议，以夫妻共同财产出借给一方从事个人经营活动或用于其他个人事务的，应当视为双方约定处分夫妻共同财产的行为，发生借贷的效力。这时，从事个人经营活动的一方对于借款享有个人所有权，不认为是夫妻共同财产，但该方当事人对夫妻共同财产负有债务。在离婚时，如果发生争议，可以按照借款协议的约定处理。但这样的协议不能对抗善意第三人，如果第三人不知道双方的婚内借款协议，或者双方的婚内借款协议，不具有对抗善意第三人的效力。①

除此之外，《最高人民法院关于适用〈中华人民共和国婚姻法〉若干问题的解释（二）》第13条还规定，军人的伤亡保险金、伤残补助金、医药生活补助费属于个人财产。

关于其他亲属个人财产。其他亲属个人财产是指家庭中的其他成员在家庭共同财产之外自己享有所有权的财产。其特征，一是独立于家庭共同财产之外；二是其权利主体是单个的家庭成员，不是夫或者妻，而是夫或妻之外的其他成员；三是其权利属于个人单独所有权，而不是共有权。对于其他亲属的个人财产，法律予以保护。除非权利人同意，其他任何人包括家庭成员，都不能侵害其他亲属的个人财产权。这样的规定不是来自亲属法，而是来自物权法，以及债权法和知识产权法。例如，盛行的春节“压岁钱”，应当属于子女个人的财产，无论其是否成年、年龄多大，其享有的所有权都应当予以保护。

【案例评注】

倪某与李某所有权确认纠纷案②

基本案情

2008年4月8日，倪某与李某在邻水县民政局办理结婚登记，双方均是再婚。2007年4月8日，倪某与四川金孟房地产开发有限公司签订《邻水县天成名都拆迁安置补偿协议书》，将倪某位于邻水县鼎屏镇南外村六社的房屋拆迁至天成名都房屋。2006年3月17日，倪某与四川正义房地产开发有限公司签订《邻水正大学府雅园拆迁补偿安置协议书》，将倪某位于邻水县正大学府雅园规划范

① 杨立新：《最高人民法院〈关于适用婚姻法若干问题的解释（三）〉解读》，载《东南学术》2012年第1期。

② 审理法院：一审法院为四川省邻水县人民法院，案号为（2016）川1623民初1302号；再审法院为四川省广安市中级人民法院，案号为（2016）川16民再29号。

围内的房屋拆迁至学府雅园房屋；因该套房屋拆迁面积小于补偿面积，倪某、李某遂将《邻水正大学府雅园拆迁补偿安置协议书》改签为《商品房买卖合同》。后该两套房屋均依法办理房屋产权登记，载明：产权人为倪某，共有人为李某。倪某认为，天成名都房屋及学府雅园房屋是其通过拆迁所得的婚前个人财产，应归其一人所有。

法院判决

原审法院认为，夫妻可以约定婚姻关系存续期间所得的财产以及婚前财产归各自所有、共同所有或部分各自所有、部分共同所有。约定应当采用书面形式。没有约定或约定不明的，适用《中华人民共和国婚姻法》第十七条、第十八条的规定。根据《中华人民共和国婚姻法》第十八条之规定，夫或妻一方的婚前财产为夫妻一方的财产。本案中所涉两套房屋均为倪某婚前财产的拆迁房，是其婚前财产，且双方未就该两套房屋归双方共同所有作出书面约定，故该两套房屋应为倪某一方的财产。李某辩称涉案两套房屋应为双方共同所有，但其所举示的证据（两套房屋的装修收据）不能证实李某已依法取得该两套房屋的共有权，其应当承担举证不利的责任。据此，涉案房屋归倪某所有。

李某不服原审判决，向四川省邻水县人民检察院申诉，该检察院向四川省广安市中级人民法院提出了抗诉，该法院提审了本案。再审法院认为，根据《最高人民法院关于适用〈中华人民共和国物权法〉若干问题的解释（一）》第二条“当事人有证据证明不动产登记簿的记载与真实权利状态不符、其为该不动产物权的真实权利人，请求确认其享有物权的，应予支持”的规定，讼争两套房屋虽然已登记为李某与倪某共同共有，但事实反映，两套房屋的原始取得是倪某婚前的个人拆迁房屋，双方并没有书面约定为共同共有，根据《中华人民共和国婚姻法》第十九条第一款和第十八条第一项“有下列情形之一的，为夫妻一方的财产：（一）一方的婚前财产”的规定，本案讼争房屋应属倪某个人所有。虽然天成名都房屋的装修和学府雅园房屋的厨房改造及部分装修是发生在夫妻关系存续期间，且是用双方婚后共同财产作的不动产添附，但李某仅对装修的部分享有共同的财产权利，而添附并不必然导致原物的所有权发生变动。因此，本案讼争房屋属倪某个人所有，而非李某与倪某共同共有。

专家点评

婚前财产为夫妻一方的个人财产，对婚前财产享有所有权的一方可独立管理、使用、收益和处分该财产，该财产不因结婚转化为夫妻共同财产。一方婚前个人财产中不仅包括积极财产，也包括消极财产，债权人不能因一方的婚前所负的个人债务向其配偶主张共同或单独偿还。但是，一方也可以通过契约形式将其对个人财产的积极权益转移给另一方行使，也可以约定双方共同共有该积极财产，还可以共同承担个人婚前消极财产即债务，这体现了意思自治的原则。此外，《最高人民法院关于人民法院审理离婚案件处理财产分割问题的若干具体意见》第6条还规定："一方婚前个人所有的财产，婚后由双方共同使用、经营、管理的，房屋和其他价值较大的生产资料经过8年，贵重的生活资料经过4年，可视为夫妻共同财产。"本案中，倪某与李某登记结婚，是合法的婚姻关系。天成名都房屋及学府雅园房屋是倪某婚前通过拆迁所得的财产，却在婚后办理了房屋产权登记，在办理登记时载明了产权人为倪某，配偶李某为共有人。尽管如此，双方未就该两套房屋归双方共同所有作出书面约定，且双方婚后未共同使用、经营、管理该两套房子长达8年，故该两套房无法视为倪某与李某的夫妻共同财产，应该归倪某单独所有。

第一千零六十四条 夫妻双方共同签名或者夫妻一方事后追认等共同意思表示所负的债务，以及夫妻一方在婚姻关系存续期间以个人名义为家庭日常生活需要所负的债务，属于夫妻共同债务。

夫妻一方在婚姻关系存续期间以个人名义超出家庭日常生活需要所负的债务，不属于夫妻共同债务；但是，债权人能够证明该债务用于夫妻共同生活、共同生产经营或者基于夫妻双方共同意思表示的除外。

【条文释义】

本条是对夫妻共同债务的规定。

夫妻共同债务，是以夫妻共同财产作为一般财产担保，在夫妻共有财产的基础上设定的债务。包括夫妻在婚姻关系存续期间为解决共同生活所需的衣、食、住、行、医，履行法定扶养义务，必要的交往应酬，因共同生产经营活动等所负之债，以及为抚育子女、赡养老人，夫妻双方同意而资助亲朋所负债务。夫妻共同债务与夫妻个人债务相对应。

本条规定的确定夫妻共同债务的规则是：夫妻双方共同确认或者夫妻一方确认，另一方事后追认等通过共同意思表示所负的债务，以及夫妻一方在婚姻关系存续期间以个人名义为家庭日常生活需要所负的债务，属于夫妻共同债务。具体标准是：(1) 夫妻双方共同确认或者夫妻一方确认，另一方事后追认等通过共同意思表示所负的债务。法律准许夫妻双方对财产的所有关系进行约定，也包括对债务的负担进行约定，双方约定归个人负担的债务，为个人债务。约定个人债务，可以与财产所有的约定一并约定，也可以单独就个人债务进行约定。举债时没有夫妻的共同约定，但是举债之后对方配偶追认是夫妻共同债务的，当然也是夫妻共同债务。(2) 夫妻一方在婚姻关系存续期间以个人名义为家庭日常生活需要所负的债务。包括为保持配偶或其子女的生活发生的债务，为了履行配偶双方或一方的生活保持义务产生的债务，其他由家事仲裁人根据配偶一方或债权人的请求确认为具有此等性质的债务。例如，购置家庭生活用品、修缮房屋、支付家庭生活开支、夫妻一方或双方乃至子女治疗疾病、生产经营，以及其他生活必需而负的债务。为抚育子女、赡养老人，夫妻双方同意而资助亲朋所负债务，亦为夫妻共同债务。

对于夫妻一方在婚姻关系存续期间以个人名义超出家庭日常生活需要所负的债务，不属于夫妻共同债务。例如，一方未经对方同意擅自资助与其没有扶养义务的亲朋所负的债务，一方未经对方同意独自筹资从事经营活动，其收入确未用于共同生活所负的债务，以及因个人实施违法行为所欠债务，婚前一方所欠债务，婚后一方为满足个人欲望确系与共同生活无关而负的债务等。为保护债权人的合法权益，本条特别规定，但是债权人能够证明该债务用于夫妻共同生活、共同生产经营或者基于夫妻双方共同意思表示的除外。

夫妻个人债务是与夫妻共同债务相对应的，法律规定不属于以夫妻共同财产清偿的以一方名义所负的为个人债务。① 下列债务为夫妻个人债务：

第一，夫妻双方约定由个人负担的债务。民法典婚姻家庭编第 1065 条准许夫妻双方对财产的所有进行约定，也包括对债务的负担进行约定，双方约定归个人负担的债务，为个人债务。约定个人债务，可以与财产所有的约定一并约定，也可以单独就个人债务进行约定。经过公示的约定可以对抗第三人，但以逃避债务为目的进行的约定，不产生法律上的效力，仍为夫妻共同债务。

第二，一方未经对方同意擅自资助与其没有扶养义务的亲朋所负的债务。没有抚养义务，指的是没有法定的抚养、赡养、扶养义务。没有此种义务，未经对方同意，包括未征得对方同意和对方反对，擅自对亲朋进行资助，所负债务为个人债务。

---

① 胡苷用：《婚姻合伙视野下的夫妻共同财产制度研究》，法律出版社 2010 年版，第 107 页。

第三，一方未经对方同意独自筹资从事经营活动，其收入确未用于共同生活所负的债务。这种经营活动属于个人一方的经营活动，所负债务应为个人债务，由个人负责清偿，或由个人遗产清偿。构成此种个人债务须具备三个条件：一是未经对方同意，包括未征得对方同意和对方不同意；二是独自筹资，或者用属于一方所有的婚前个人财产投资，未以夫妻共有财产投资；三是其收入确未用于共同生活。之所以这样严格要求，目的是保护债权人的利益。

第四，其他应由个人承担的债务。这种债务包括：因个人实施违法行为所欠债务，如个人赌博所欠赌资的债务；婚前一方所欠债务；婚后一方为满足个人欲望确系与共同生活无关而负的债务等。

【案例评注】

谭某等与江某民间借贷纠纷案①

基本案情

谭某、钟某于2004年8月9日登记结婚。江某主张谭某因资金周转困难向江某借款，江某自2016年11月开始直接让自己的债务人将款项转账至谭某指定的银行账户，金额共计3295953元。因谭某开具发票，相应的税费就从前述金额中扣减，实际借款金额为3164115元，为此，江某提交了谭某于2016年12月23日出具的由其签名捺印的《转账流水确认表》和《借条》各1份。《转账流水确认表》载明自2016年11月24日至2016年12月23日，转账金额共计3295953元，借款期限均为一个月，《借条》载明“现由谭某向江某借用人民币3164115元，约定两个月内归还”。谭某于2017年4月17日出具由其签名捺印的《债务确认书》1份，载明“鉴于本人谭某占用江某资金……但由于本人资金周转原因，一直占用上述资金，未能及时偿还给江某，现本人确认，共拖欠资金本金为2915134元，本人承诺尽快偿还，并按照每月3%计算资金占用费。(此前出具的借条及流水确认表与本确认书为同一债务)”。江某认为，谭某、钟某应当共同向江某偿还拖欠款项本金及资金占用费，上述两项共计3368006元。本案的焦点有两个：一是涉案借款是否真实；二是谭某向江某所借的款是否属于谭某、钟某的夫妻共同债务。

① 审理法院：一审法院为广东省广州市花都区人民法院，案号为（2017）粤0114民初6136号；二审法院为广东省广州市中级人民法院，案号为（2018）粤01民终400号。

法院判决

关于涉案借款是否真实问题，一审法院认为，首先，《借条》《债务确认书》能够证明谭某向江某借款的事实，《借条》及《债务确认书》具有直接证明当事人之间借贷关系成立的效力；其次，谭某的配偶即钟某在庭审中承认受谭某委托转账归还过借款，江某提交的银行流水也证明谭某于2017年6月1日向江某转账30000元，谭某虽然均否认前述转账与本案有关，但未提交证据证明其与江某还有其他纠纷，故应当承担举证不能的法律后果，前述还款记录也合理说明了《债务确认书》上的借款本金金额比《借条》少的原因；最后，谭某虽然提出涉案款项并非借款、其并非真实的债务人的抗辩，但其未提交证据予以反驳，且既不说明实际债务人的名称，也未在原审法院指定的举证期限内提交追加被告或第三人申请书，故应当承担举证不能的法律后果。综上，一审法院认为，江某主张谭某拖欠借款本金2915134元事实清楚，证据确凿。

关于涉案借款是否系谭某、钟某的夫妻共同债务问题，一审法院认为，根据《中华人民共和国婚姻法》第四十一条的规定，为夫妻共同生活所负的债务，为夫妻共同债务。因此，判断夫妻共同债务的标准，一是看借款行为是否是夫妻合意；二是看借款有无用于夫妻共同生活。江某不能证明涉案借款用于谭某、钟某夫妻共同生活，亦不能证明借款时谭某、钟某共同合意，且涉案借款金额较大，明显已经超过了夫妻日常生活所需。因此，江某主张涉案借款是谭某、钟某夫妻共同债务并要求钟某承担共同还款责任，证据不足，不予支持。为此，一审法院判决：谭某于判决发生法律效力之日起十日内向江某清还借款2915134元并支付利息（利息自2017年4月17日起按照年利率24%计算至付清日止，并扣减谭某于2017年6月1日支付的利息30000元）。

谭某、钟某对涉案借款关系成立的一审判决不服，提起上诉。二审法院就涉案借贷关系是否成立以及涉案借款是否实际发生的问题认为，江某主张谭某尚欠借款2915134元，提供了《转账流水确认表》《借条》及《债务确认书》为证，这些证据形成完整证据链足以证明谭某借用江某资金的事实。谭某作为一名具备完全民事行为能力的成年人，应当知道出具《借条》及《债务确认书》将要承担的法律责任，一审法院据此认定谭某向江某借款的事实并无不当。

专家点评

根据关于夫妻共同债务的法律规定，江某因不能证明谭某借款基于夫妻共同合意，且该借款用于夫妻日常生活，无权请求钟某共同承担还款责任。夫妻一方在婚姻关系存续期间以个人名义超出家庭日常生活需要所负的债务，不属于夫妻共同债务；但是债权人能够证明该债务用于夫妻共同生活、共同生产经营或者基于夫妻双方共同意思表示的除外。夫妻共同意思表示的表现形式有夫妻双方共同签字或夫妻一方事后追认等形式。本案的焦点是谭某向江某借款是否属于夫妻共同债务。由于谭某的借款金额较大，超出了家庭日常生活需要的范围，且江某未证明该债务用于谭某、钟某的共同生活，钟某事后也没有追认该债务，因此该债务不属于谭某、钟某夫妻共同债务，钟某无需承担偿还责任。

第一千零六十五条 男女双方可以约定婚姻关系存续期间所得的财产以及婚前财产归各自所有、共同所有或者部分各自所有、部分共同所有。约定应当采用书面形式。没有约定或者约定不明确的，适用本法第一千零六十二条、第一千零六十三条的规定。

夫妻对婚姻关系存续期间所得的财产以及婚前财产的约定，对双方具有法律约束力。

夫妻对婚姻关系存续期间所得的财产约定归各自所有，夫或者妻一方对外所负的债务，相对人知道该约定的，以夫或者妻一方的个人财产清偿。

【条文释义】

本条是对夫妻约定财产的规定。

夫妻约定财产，是指夫妻以契约形式决定婚姻关系存续期间所得财产所有关系的夫妻财产制度，是夫妻法定财产的对称。法律规定夫妻约定财产制的原因，在于其更能够体现个体夫妻的财产个性。在现代社会，夫妻财产关系因不同夫妻的财产状况和家庭经济生活的不同而呈现出多样性和差异性，单一类型的法定财产制不可能适合于所有的夫妻，为尊重夫妻的意思以及应对婚姻生活的特殊性和个性，各国法律大都承认夫妻约定财产制。这对保护夫妻的合法权利和财产利益，维护平等、和睦的家庭关系，并保护夫妻与第三人交易安全，具有重要意义。

夫妻法定财产制和夫妻约定财产制，两者究竟是何关系，夫妻约定财产制的法律地位如何，学说上已有定论，即法定财产制是基本的夫妻财产制，约定财产制是补充的、特殊的夫妻财产制。在这样的学说指导下，婚姻法理论长期以来对约定财产制重视不够，没有进行深入、广泛的研究和探讨。随着社会文明的不断进步和公民素质的不断提高，夫妻以契约约定财产所有关系的情况会越来越多，夫妻约定财产制的法律地位将会变得越来越重要。此次立法改变了过去的用除外条款来允许约定财产制存在而不具体规定其内容的做法，制定了新的夫妻财产约定的内容，适应了社会发展的需要。

立法者将夫妻法定财产制确定为基本的夫妻财产制，将约定财产制作为特殊的、补充的财产制，约定财产制却有着排斥法定财产制的效力，只要缔结夫妻财产契约的男女双方协议成立，在他们之间就不再适用法定财产制。夫妻财产约定的要件是：(1) 婚姻关系当事人须有订约能力；(2) 订立夫妻财产契约须具备形式要件。

夫妻约定财产制分为两种形式：(1) 自由式的约定财产制。当事人可以自由约定夫妻财产关系的内容，只要不违反合同的一般禁止性规定，法律不加以限制，允许自由约定。这种形式更能够体现夫妻的个性和特殊性需要，存在的问题是会使夫妻财产制混乱，且对第三人的保护不利，应当对其缔约的形式和内容进行登记予以补救。(2) 选择式的约定财产制。当事人虽可对夫妻财产约定排除法定财产制的适用，但只能在法律所规定的数种典型的夫妻财产制中选择一种，不得全面另行约定其内容。这种方法对夫妻财产制约定的类型进行限制，一是从维护交易安全考虑，使财产约定具有公示性，以更好地保护第三人的利益；二是保护夫妻一方的权益，避免一方利用强势地位或者感情引导他方订立不公平的契约。

夫妻财产约定对双方具有约束力，第三人知道该约定的可以对抗该第三人。(1) 对内效力，是指该契约对婚姻关系当事人的拘束力。最基本的效力，就在于夫妻财产契约成立并生效，即在配偶间及其继承人间发生财产契约的物权效力，婚姻关系当事人受此物权效力的约束。在夫妻财产契约中无论约定分别财产制还是个别财产归一方所有的财产制，乃至就使用权、收益权、处分权的约定，都依其约定发生物权效力。如为变更或撤销，必须经婚姻当事人双方同意，一方不得依自己的意思表示为变更或撤销。(2) 对外效力，是指夫妻对婚姻财产的约定可否对抗第三人。承认其对外效力，即可依约定而对抗第三人，不承认其对外效力，则不能依约定而对抗第三人。第三人知道该约定的，即发生对抗第三人的效力，第三人不知道该约定的，就不发生对抗第三人的效力，应当以双方当事人的财产清偿债务。

夫妻财产约定的内容是，可以约定婚姻关系存续期间所得的财产以及婚前财产归各自所有、共同所有或者部分各自所有、部分共同所有；没有约定或者约定不明确的，适用民法典婚姻家庭编第 1062 条、第 1063 条的规定，即按照共同财产的范围和个人特有财产的范围处理。夫妻财产约定的形式是，应当采用书面形式。夫妻财产约定的范围是，夫妻对婚姻关系存续期间所得的财产以及婚前财产的约定，对双方具有约束力。

夫妻关系一经终止，夫妻共有财产即告废止，应当对夫妻共同财产进行分割。夫妻共同财产的分割方法分为两种，即原则分割方法和具体分割方法。原则分割方法是指离婚财产分割的一般方法，即分割夫妻共有财产进行分割的基本方法。

分割夫妻共有财产的原则方法是均等分割，辅之以根据生产、生活的实际需要和财产来源等情况的适当差别，属于个人专用物品归个人所有。

1. 均等分割。均等分割夫妻共有财产，是我国司法实务一贯坚持的方法，即确定夫妻共有财产的范围之后，一分为二，平均分成两份。它的依据是民法典婚姻家庭编第 1062 条第 2 款，即“夫妻对共同财产，有平等的处理权”。

2. 有所差别。坚持均等分割的原则并不是绝对的。如果不分青红皂白、一律均等分割，可能会造成不公平的后果。司法解释认为，在坚持均等分割的原则之下，允许在某些条件下适当地有所差别。这样的条件就是夫妻一方在生产、生活上有特别需要，或者财产来源有特别情况。

夫妻一方有生产、生活特别需要的，如某一方具有使用某种生产资料的特殊技能，将此种生产资料分给该方不仅对发挥技术特长有利，而且还对发展社会生产有利。又如，夫妻一方生活上有特别需要，生活上需要护理，生活有特别困难，应当适当多分一些财产予以扶助。

作为夫妻共同财产的来源有特别情况的，分两种情况：一是作为典型的夫妻共同财产，即直接作为夫妻共同财产的财产，由一方取得，不体现分割的差别会出现特别不公平后果的，如婚姻关系存续期间，一方继承相当数量的财产，或一方经营活动有相当数量的收入等。二是作为特别情况的夫妻共同财产，如夫妻分居两地分别管理使用的共同财产，已登记结婚尚未共同生活时受赠的礼金、礼物等。它们都有来源特别的共同特点。对此，应当考虑财产来源的具体情况，在分割时适当体现差别。对于夫妻分居两地分别管理使用的共同财产，分割时，各自分别管理使用的财产归各自所有，如果双方所分财产相差悬殊，差额部分由多得财产的一方以差额相当的财产折抵另一方。对于已登记结婚尚未共同生活时受赠的礼金、礼物，应考虑财产来源、数量等情况，合理分割；各自出资购置、各自使用的财产，原则上归各自所有。

在离婚时，双方当事人已经对夫妻共同财产的分割达成协议也已经履行，但事后又发现还有其他夫妻共同财产当时没有分割的，《最高人民法院关于适用〈中华人民共和国婚姻法〉若干问题的解释（三）》第18条规定，离婚后，一方以尚有夫妻共同财产未处理为由向人民法院起诉请求分割的，经审查该财产确属离婚时未涉及的夫妻共同财产，人民法院应当依法予以分割。这是保护夫妻双方的合法权益的合理做法。

具体的分割方法，是对各种具体的夫妻共同财产怎样进行分割的办法。主要是对夫妻共同财产中合伙经营的财产、生产资料、当年无收益的养殖种植业、婚前个人房屋婚后增值的部分、不宜分割的共有房屋等。对于这些具体的分割方法，司法解释作了具体的规定。

1. 一方以夫妻共同财产与他人合伙经营的财产。这种财产属于合伙的共同共有财产，合伙未经清算，无法确定个人的应得部分，因而无法分割。一种办法是将入伙的财产分给一方所有，分得入伙财产的一方对另一方给予相当于入伙财产一半价值的补偿。另一种办法是将入伙财产分为两个股份，双方均作为合伙人参加合伙，但须征得全体合伙人的同意。

2. 属于夫妻共同财产的生产资料。生产资料的范围，应包括家庭拥有的汽车、拖拉机、机械设备，乃至工厂、厂房等。分割的方法是分给有经营条件和能力的一方，分得该生产资料的一方对另一方应给予相当于该财产一半价值的补偿。也可以另行采取分割方法。

3. 夫妻共同经营的当年无收益的养殖、种植业。范围是承包经营、租赁经营等，因承包经营和租赁经营，都对经营的土地、水面等没有所有权，分割的只能是收益部分和经营权。农村土地承包经营权应当分割为夫妻个人享有，平均分割；其他承包、租赁经营权，可以分割，也可以不分割而分给一方享有，分割的应经发包人、出租人同意，将经营权不分割而归一方经营的，对可能得到的收益应折价补偿给另一方。

4. 一方个人房屋婚后增值的部分。结婚后，双方对婚前一方所有的房屋进行过修缮、装修、原拆原建，离婚时未变更产权的，房屋仍归产权人所有，增值部分中属于另一方应得的份额，由房屋所有权人折价补偿另一方。进行扩建的，扩建部分的房屋应按夫妻共同财产处理，每人分得一半。

5. 不宜分割使用的夫妻共有的房屋。应根据双方住房情况和照顾抚养子女方或无过错方等原则，分给一方所有，另一方有权得到相当于该房屋一半价值的补偿。在同等条件下，应优先分给女方。

6. 一方尚未取得经济利益的知识产权。在离婚时，一方在婚姻关系存续期间取得的知识产权，尚没有取得经济效益，发生争议的，应判决权属归该方所有。

如果在创造性劳动中对方也作出贡献的，可根据具体情况对另一方予以适当照顾。

【案例评注】

庄某等与郑某民间借贷纠纷上诉案①

基本案情

郑某与庄某是朋友关系。庄某、江某于2002年4月9日登记结婚，庄某、江某对夫妻存续期间所得的财产、个人名义所负的债务，均未作特别的约定。郑某于2013年2月2日至2014年7月5日共分9次向庄某转款，款项合计308.5万元。郑某与庄某对款项核对后，由江某书写了两张《借条》交郑某收执。两张《借条》均书写在同一张A4纸上，内容（从上而下）为“兹借到郑某人民币叁佰万元整（小写￥3000000元）借款人：庄某2014.7.5”“兹借到郑某人民币伍拾万元整（小写￥500000元）借款人：庄某2014.5.12”。郑某为催收借款，诉至法院。本案的焦点是：涉案借款是夫妻个人债务还是夫妻共同债务。

法院判决

一审法院认为，首先，涉案借款发生在庄某、江某婚姻关系存续期间，我国婚姻法实行的是夫妻共同财产制度；其次，《中华人民共和国婚姻法》第十九条第三款规定，夫妻对婚姻关系存续期间所得的财产约定归各自所有的，夫或妻一方对外所负的债务，第三人知道该约定的，以夫或妻一方所有的财产清偿。《最高人民法院关于适用〈中华人民共和国婚姻法〉若干问题的解释（一）》第十八条规定，婚姻法第十九条所称“第三人知道该约定的”，夫妻一方对此负有举证责任。《最高人民法院关于适用〈中华人民共和国婚姻法〉若干问题的解释（二）》第二十四条规定，债权人就婚姻关系存续期间夫妻一方以个人名义所负债务主张权利的，应当按夫妻共同债务处理。但夫妻一方能够证明债权人与债务人明确约定为个人债务，或者能够证明属于婚姻法第十九条第三款规定情形的除外。从上述规定可见，婚姻关系存续期间所负债务原则上应认定为夫妻共同债务，只有两种情形除外，且证明符合例外情形的举证责任在夫妻一方。郑某就庄

---

① 审理法院：一审法院为广东省广州市海珠区人民法院，案号为（2017）粤0105民初4017号；二审法院为广东省广州市中级人民法院，案号为（2018）粤01民终428号。

某所负的涉案借款主张权利，应当按夫妻共同债务处理，江某认为属于庄某个人债务，其需举证证明郑某与庄某已经明确约定涉案债务为庄某的个人债务或者举证证明其与庄某对婚姻关系存续期间所得的财产约定归各自所有且郑某知道该约定，否则需承担举证不能的法律后果，对此江某并未举证证实其主张；再次，两张《借条》由江某书写，表明江某对庄某的涉案借款是知悉的，且庄某、江某对涉案借款达成了合意；最后，江某没有提交证据证实涉案借款用于其他不正当用途。因此，涉案借款应当按夫妻共同债务处理，庄某、江某应对涉案借款共同承担清还责任。

庄某、江某不服一审法院对借款本金数额的认定，提起上诉。二审法院认为，涉案两张《借条》书写在同一张 A4 纸上，庄某、江某作为完全民事行为能力人，应当知晓签署该两份借条的法律后果；50 万元借款的《借条》书写在下面，300 万元借款的《借条》中没有任何内容可以体现包含 50 万元的意思表示，庄某、江某称 300 万元借款的《借条》包含 50 万元的借款有违常理；庄某、江某亦未在法定期限内对《借条》行使撤销权，应当自行承担法律后果。故一审法院认定涉案借款本金为 350 万元并无不当。

专家点评

为了尊重夫妻的意思以及因应婚姻生活的特殊性和个性，夫妻可以依据意思自治，对婚内财产进行约定。夫妻双方实行约定财产制的，如果债权人事先知道该约定，并与夫妻中的一方建立债权债务关系的，应当用债务人的个人财产清偿。如果债权人事先并不知道债务人实行约定财产制的，债权人可以向夫妻双方主张权利。① 本案中，庄某、江某未对夫妻存续期间所得的财产、个人名义所负的债务，作特别的约定，且郑某也不知道该约定。根据《最高人民法院关于适用〈中华人民共和国婚姻法〉若干问题的解释（一）》第 18 条以及《最高人民法院关于适用〈中华人民共和国婚姻法〉若干问题的解释（二）》第 24 条之规定，郑某有权请求庄某、江某共同承担清偿债务的责任。

第一千零六十六条 婚姻关系存续期间，有下列情形之一的，夫妻一方可以向人民法院请求分割共同财产：

（一）一方有隐藏、转移、变卖、毁损、挥霍夫妻共同财产或

---

① 最高人民法院民事审判第一庭编著：《最高人民法院婚姻法司法解释（二）的理解与适用》，人民法院出版社 2015 年版，第 257 页。

者伪造夫妻共同债务等严重损害夫妻共同财产利益的行为；

（二）一方负有法定扶养义务的人患重大疾病需要医治，另一方不同意支付相关医疗费用。

【条文释义】

本条是对婚内分割夫妻共同财产的规定。

夫妻共同财产是共同共有的财产。对于夫妻共同所有的财产范围，民法典婚姻家庭编第 1062 条予以规定，即“夫妻在婚姻关系存续期间所得的下列财产，为夫妻的共同财产，归夫妻共同所有：（一）工资、奖金、劳务报酬；（二）生产、经营、投资的收益；（三）知识产权的收益；（四）继承或者受赠的财产，但是本法第一千零六十三条第三项规定的除外；（五）其他应当归共同所有的财产。夫妻对共同财产，有平等的处理权”。

在共同共有关系发生的原因没有消灭前，共同共有财产不能分割，目的在于保持共有关系的稳定性和基础，保护共有人的合法权益。不过，民法典物权编第 303 条规定，共有人有重大理由需要分割的，可以请求分割。其中的有重大理由可以对共同共有财产进行分割，就包括了夫妻共同财产的部分分割的情形。这就是，在坚持夫妻共同财产不能分割原则，婚姻关系存续期间夫妻一方请求分割共同财产的不予支持的基础上，对于特别情形作为例外，准许在婚姻关系存续期间分割夫妻共同财产，以保护婚姻当事人的合法权益。如果有规定的重大理由且不损害债权人利益的，可以分割部分共有财产。

并非出现夫妻共同生活危机无法继续的情况就可以主张分割共同财产，如果共同财产一直处于稳定或增值的状态，没有必要突破婚姻法上关于共同财产只有在离婚后才可以分割的原则。本条规定以下情形属于重大理由，可以请求人民法院予以分割。审判实践中，要严格掌握上述原则，将“重大理由”仅限定在本条规定的两种情形，除本条规定情形外，既不能类推适用，亦不能扩大解释，以避免夫妻双方或者一方在婚姻关系存续期间随意主张分割共同财产请求权，损害家庭稳定及影响夫妻共有财产保障功能的实现。

第一，一方有隐藏、转移、变卖、毁损、挥霍夫妻共同财产或者伪造夫妻共同债务等严重损害夫妻共同财产利益行为的。（1）隐藏、转移、变卖、毁损、挥霍夫妻共同财产。隐藏就是采用欺骗的手段将一些本应属于夫妻共同所有的财产予以瞒报，如通常所称的私房钱大部分就是夫妻一方采用隐瞒手段隐藏的一些应当归属于夫妻共同财产的部分财产。转移是指将属于夫妻共同所有的财产转移他处。变卖是指将共同财产予以出卖，所得归个人所有，如果对于共同财产尽心出卖，但是所得仍然归属于共同财产，并不属于此处的情况。毁损是指故意毁灭或者损坏共同财产，以降低或消灭财产的价值。挥霍共同财产，是指毫无限度地随意消耗共同财产，如采用吸毒、赌博超出能力的随意的巨额奢侈消费等方式浪费共同财产。（2）伪造夫妻共同债务。采用虚假的方法伪造夫妻的共同债务，增加夫妻的债务负担，也会造成夫妻财产的减少，如果不允许对于共同财产进行分割，会对另一方造成严重的财产损失。因此，在这种情况下应当允许对于共同财产进行分割。

从主观上看，上述行为应为夫妻一方的故意行为，通过上述行为，实现侵占夫妻共同财产的目的。因过失行为导致的共同财产毁损，不适用该条规定。从本条文字表述看，夫妻方实施上述行为，不必然支持另一方分割夫妻共同财产的主张，只有同时满足不损害债权人利益的条件，方能获得支持。例如，丈夫经营饭店亏损，拖欠巨额债务，为逃避债务，丈夫将夫妻共同所有的存款交给第三人，以该第三人名义存入银行，但约定该款项系该丈夫所有。此时，丈夫隐藏财产的目的是逃避债权人债权，并非侵占夫妻共同财产。丈夫与第三人约定，其交给第三人的款项所有权属于该丈夫，该笔款项依照法律规定仍属于夫妻共同财产。此时，如妻子主张分割夫妻共同财产，则不符合本条规定的“严重损害夫妻共同财产利益的行为”，且如果支持妻子的主张，则会损害债权人利益，妻子的主张不应获得支持。①

第二，一方负有法定扶养义务的人患重大疾病需要医治，另一方不同意支付相关医疗费用。由于夫妻共同财产属于双方共同共有，对于夫妻共同财产的使用需要夫妻双方共同同意，因而会出现一方需要使用夫妻共同财产用于夫妻共同事务以外的事项，而另一方不同意的情况。如果夫妻一方因其负有法定抚养义务的人（如其父母等）患有重大疾病，急需进行救治，而另一方不同意的，那么就会对其履行抚养义务造成严重妨碍，也不利于夫妻感情的维护。因此，在这种情况下，应当允许其向法院主张分割共同财产。

关于婚姻家庭编规定了长辈对晚辈、夫妻之间、同辈之间的扶养义务。本编第 1074 条第 1 款规定：“有负担能力的祖父母、外祖父母，对于父母已经死亡或者父母无力抚养的未成年孙子女、外孙子女，有抚养的义务。”第 1067 条第 1 款规定：“父母不履行抚养义务的，未成年子女或者不能独立生活的成年子女，有

① 最高人民法院民事审判第一庭：《最高人民法院婚姻法司法解释（三）理解与适用》，人民法院出版社 2015 年版，第 84 页。

要求父母给付抚养费的权利。”第 1071 条第 2 款规定：“不直接抚养非婚生子女的生父或者生母，应当负担未成年子女或者不能独立生活的成年子女的抚养费。”第 1072 条 2 款规定：“继父或者继母和受其抚养教育的继子女间的权利义务关系，适用本法关于父母子女关系的规定。”第 1059 条规定：“夫妻有相互扶养的义务。需要扶养的一方，在另一方不履行扶养义务时，有要求其给付扶养费的权利。”第 1075 条规定：“有负担能力的兄、姐，对于父母已经死亡或者父母无力抚养的未成年弟、妹，有扶养的义务。由兄、姐扶养长大的有负担能力的弟、妹，对于缺乏劳动能力又缺乏生活来源的兄、姐，有扶养的义务。”人民法院应当依照上述法律规定确定夫妻一方法定扶养义务人的范围。民法典婚姻家庭编在确定法定扶养义务人范围的同时，亦赋予法定扶养义务人对扶养人的法定赡养义务。依照权利义务对等原则，本条规定亦适用于夫妻一方的法定赡养人患重大疾病需要医治，另一方不同意支付相关医疗费用的情形。

关于疾病的重大情形及相关医疗费用的数额，本条的法定扶养义务人所患疾病应为重大。法律对何种疾病属于重大情形并无明确规定。疾病是否重大，参照医学上的认定，借鉴保险行业中对重大疾病的划定范围，一般认为，某些需要长期治疗、花费较高的疾病，如糖尿病、肿瘤、脊髓灰质炎、麻风病、结核病等，或者直接关涉生命安全的疾病等属于重大疾病。相关医疗费用应主要指治疗疾病的必要、合理费用，不应包括营养、陪护等费用。适用该项规定，同时要满足不损害债权人利益的条件。夫妻一方用夫妻共同财产承担法定扶养人或法定赡养人医疗费用，与保护债权人利益冲突时，则不能侵害债权人利益。如甲、乙夫妇生活困难，仅有存款 10000 元，尚欠外债 15000 元。甲母亲患重大疾病无钱医治，乙不同意用家中仅有的存款承担甲母亲的医疗费用，甲起诉到人民法院请求分割夫妻共有的存款。此时，甲的分割夫妻共有财产请求权与债权人债权产生冲突。从世界各地及我国婚姻法确定的原则看，法定赡养或者抚养义务的履行，以赡养人或者扶养人是否具备履行义务能力作为前提，如果其不具备履行能力，则不能以侵害债权人利益为前提，履行上述义务。因此，甲的上述主张因不能满足不损害债权人利益的条件要求而不能得到支持。①

夫妻共同财产经过婚内分割之后，分割出来的财产成为个人财产，主张分割的一方对分割所得的部分，享有所有权，可以依照自己的意志处分该财产。②

---

① 最高人民法院民事审判第一庭：《最高人民法院婚姻法司法解释（三）理解与适用》，人民法院出版社 2015 年版，第 86 页。

② 奚晓明主编：《最高人民法院婚姻法司法解释（三）理解与适用》，人民法院出版社 2011 年版，第 99 页。

【案例评注】

王某某与王某某1、王某某2因婚内共同财产分割纠纷案[①]

基本案情

王某某2与王某某是父子关系。王某某1与王某某于2004年8月4日登记结婚，婚后育有一子一女，婚后双方购买位于宝鸡市渭滨区新华巷70号院的房屋一套，面积104.01m^2，于2009年4月24日办理了不动产登记申请，登记在王某某名下。2015年正月，因夫妻之间产生矛盾，王某某1赴苏州打工。同年7月，王某某曾携子前往苏州寻找王某某1。2015年9月9日，王某某与王某某2签订房屋买卖合同，以310000元的价款将上述房屋出售给父亲王某某2，并于同年9月18日办理了过户手续。2016年5月，王某某1回到宝鸡向法院起诉离婚，诉讼中得知房屋已变更在王某某2名下。2016年10月18日，法院以（2016）陕0302民初1687号民事判决书判决不准予王某某1与王某某离婚。同年10月28日，王某某1向一审法院提起诉讼，要求依法分割房屋出售款310000元。本案的焦点是：王某某1是否有权要求分割王某某在婚姻关系存续期间变卖房屋的价款。

法院判决

一审法院认为，夫妻关系存续期间购买的房屋无论登记在任何一方名下均为夫妻共同财产。王某某1与王某某婚后购买的登记在王某某名下的房屋属于夫妻共同财产。王某某和王某某2均辩称房屋是王某某与王某某1共同出资为王某某2购买，但不能提供相关出资的证据，对二被告辩解意见不予采纳。根据《最高人民法院关于适用〈中华人民共和国婚姻法〉若干问题的解释（三）》第四条“婚姻关系存续期间，夫妻一方请求分割共同财产的，人民法院不予支持，但有下列重大理由且不损害债权人利益的除外：（一）一方有隐藏、转移、变卖、毁损、挥霍夫妻共同财产或者伪造夫妻共同债务等严重损害夫妻共同财产利益行为的……”本案中，王某某在夫妻关系存续期间，将夫妻共同所有的房屋过户给其父王某某2，属于转移夫妻共同财产的行为，严重损害了王某某1的财产利益，故王某某1请求分割房款310000元的请求于法有据，应予支持，被告王某某应支付房款的一半即155000元给王某某1。综上，判决王某某自本判决生效之日起十

---

① 审理法院：一审法院为陕西省宝鸡市渭滨区人民法院，案号为（2016）陕0302民初3560号；二审法院为陕西省宝鸡市中级人民法院，案号为（2017）陕03民终730号。

五日内支付原告王某某1转移房屋所得款155000元。

王某某不服一审判决，提起上诉。二审法院认为，《最高人民法院关于适用〈中华人民共和国婚姻法〉若干问题的解释（三）》第四条规定："婚姻关系存续期间，夫妻一方请求分割共同财产的，人民法院不予支持，但有下列重大理由且不损害债权人利益的除外：（一）一方有隐藏、转移、变卖、毁损、挥霍夫妻共同财产或者伪造夫妻共同债务等严重损害夫妻共同财产利益行为的；（二）一方负有法定扶养义务的人患重大疾病需要医治，另一方不同意支付相关医疗费用的。"在本案中，王某某将房屋出售给其父亲的行为并未严重损害夫妻共同财产利益。同时，王某某1在起诉状中认为王某某将房屋出售给其父亲的行为严重侵害了其本人的财产权益，但并未提供关于严重侵害的相关证据。故王某某1的诉讼不符合该条解释的起诉条件。王某某1关于分割房屋价款的请求可在《最高人民法院关于适用〈中华人民共和国婚姻法〉若干问题的解释（三）》第四条规定的条件出现时或者婚姻状态出现变化时再行主张。综上，王某某1的诉讼不符合分割夫妻婚内财产的受理条件。

专家点评

一般来说，在婚姻关系存续期间，夫妻共同财产不得分割，它是维持夫妻共同生活的必要物质基础。但是，在一方当事人故意减少夫妻共同财产或者伪造夫妻共同债务的情况下，仍不允许分割夫妻共同财产，夫妻共同财产就会逐渐减少，另一方的合法财产利益将会受到严重损害。因此，在这种情况下，即使夫妻双方婚姻关系仍然存续，也应当允许另一方当事人主张分割共同财产。变卖夫妻共同财产就是有意减少共同财产的一种，不利于保障夫妻的合法权益。本案中，王某某在与王某某1发生矛盾之后，将房屋出售给王某某2，但现有证据不能证明王某某出售房屋具有恶意，严重损害夫妻共同财产利益，因此王某某1无权请求分割王某某出售房屋的价款。

第二节 父母子女关系和其他近亲属关系

第一千零六十七条 父母不履行抚养义务的，未成年子女或者不能独立生活的成年子女，有要求父母给付抚养费的权利。

成年子女不履行赡养义务的，缺乏劳动能力或者生活困难的父母，有要求成年子女给付赡养费的权利。

【条文释义】

本条是对父母抚养义务和子女赡养义务的规定。

父母对未成年子女的抚养义务是法定义务。抚养，是指父母对未成年子女的健康成长所提供的必要物质条件，包括哺育、喂养、抚育、提供生活、教育和活动的费用等。扶养是指一定亲属之间一方接受生活供养、他方应当对其提供生活供养的权利和义务。提供扶养的人为扶养义务人，接受扶养的人为扶养权利人。单讲扶养权，仅指扶养权利人接受生活供养的权利。扶养权是亲属权中最重要的派生身份权，关系到亲属一方的生存、健康问题。我国扶养权分为三种：抚养权，是父母对子女的权利义务关系和祖父母外祖父母对孙子女外孙子女的权利义务关系；赡养权，是子女对父母、孙子女外孙子女对祖父母外祖父母的权利义务关系；扶养权，是配偶之间的权利义务关系以及平辈亲属间的权利义务关系，民法典婚姻家庭编规定兄、姐对未成年弟、妹，使用抚养权概念，是因为其未成年，不具有生活能力。

扶养权的法律特征是：(1）扶养权具有人身属性。抚养关系只能发生在一定范围内的亲属之间，是具有特定身份关系的亲属之间的权利义务关系。因此，扶养权具有身份的属性，只为特定的亲属所享有，不能转让、处分或者抵销。扶养的权利不受一般财产关系的约束，如不得成为债权人代位权的标的。(2）扶养义务的履行具有必要性和条件性。一方面，扶养权的行使要有必要性，扶养权人在不能维持生活、无谋生能力时，即可行使。另一方面，履行扶养义务也应当为义务人保留必要的生活条件，不能因为承担扶养义务而使自己陷入生活困境。(3）扶养权不受诉讼时效约束。扶养权是请求权，但其行使不受诉讼时效限制，义务人不得以请求权的行使已过诉讼时效期间而拒绝履行扶养义务。

父母对未成年子女的抚养义务是无条件的义务，不能以任何借口而免除。从子女出生开始直到能够独立生活止，都必须承担，即使父母离婚后也不能免除。抚养义务是亲权的主要内容，权利主体是未成年子女，义务主体是亲权人。亲权的抚养义务须以直接养育为原则，即让未成年子女与亲权人共同生活，直接进行养育。目前我国已满18岁的成年子女，一部分已经就业，一部分正在求学，对于诸如后一部分及有相似情形的成年子女，父母应继续提供抚养费和教育费。比如，因事脱离亲权人的未成年子女，如参军、就学、与无亲权的父母一方暂居等，亲权人应当支付现金或实物，进行间接养育。

父母对未成年子女负有抚养义务，对于不能独立生活的子女也有抚养义务。

如果父母一方或者双方不履行抚养义务，未成年子女和不能独立生活的子女有权请求支付抚养费，这就由抚养义务转变为责任，具有强制性。因此，《最高人民法院关于适用〈中华人民共和国婚姻法〉若干问题的解释（三）》第3条规定："婚姻关系存续期间，父母双方或者一方拒不履行抚养子女义务，未成年或者不能独立生活的子女请求支付抚养费的，人民法院应予支持。"不过，这里规定的不能独立生活的子女应当进行进一步的界定，如无民事行为能力或者限制民事行为能力的成年子女、没有独立经济收入在学校就读的成年子女，是否都是不能独立生活的子女，这需要研究，否则会增加父母双方或者一方的抚养义务。已经成年但有残疾而不能独立生活的子女，与已经成年上大学甚至在读研究生、博士生的子女是不一样的，应当有所区别。[①] 此外，因离婚等原因而中止亲权的父母一方或双方，对于其未成年子女，应继续负担抚养义务。

亲权抚养关系的权利主体是未成年子女。未成年子女作为权利人，有权要求亲权人履行抚养义务。亲权人拒绝履行抚养义务，权利人依法享有抚养费给付的请求权。第三人侵害亲权人的人身造成致残、致死后果的，侵害了抚养权利人的权利，权利人有权要求该侵权人承担赔偿责任。

对于未成年子女的抚养费，依据《最高人民法院关于适用〈中华人民共和国婚姻法〉若干问题的解释（一）》第21条的规定，抚养费包括子女生活费、教育费、医疗费等费用。未成年子女抚养费的数额，一般根据以下三大标准来确定。(1）子女的实际需要。(2）父母双方的负担能力。(3）当地的实际生活水平。有固定收入的，抚养费一般可按其月总收入的20%～30%的比例给付。负担两个以上子女抚养费的，比例可适当提高，但一般不得超过月总收入的50%。无固定收入的，抚育费的数额可依据当年总收入或同行业平均收入，参照上述比例确定。有特殊情况的，可适当提高或降低上述比例。例如负有抚养义务的当事人患有疾病或者身有残疾的，收入非常微薄，这种情况下可以适当减低上述比例。

对于不能独立生活的成年子女的抚养费，法律没有规定，也不能参照未成年子女的抚养费进行计算，因为已经成年的不能独立生活的子女并不需要进行教育，不需支出教育费。笔者认为，对于不能独立生活的成年子女的抚养费可以参照当地上一年度平均可支配消费支出计算。

未成年子女和不能独立生活的子女享有抚养费请求权，可以要求不履行抚养义务的父母一方或双方支付抚养费。抚养费请求权可以通过诉讼的方法行使，也

---

① 杨立新：《最高人民法院〈关于适用婚姻法若干问题的解释（三）〉解读》，载《东南学术》2012年第1期。

可以不通过诉讼的方法行使。如果未成年子女或者不能独立生活的子女向对方主张抚养费请求权，对方不履行的话，可以向人民法院提起诉讼。可以是未成年子女和不能独立生活的子女自己提起，也可以由其法定代理人提起。如果作为其法定代理人的父母都不履行抚养义务的，其他顺序的监护人也可以代为提起诉讼。

成年子女对父母的赡养义务，是亲属权的重要内容。赡养是指子女对父母的供养，即在物质上和经济上为父母提供必要的生活条件。不少人认为，如果父母没有尽到抚养义务，子女就有权不尽赡养义务。其实，父母对子女的抚养义务和子女对父母的赡养义务是各自独立的，不是一方履行义务以对方尽义务为前提。因此，哪怕亲生父母确实没有抚养过子女，也不能免除子女对父母的赡养义务。赡养义务是法定义务，是成年子女必须履行的义务，特别是对缺乏劳动能力的父母，成年子女必须承担赡养义务。如果父母与子女一起生活，子女自然应当承担起赡养父母的义务，如果父母和子女不在一起生活，子女则应当根据当地的物价等因素给父母一定的生活费。赡养费不能低于父母所在地的普通生活水平。有两个以上子女的，可依据不同的经济条件，共同分担赡养费用。成年子女不履行赡养义务的，缺乏劳动能力或者生活困难的父母，有要求成年子女给付赡养费的权利，可由当事人所在单位或者有关部门调解，也可以向法院起诉，请求判令成年子女强制赡养父母。对追索赡养费的请求，必要时可以依法裁定先予执行。对于拒不履行赡养义务，情节恶劣，构成遗弃罪的，应依法追究刑事责任。

【案例评注】

赵某与何某1等赡养纠纷案[①]

基本案情

赵某与其丈夫共生育何某1、何某2、何某3、何某4、何某5、何某6。赵某现独自一人在武隆区×乡×村×组居住生活，每月领取105元的农村养老保险，无其他生活来源。2015年3月30日，何某1、何某2、何某3在武隆区×乡×村调解委员会的组织下达成了《老人供养协议书》，该协议书载明："一、哥哥何某1对母亲的日后生活表态，因为母亲与妻子性格不合，不能在我家里居住，我自愿每月补助母亲的生活费用200元。二、二哥何某2因家庭条件不好，母子性格

---

① 审理法院：一审法院为重庆市武隆区人民法院，案号为（2017）渝0156民初2762号；二审法院为重庆市第三中级人民法院，案号为（2017）渝03民终1955号。

不合，我自愿每月补助母亲生活费用200元。三、母亲赵某的日常生活由兄弟何某3全权负责。四、何某1、何某2给母亲的生活费用每月打在母亲赵某养老保险卡上，从2015年4月1日起每个月兑现。五、如果母亲生病花去的医疗费用在1000元以上，由三兄弟平均负责，1000元以下由何某3个人负责。母亲花去的医药费用以票据为准。六、母亲、父亲的柴山、土地全部拿出来三兄弟平均分，包括土地补偿和林权补偿一次搞清楚。七、母亲过世后，一切事务由三兄弟负责……”赵某参与了调解，对调解协议未持异议。协议达成后，赵某跟着何某3一起共同生活至2017年6月。何某1、何某2在达成协议后支付了部分费用后未再继续履行给付义务。赵某请求法院判决何某1、何某2、何某3、何某4、何某5、何某6每月支付200元赡养费，每年的医疗费由六名子女共同承担。本案的焦点是：赵某是否有权要求其子女支付赡养费，履行赡养义务。

法院判决

一审法院认为，父母对子女有抚养教育的义务，子女对父母有赡养扶助的义务。赡养义务人应当履行对父母经济上的供养、生活上的照料和精神上的慰藉义务，家庭成员之间应当关心老人的精神需求，不得忽视、冷落老人。赡养的方式既可以是与被赡养人共同生活直接履行赡养义务，也可以采用提供生活费用的方式承担经济责任。根据《中华人民共和国婚姻法》第二十一条第三款规定，子女不履行赡养义务时，无劳动能力的或生活困难的父母，有要求子女付给赡养费的权利。现赵某年老体弱，除每月能领取农村养老保险金105元外，无其他收入来源，难以维持基本生活，作为子女，理应照顾好赵某的晚年生活。何某1、何某2、何某3达成的《老人供养协议书》，赵某参与了调解且未持异议，该协议具有法律约束力。赵某要求被告何某1、何某2每月提供200元生活费的方式履行赡养义务，符合法律规定。赵某自愿不要求女儿何某4、何某5、何某6履行赡养义务是赵某对自己诉权的处分，符合法律规定。根据《老人供养协议书》的约定及赵某年老需人照料的实际情况，由何某3照顾赵某日常生活起居的方式履行赡养义务为宜。赵某主张的医疗费问题，因何某1、何某2、何某3作了约定，且约定的负担方式并无不妥且保证了赵某的权益，一审法院予以采信。综上，判决：一、赵某的日常生活起居由何某3负责，何某1、何某2在本判决生效之月起每人每月向赵某支付赡养费200元；二、赵某因病所产生的医疗费（凭正式票据），单次医疗费1000元以下由被告何某3负担，单次医疗费超过1000元后，该次产生的医疗费由何某1、何某2、何某3平均分摊。

赵某不服一审判决，提起上诉。二审法院认为，赡养父母不仅是中华民族的传统美德，更是子女应当履行的法定义务。婚姻法规定，父母对子女有抚养教育的义务，子女对父母有赡养扶助的义务，子女不履行赡养义务时，无劳动能力或生活困难的父母，有要求子女给付赡养费的权利。赵某现年老多病，生活困难，被上诉人作为赵某的子女，应当履行法定的赡养义务。何某1、何某2、何某3曾于2015年3月30日，在人民调解委员会的主持下达成了赡养老人的协议，但部分被上诉人未能完全按照协议履行。从为了更好安排赵某晚年生活出发，并结合各方当事人的具体情况，判决赵某随何某5生活。因何某1、何某2、何某3均拒绝母亲随其生活，不宜判决赵某随以上三人生活。赵某现随何某5生活，何某5并不表示反对。但其余子女均应承担支付赡养费用的义务，二审法院酌定何某1、何某2、何某3每人每月支付300元生活费及日常医疗费。赵某在原审中不要求何某4、何某5、何某6三名女儿履行义务，是对自己权利的处分。故判决赵某随何某5生活，何某1、何某2、何某3每人每年支付赵某生活费、医疗费3600元（按每月300元计算）。何某5每年支付生活费2400元（按每月200元计算），何某6每年支付生活费1200元（按每月100元计算）。

专家点评

子女对父母的赡养是法定的义务，赡养人不得以放弃继承权或者其他理由，拒绝履行赡养义务。无论子女是否与父母居住在一起，都应根据父母的实际需要履行赡养义务。既可以通过与父母共同生活直接履行赡养义务，也可采用提供生活费用的方式承担经济责任。如有多个子女，则应根据每个子女的经济情况，共同承担对父母的经济责任。赡养人之间可以就履行赡养义务签订协议，并征得老年人的同意。协议生效后，赡养人应当根据协议履行其义务，如有不履行赡养义务的，被赡养人可以申请司法救济。本案中，赵某的子女何某1、何某2、何某3、何某4、何某5、何某6对赵某有赡养义务，不得以放弃继承权或者与母子性格不合等理由拒绝履行对赵某的赡养义务。无论赵某的6位子女是否与赵某居住在一起，都应当根据赵某的实际需要履行赡养义务。在赵某的同意下，赡养人何某1、何某2、何某3之间就具体赡养赵某的方法达成了协议，约定何某3与赵某一起居住，负责赵某所有的日常生活，直接履行赡养义务，而何某1和何某2不与赵某一起居住，每月支付200元的赡养费，承担赡养赵某的责任。然而，何某1、何某2在达成协议后支付了部分费用后未再继续履行给付义务，故赵某有权要求何某1和何某2按协议内容继续履行支付赡养费的义务。对于赵某的三名女儿何某4、何某5、何某6，赵某不要求她们履行赡养义务，属于处分自己权利的行为，合法有效。

第一千零六十八条 父母有教育、保护未成年子女的权利和义务。未成年子女造成他人损害的，父母应当依法承担民事责任。

【条文释义】

本条是对父母教育和保护未成年子女的规定。

父母对未成年子女的教育和保护义务，通常称为管教权，是父母对未成年子女负有必要教育和保护的义务，也是权利。它是基于教养、保护的人身照顾权，特别是基于教育权而产生的权利。法律之所以赋予父母管教未成年子女的权利，是因为未成年子女不论在生理上还是心理上，都处在未完全成熟的时期，他们的人生观、价值观、世界观尚未完全形成，辨别是非的能力和控制自己行为的能力都很弱。在这个时期，他们极易受到外界的不良影响，养成不良习惯，实施不良行为。因此，父母应当加强对其未成年子女的教育和保护，提高他们的心理素质，培养他们的良好品行，增强他们辨别是非的能力，保证他们的身体健康与心理健康。

亲权是专有权，只为父母所专有，父母者，无论生父母、养父母及形成抚养关系的继父母，都专有亲权。亲权具有一定的支配性，这种支配性并非专制的人身支配，而是以教养、保护未成年子女为目的，对亲权利益进行支配。因此，父母的亲权并非无限制，亲权的行使仅限于监护子女的必要范围且符合子女的利益始可。①

父母行使管教权的目的，是教育和保护子女。未成年子女不听从管教，犯有劣迹时，亲权人应在必要范围内采取适当措施，教育子女改恶从善。行使管教权，必须在适当的范围内，以适当的方法为之，以不损伤未成年子女的身心健康为原则，具体方法，可以由亲权人亲自管教，也可以送交行政机关予以行政处罚。严格禁止亲权的滥用，如果采取伤害身体、危害生命、破坏健康的方法为之，构成刑事犯罪的，应依法追究父母的刑事责任。

亲权中的赔偿义务，是指亲权人对于其抚养的未成年子女致他人以损害，所应承担的赔偿该受害人损失的义务。本条后段规定："未成年子女造成他人损害的，父母应当依法承担民事责任。"这种赔偿义务的承担原则，应当依照民法典侵权责任编第1188条的规定进行。未成年人造成他人损害的，应当由其父母即亲

---

① 林菊枝：《亲属法专题研究》，五南图书出版公司1985年版，第139页。

权人承担赔偿责任。这种责任是法定的责任，亲权人不得推诿。对于父母已经尽了监护责任的，即父母对于未成年子女造成他人损害无过失的，并不能免除父母的民事责任，而是可以适当减轻其赔偿责任。未成年子女如果有财产，赔偿费用应当从本人财产中支付，不足部分，仍由其父母承担。

【案例评注】

农某某与韦某甲、流溪河管理办公室、张某人身损害赔偿纠纷案①

基本案情

2014年7月31日，何某、韦某某提议次日到流溪河白云区人和镇段游泳。次日12时许，何某（1999年9月9日出生）、韦某某（2001年8月6日出生）、王某（2000年10月30日）、廖某某（1997年8月24日出生）、刘某某（1994年11月6日出生）、李某（12岁）、许某某（14岁）、张某某（17岁）按约定在白云区均禾街清湖村集合后骑自行车到流溪河人和镇段，分别放好自行车后相继下水游泳。14时许，何某、廖某某看见流溪河北岸停泊着一条打鱼的小船，于是廖某某套着游泳圈，何某拉着廖某某的游泳圈，两人一起游到河对面北岸河边，解开小船的绳索，以何某在船上划、廖某某在后面推的形式将船划开，划至河中心靠南端时，另三人（王某、刘某某、韦某某）游至小船，并爬上小船致小船不平衡翻转，五人落水，并在水中挣扎，相互争抢救生圈，后均不幸身亡。经医学确定韦某某的死亡原因为溺水死亡，死亡时间为2014年8月1日。本案的焦点是：韦某某的监护人（即农某某与韦某甲）、涉案地点的流溪河管理办公室、涉案船舶的所有权人张某对韦某某溺水死亡是否存在过错以及民事责任的承担。

法院判决

一审法院认为，首先，根据《中华人民共和国民法通则》第十八条规定，监护人依法应当履行监护职责，保护被监护人的人身、财产及其他合法权益。韦某甲、农某某作为受害人韦某某的父母，应密切关心其日常生活，保护其身体健康，对其实施正确的教育引导。事发时，韦某某已近13周岁，对流溪河水深的危

① 审理法院：一审法院为广东省广州市白云区人民法院，案号为（2015）穗云法少民初字第49号；二审法院为广东省广州市中级人民法院，案号为（2016）粤01民终7527号。

险性应具有一定的认知能力和防范意识。其不习水性，仍罔顾危险、涉险玩耍，并最终溺水，韦某某对此存在过错。韦某某属限制民事行为能力人，韦某甲、农某某作为其法定监护人，未尽监护、教育之责，其应对韦某某的溺水死亡负主要责任。

其次，流溪河管理办公室是事发河道的实际管理人，对河道及堤防工程负有管理义务。根据现场勘验的情况，事发地段的河道水流湍急，临近村庄，来往人员较多，对不特定人员构成潜在的危险，公众可以便捷地通过围堤旁的台阶到达河道边。根据原审法院现场勘验的情况，从绿道通往河道的南面台阶地面上“禁止游泳”的警示标志确已完全脱色，无法辨识，因此流溪河管理办公室所设置的上述警示标志不足以起到警示的作用，流溪河管理办公室未尽到合理的安全注意提示义务，存在一定程度上疏于管理的过错，其应对韦某某的溺水死亡承担一定的责任。

最后，事发前，涉案船舶的所有权人张某并未在依法公布的停泊区停泊，也未留有足以保证船舶安全的船员值班，可见船舶的所有人并未依法尽到其管理职责，造成何某等未成年人能够取走该船。后韦某某等人在爬上船时小船摇晃、翻转发生溺水事故，因此张某作为船舶船主亦有一定的过错，应承担一定的责任。

流溪河管理办公室和张某不服一审判决，提起上诉。二审法院认为，本案争议的焦点在于流溪河管理办公室、张某对韦某某溺水死亡的后果应否承担赔偿责任的问题。韦某某事发时已满 12 周岁，具有一定的认识和辨别能力，其不习水性，亦对事发河段不熟悉，但其仍然不顾自身安危到天然河道中游泳，应当预见到自己行为的危险性，因此其本身对事故的发生存在主要过错。根据《中华人民共和国民法通则》第十八条“监护人应当履行监护职责，保护被监护人的人身、财产及其他合法权益”及《中华人民共和国婚姻法》第二十三条“父母有保护和教育未成年子女的权利和义务”的规定，韦某甲、农某某作为韦某某的监护人，未依法履行法定的监护职责，放任对韦某某的监督和管理，未尽到对韦某某人身保护的义务，对韦某某的溺水死亡也存在一定的过错。流溪河管理办公室虽对事发河道有水资源方面的行政管理职责，但其主要职责是组织实施流溪河堤防工程的建设管理，对韦某某自行下河游泳的人身安全并不负有法定的保障义务，而韦某某死亡的原因是其无视危险自行下河游泳过程中溺水所致，流溪河管理办公室对于韦某某的死亡并不存在过错，不需要对韦某某的死亡承担赔偿责任。关于张某的责任认定问题，虽然张某没有按照《中华人民共和国内河管理条例》的规定停泊船只，但根据该条例第六十九条的规定，张某因违反上述规定所应承担的仅是行政处罚责任，而韦某某系自行下河游泳溺水导致死亡的，与张某未按规定停泊船只并无法律上的直接因果关系，张某对于韦某某的死亡并不存在过错，不需要对韦某某的死亡承担赔偿责任。综上所述，韦某某的死亡为自身过错导致。韦某甲、农某某仅以韦某某溺亡在流溪河，就认为流溪河管理办公室和张某实施了侵权行为并要求赔偿，是对法律的误解。法律除了保障受害者以及家属的合法权利，同时也要保障无过错者的合法权益，故撤销原判。

专家点评

父母对未成年子女的保护和教育，既是权利又是义务。父母是未成年子女的监护人，监护人的职责是代理被监护人实施民事法律行为，保护被监护人的人身权利、财产权利以及其他合法权益等。父母应当保护未成年子女的人身安全和合法权益，防止和排除来自自然界的损害以及他人的非法侵害。不仅如此，父母还应当按照法律和道德规范的要求对未成年子女进行家庭教育，因为他们是无民事行为能力人或限制民事行为能力人，缺乏对事物的理解能力和处理能力。法律要求父母对未成年子女进行保护和教育，一方面是为了保障子女的健康和安全；另一方面则是为了防止未成年子女损害他人和社会的利益，防止未成年子女沾染恶习或从事违反社会公共生活规则和违法犯罪的行为。如果未成年子女对他人造成损害时，父母作为未成年子女的法定监护人，有承担民事责任的义务；如果未成年子女对自己造成损害时，父母也应该承担未尽保护和教育义务的责任。本案中，事发时，韦某某已近13周岁，属于限制民事行为能力人，对流溪河水深的危险性应具有一定的认知能力和防范意识。其不习水性，仍罔顾危险、涉险玩耍，并最终溺水。韦某甲、农某某作为韦某某的父母，应当保护韦某某的人身安全，还应当对韦某某进行教育，告知韦某某在河里游泳的危险性，防止其做类似的对生命有危险的行为。韦某某去河里戏耍，能够表明韦某某的父母未尽教育、监护之责，韦某甲、农某某作为韦某某的法定监护人，应对韦某某的溺水死亡负主要责任。

第一千零六十九条 子女应当尊重父母的婚姻权利，不得干涉父母离婚、再婚以及婚后的生活。子女对父母的赡养义务，不因父母的婚姻关系变化而终止。

【条文释义】

本条是对子女尊重父母婚姻权利的规定。

婚姻自由是我国婚姻制度的最基本要求，民法典婚姻家庭编第1041条第2款对婚姻自由原则作了明确规定。婚姻自由既包含年轻人的结婚及离婚自由，也包括老年人的离婚、再婚自由，这一内涵本来是不言而喻的。但直到现在，老年人的婚姻自由问题还是面临着家庭和社会的双重压力。为了保障老年人婚姻自由的权利，本条特别规定了子女应当尊重父母的婚姻权利，不得干涉父母离婚、再婚以及婚后的生活。同时，为了保障离婚、再婚的老年人的生活不受影响，本条还明确规定了子女对父母的赡养义务，不因父母的婚姻关系变化而终止。

子女尊重父母婚姻权利的义务，是亲属权的内容，对父母离婚、再婚以及婚后的生活，子女负有尊重义务，不得干涉。其理由是，父母享有婚姻自由权利，包括离婚自由和再婚自由，任何人不得强制和干涉，子女同样如此。子女干涉父母的婚姻权利，也构成侵权行为。

亲属身份权包括成年子女对父母的赡养义务。子女对父母的赡养义务是法定义务，是亲属权的法定内容。如果父母选择离婚和再婚，并不是成年子女拒绝履行对父母赡养义务的理由，子女对父母的赡养义务不因父母的婚姻关系变化而改变。父母离异后，或者父母再婚后，子女拒绝履行赡养义务的，无劳动能力或者生活困难的父母可以提起赡养费给付之诉，请求人民法院对自己的权利予以保护。对此，《老年人权益保障法》第76条也予以了明确规定，即“干涉老年人婚姻自由，对老年人负有赡养义务、扶养义务而拒绝赡养、扶养，虐待老年人或者对老年人实施家庭暴力的，由有关单位给予批评教育；构成违反治安管理行为的，依法给予治安管理处罚；构成犯罪的，依法追究刑事责任”。

【案例评注】

宋某某与张某某1等赡养纠纷案[①]

基本案情

原告宋某某与张甲于××××年结婚，婚后生育张乙（已去世）、张某某1、张丙（已去世）、张某某。宋某某与张甲建盖三间房屋分别分给张乙、张丙。张乙、张丙去世后，被告徐某某、王某某2依法继承了该房屋。被告徐某某系张乙的妻子，被告王某某2系张丙的妻子。1982年张甲去世后，宋某某于××××年与杨某登记结婚，将继子女王某某、王某某1、王某某2抚养长大成人。2015年

① 审理法院：一审法院为云南省曲靖市麒麟区人民法院，案号为（2017）云0302民初48号；二审法院为云南省曲靖市中级人民法院，案号为（2017）云03民终1005号。

4月1日杨某去世，××××年××月××日宋某某与孙某登记结婚。因宋某某又再结婚一事与子女产生矛盾，发生吵闹，宋某某在外居住至今。宋某某现年76岁，年老体衰，无劳动能力及经济来源。宋某某每月只有130元的社保及75元的高龄补贴。宋某某请求法院依法判令张某某1、张某某、王某某2、徐某某、王某某、王某某1每人每月给付赡养费500元。本案的焦点是：宋某某再婚，婚生子女和继子女能否因此拒绝履行赡养义务。

法院判决

一审法院认为，我国法律明确规定父母对子女有抚养教育的义务，子女对父母有赡养扶助的义务。子女不履行赡养义务时，无劳动能力的或生活困难的父母，有要求子女给付赡养费的权利。本案宋某某将子女张乙（已去世）、张某某1、张丙（已去世）、张某某抚养长大成人，履行了其作为父亲的义务，并建盖了房屋，分别分给了张乙、张丙。张乙、张丙去世后被告徐某某、王某某2依法继承了该房屋。宋某某与杨某再婚后，将王某某、王某某1、王某某2自幼抚养成人，履行了其作为继父的义务。现原告宋某某年老体衰且无劳动能力，需要他人照顾，要求6被告履行赡养义务，其请求符合法律的规定。结合本地的生活水平和原、被告的经济状况，由6被告每人每月支付宋某某赡养费100元。被告徐某某、张某某、王某某2提出自己经济困难，无力承担，不应出赡养费，其抗辩理由不能成立。被告张某某1提出其是招亲在外，不应出赡养费，其抗辩理由不能成立。被告王某某、王某某1认为原告没有与子女商量又再婚，不应再赡养原告，其抗辩理由不能成立。综上所述，判决：由被告徐某某、张某某1、张某某、王某某2、王某某、王某某1每人每月支付原告宋某某赡养费100元。

宋某某认为一审判决的赡养费过低，故提起上诉。二审法院认为，子女对父母有赡养扶助的义务。宋某某年老体衰且无劳动能力，其生活费用、医疗费用没有收入来源，其要求子女、继子女张某某1、张某某、王某某、王某某1、徐某某、王某某2履行赡养义务、支付其生活费符合法律的规定。根据本地的生活水平和双方的经济状况，原审认定由6被上诉人每人每月支付宋某某赡养费100元偏低，为保障宋某某晚年生活，二审法院认为，应由张某某1、张某某、王某某、王某某1、徐某某、王某某2每人每月支付其赡养费150元更为适宜。

专家点评

婚姻自由是我国婚姻家庭法的基本原则。父母应当尊重子女的婚姻权利，不得干涉子女的婚姻自由；子女也应当尊重父母的婚姻权利，尊重父母的离婚、再婚权利，不得干涉父母的婚姻自由。子女对父母的赡养义务，不因父母的婚姻关系变化而终止，子女无权因父母选择离婚或再婚，拒绝履行子女对父母的赡养义务。对此，本条明确规定了子女应当尊重父母的婚姻权利。除此之外，《老年人权益保障法》第 21 条再次明确规定：“老年人的婚姻自由受法律保护。子女或者其他亲属不得干涉老年人离婚、再婚及婚后的生活。赡养人的赡养义务不因老年人的婚姻关系变化而消除。”如果子女不履行赡养义务，无劳动能力的或生活困难的父母，有要求子女给付赡养费的权利。本案中，宋某某在张甲去世后，与杨某登记结婚，杨某去世后，宋某某与孙某登记结婚。婚生子女张某某 1、张某某和继子女王某某、王某某 1、王某某 2 应当尊重宋某某再婚的自由和权利，不应干涉宋某某的婚姻自由。不仅如此，由于子女对父母的赡养义务不因父母的婚姻关系而终止，6 位子女应当积极履行对宋某某的赡养义务。况且，宋某某将婚生子女张某某 1、张某某抚养长大成人，并建盖的房屋分别分给了二人，履行了其作为父亲的义务。对王某某、王某某 1、王某某 2，宋某某也自幼将三人抚养成人，履行了其作为继父的义务。因此，于情于理，张某某 1、张某某、王某某、王某某 1、王某某 2 均无权因宋某某再婚而拒绝履行赡养宋某某的义务。如果有不履行赡养义务的子女，宋某某有权要求其给付赡养费。

第一千零七十条　父母和子女有相互继承遗产的权利。

【条文释义】

本条是对父母和子女相互享有继承权的规定。

父母作为被继承人最直接的直系尊血亲，也是子女最亲近的尊亲属，由于父母和子女之间具有最密切的人身关系和财产关系，大多数国家均对其继承权作了规定。根据权利义务对等原则，子女有权继承父母的遗产，父母也有权继承子女的遗产。本条规定，“父母和子女有相互继承遗产的权利”。父与母对子女遗产的继承权是平等的。子与女对父母遗产的继承权也是平等的，不受性别、年龄、已婚或未婚的影响。

关于父母，大多数国家未对父母的范围加以明确界定，一般仅以生父母为限，其实应当包括生父母、养父母和有扶养关系的继父母。民法典继承编第 1127 条第 4 款明确规定：“本编所称父母，包括生父母、养父母和有扶养关系的继父母。”（1）生父母。生父母对其亲生子女有继承权，不论该子女为婚生子女还是非婚生子女。但亲生子女已由他人收养的，在收养关系解除前，生父母不得继承该子女的遗产。即使在收养关系解除后，若被收养的子女未与生父母恢复法律上的权利义务关系的，生父母对该子女的遗产依然无继承权。(2）养父母。养父母的继承权以收养关系的存在为前提，在养子女死亡前已经解除收养关系的，不论解除收养关系的原因为何，也不论解除收养关系的被继承人是否与其生父母恢复权利义务关系，收养人均无权继承其遗产。(3）继父母。继父母对继子女的遗产是否享有继承权，应依是否相互形成扶养关系而定，只有形成扶养关系的继父母才有继承权。继父母与继子女形成了扶养关系，相互间产生法律上的权利义务关系，继父母有权继承其继子女的遗产。若继父母与继子女之间只存在名义上的关系，并未形成实际上的扶养关系，则继父母无权继承继子女的遗产。

子女作为被继承人最近的直系卑亲属，大多被规定为第一顺序法定继承人，但关于子女范围的界定却并不一致。有的国家仅规定婚生子女的继承权，或虽规定非婚生子女却有种种限制，有的必须经过准正程序，有的规定继承份额仅为婚生子女的二分之一。民法典继承编第1127条第3款规定：“本编所称子女，包括婚生子女、非婚生子女、养子女和有扶养关系的继子女。”这种规定比较全面合理。

1. 婚生子女。婚生子女不论随母姓还是随父姓，不论已婚、未婚，也不论结婚后是到男方家落户还是到女方家落户，都有继承父母遗产的权利。根据法律对胎儿继承利益的特殊保护，不仅于父母死亡前出生的子女有继承权，而且于父亲死亡前已受孕在其父亲死亡后活着出生的子女也有继承权。

2. 非婚生子女。虽然非婚生子女的父母之间的两性关系往往是非法和不道德的，但非婚生子女对此完全是无辜的，应当与婚生子女受到同等的法律保护。

3. 养子女。收养关系一经成立，养子女便取得同婚生子女同等的法律地位，当然有权继承养父母的遗产。由于其与生父母间的权利义务关系已经解除，在与生父母的权利义务关系未恢复前，养子女无权继承生父母的遗产。针对收养人与被收养人年龄差距很大，以养祖父母与养孙子女名义生活的，在继承中应当视为养父母与养子女关系进行继承。

4. 有扶养关系的继子女。有扶养关系的继子女有双重继承权，既可以继承继父母的遗产，还可以继承其生父母的遗产。对于“有抚养关系”的概念，我国法律没有作出明确规定，也没有具体的标准衡量，造成实务中对此的认定难以统一。如何认定有扶养关系，应由法官根据各个方面的因素综合考虑自由裁量，规定一个固定的标准可能缺乏灵活性。

5. 非传统方式生育的子女。随着科学技术的发展，试管婴儿、借腹生子等非传统方式突破了传统的生育方式，且非传统生育方式出生的子女日渐增多。为保障人工生育子女和实施人工生育当事人的继承权，应赋予以这种非传统生育方式出生的子女以平等的继承权。

需要指出的是：(1) 父母与非婚生子女有相互继承遗产的权利。这是因为非婚生子女享有与婚生子女相同的权利。(2) 养父母与养子女有相互继承遗产的权利；但养子女无权继承生父母的遗产，生父母也无权继承养子女的遗产。(3) 有扶养关系的继父母与继子女有相互继承遗产的权利；继父母继承了继子女遗产的，不影响其继承生子女的遗产；继子女继承了继父母遗产的，不影响其继承生父母的遗产。父母和子女的继承权是平等的，都是独立的继承主体，享有独立的继承份额。

【案例评注】

莫某甲等与莫某丙法定继承纠纷案①

基本案情

被继承人莫某某、车某某夫妇共同生育了四个女儿，即原告莫某甲与莫某乙、被告莫某丙与莫某丁。1987 年期间，被继承人莫某某、车某某在苍梧县石桥镇建造了砖瓦木结构的房屋一幢。2006 年 6 月 24 日，原告莫某甲、莫某丁与被告莫某丙在其他人的见证下签订《抚养协议》，约定：被继承人莫某某、车某某的生活费、医疗费、保健费、丧葬费均由被告莫某丙夫妇承担；被继承人莫某某、车某某去世后，其位于苍梧县石桥镇新三街的房屋归被告莫某丙夫妇所有。2007 年 4 月 16 日，被继承人莫某某去世。之后，被继承人车某某便随被告莫某丙居住生活。2014 年 6 月 28 日，被继承人车某某去世。按照《抚养协议》的约定，被告莫某丙对被继承人莫某某、车某某生前尽了照料和扶养义务。被继承人车某某去世后，原、被告就被继承人莫某某、车某某的遗产位于苍梧县石桥镇新三街的房屋的继承问题发生争议。另外，被继承人莫某某、车某某的父母、岳父母均已死亡。2015 年 1 月 14 日，莫某甲、莫某乙提起诉讼，要求对被继承人莫某某、车某某的遗产位于苍梧县石桥镇的房屋一幢进行分割，由原告莫某甲、莫某乙各自继承该房屋的 25% 财产份额。本案的焦点是：莫某甲、莫某乙、莫某丙是否有权继承莫某某、车某某的房屋。

---

① 审理法院：一审法院为广西壮族自治区梧州市苍梧县人民法院，案号为（2015）苍民初字第 63 号；二审法院为广西壮族自治区梧州市中级人民法院，案号为（2016）桂 04 民终 427 号。

法院判决

一审法院认为，遗产是公民死亡时遗留的个人合法财产。本案中，原告莫某甲、莫某乙主张位于苍梧县石桥镇的房屋属于莫某某、车某某的个人合法财产，但原告莫某甲、莫某乙不能提供具体、确凿的证据加以证明。但是，从原告莫某甲、莫某乙提供的土地登记申请表及苍梧县石桥国土资源管理所出具的证明来看，被继承人莫某某名下有位于苍梧县石桥镇××的土地一宗，该宗土地的性质属国有划拨土地。根据《城镇国有土地使用权出让和转让暂行条例》第四十三条和第四十八条的规定，被继承人莫某某名下位于苍梧县石桥镇××的土地一宗的土地使用权应属被继承人莫某某、车某某死亡时遗留的个人合法财产。根据《中华人民共和国婚姻法》第二十四条第二款的规定，“父母和子女有相互继承遗产的权利”，那么，原告莫某甲、莫某乙要求参与继承位于苍梧县石桥镇××的土地一宗的土地使用权，符合法律规定。由于法定继承人莫某丁没有明确表示放弃继承权，因此依法追加莫某丁为本案的共同原告。鉴于案件讼争的遗产是面积为51.8平方米的土地使用权，该土地使用权不宜作实物分割，应采用折价、适当补偿的办法进行处理。根据实事求是、公序良俗的原则，依照《中华人民共和国继承法》第十三条第三款“对被继承人尽了主要扶养义务或者与被继承人共同生活的继承人，分配遗产时，可以多分”的规定，位于苍梧县石桥镇的土地使用权应当归被告莫某丙所有，由被告莫某丙补偿给原告莫某甲、莫某乙、莫某丁每人20000元。综上所述，判决：一、被继承人莫某某、车某某的遗产（位于苍梧县石桥镇的国有划拨土地使用权一宗）应当归被告莫某丙所有；二、被告莫某丙对原告莫某甲、莫某乙、莫某丁每人各补偿20000元。

莫某甲、莫某乙不服一审判决，提起上诉。二审法院认为，被继承人莫某某名下位于苍梧县石桥镇的一宗土地的土地使用权应属被继承人莫某某、车某某死亡时遗留的个人合法财产，因被继承人已经死亡，在该土地上建筑的房屋应由其继承人管理使用。根据《中华人民共和国婚姻法》第二十四条第二款“父母和子女有相互继承遗产的权利”的规定，被继承人的四个女儿对被继承人的土地和房屋有继承的权利。根据实事求是、公序良俗的原则，依照《中华人民共和国继承法》第十三条第三款“对被继承人尽了主要扶养义务或者与被继承人共同生活的继承人，分配遗产时，可以多分”的规定，位于苍梧县石桥镇的土地一宗的土地使用权应当归上诉人莫某丙所有，该土地上的建筑物也应当由莫某丙管理使用，由莫某丙对享有权利的其他继承人作一定补偿。莫某甲、莫某丁与莫某丙在其他人的见证下签订了《抚养协议》，约定由莫某丙夫妇负责被继承人的生养死葬，并在被继承人去世后获得涉讼房屋，此为当事人的真实意思表示，而且在签订《抚养协议》后，上诉人莫某丙也已经按照协议约定的内容，对被继承人莫某某、车某某生前尽了照料和扶养义务，被继承人的其他女儿在《抚养协议》签订后没有对被继承人履行扶养义务，故在被继承人去世后莫某甲、莫某丁对涉讼土地和房屋不应再享有权利，这样才符合公平合理原则，才符合公序良俗，才符合鼓励积极履行义务的要求。因为上诉人莫某乙没有在《抚养协议》上签字，所以其对被继承人遗留的土地和房屋还是有继承的权利，但因上诉人莫某乙对被继承人没有尽扶养义务，故一审判决综合各方面因素，由莫某丙对莫某乙补偿 2 万元也是适宜的。一审判决认定土地属被继承遗产范围正确，但没有对土地上的建筑物的管理使用作出处理不妥。一审判决认为由莫某丙向其他三位继承人补偿的处理与莫某甲、莫某丁在《抚养协议》上签字的行为不符，也与公序良俗不符。上诉人莫某丙上诉请求部分有理。综上所述，一审判决认定事实清楚，适用法律正确，但处理不妥，二审法院予以纠正。

专家点评

父母和子女是最近的直系血亲，父母子女之间互相享有继承遗产的权利。每个人享有的继承权是平等的，但具体的继承财产的份额是可以不同的。根据民法典继承编第 1130 条第 3 款关于“对被继承人尽了主要扶养义务或者与被继承人共同生活的继承人，分配遗产时，可以多分”的规定，对父母尽了主要赡养义务的子女和对子女尽了主要抚养义务的父母，或者共同生活的父母和子女，继承遗产时可以多分。由于继承权是法律赋予公民的一项权利，公民当然可以自愿放弃享受该权利。本案中，莫某甲、莫某乙、莫某丁、莫某丙是莫某某、车某某的子女，父母和子女之间相互享有继承遗产的权利，也可以自愿放弃享受该权利。莫某甲、莫某丁与莫某丙在其他人的见证下签订了《抚养协议》，约定由莫某丙夫妇负责父母的生养死葬，并在父母去世后获得涉讼房屋，此为当事人的真实意思表示，莫某甲、莫某丁是自愿放弃继承涉讼房屋的权利。之后，莫某丙按照协议内容，履行了对父母莫某某、车某某生前尽了照料和赡养义务，其他子女在《抚养协议》签订后没有对父母履行扶养义务，故莫某甲、莫某丁对涉讼土地和房屋不应再享有继承的权利，由于莫某乙没有在《抚养协议》上签字，因此其对被继承人遗留的土地和房屋还是有继承的权利。

第一千零七十一条 非婚生子女享有与婚生子女同等的权利，任何组织或者个人不得加以危害和歧视。

不直接抚养非婚生子女的生父或者生母，应当负担未成年子女或者不能独立生活的成年子女的抚养费。

【条文释义】

本条是对非婚生子女和父母权利义务的规定。

非婚生子女，是指没有婚姻关系的男女所生的子女。在国外的继承立法例中，有的对非婚生子女的继承权进行限制。我国民法典继承编反对这样的做法，虽然非婚生子女的父母之间的两性关系往往是非法和不道德的，应当受到社会舆论的谴责，但非婚生子女对此完全是无辜的，应当与婚生子女受到同等的法律保护。

在奴隶社会和封建社会以及资本主义社会的早期，非婚生子女法律地位低，往往受到歧视。在当代，非婚生子女与婚生子女享有同等的法律地位。这是现代社会维护儿童合法权益的基本要求。作为子女，无法选择自己的出身和身份，如果因为生为非婚生子女而受歧视，就等于人是生而不平等的，这与现代人权观念完全不相符。当代亲属法研究非婚生子女不是着眼于对非婚生子女权利的限制，而是要根除对非婚生子女的歧视，保障他们享有正常的法律地位，享有同等的人格，其合法权利不受任何侵犯。

非婚生子女有三种：一是无婚姻关系的妇女所生的子女，如单亲母亲。二是已婚妇女所生但被法院判决否认婚生子女推定的子女，既然婚生子女的推定已经被否认，则为非婚生子女。三是已婚妇女所生的不受婚生性推定的子女，即超出了婚生子女推定的范围，不能推定为婚生子女的子女。

确认非婚生子女与母亲的关系，基于“母卵与子宫一体”原则，采用罗马法“谁分娩谁为母亲”的规则，依生理上的出生分娩事实发生法律上的母子（女）关系。几乎所有国家都规定，母亲身份都是基于子女出生的事实或者在出生证上登记母亲的姓名而自动取得。确认母亲身份的方法除了以上基本方法之外，还有以下三种：（1）通过认领。生母对于自己的子女可以认领。例如，出生之时被母亲抛弃的弃儿，母亲对其进行认领，经查属实者，可以认定母子关系。（2）通过诉讼。人民法院经过调查确认母亲和子女关系的，应当认定为母子关系。（3）通过身份占有的事实。身份占有的事实，是指双方一直以母子关系相称，彼此以母子相待，母亲以此身份负担了该子女的抚养、教育以及监护的责任，家庭以及社会也视他们为母子（女）关系的事实。通过身份占有的事实作为确定母子关系的根据，也可以确定母亲的地位。

非婚生子女与父亲的关系无法以分娩的事实作出确认，因而确定父亲的身份要比证明母亲的身份复杂得多。原因是非婚生子女的父亲身份难以通过一般方法来确定，常见的方法是自愿认领和强制认领。立法确认非婚生子女的父亲的依据，分为两种基本立场：(1）血缘主义。血缘主义又称为客观主义或事实主义，认为非婚生父子为自然血亲，所以只要有自然血缘关系的存在，法律上当然发生非婚生父子关系，不用任何手续。但作为发生父子关系前提的血缘关系的存在应有证明，从而生父自愿认领或者通过诉讼强制认领即成为确定生父的证明方式。血缘主义重在对客观事实的承认，只要有自然血缘的亲子关系，当然成立法律上的亲子关系，与生父母的主观意思无关。(2）认领主义。认领主义又称为主观主义，认为自然血缘的亲子关系与法律上的亲子关系并不相同，后者除了具有前者的事实之外，尚须经生父的认领。因而非婚生父子关系的发生，以认领的意思表示为唯一依据，血缘关系仅为认领的意思表示的原因。认领主义以区分血缘关系与亲子法律关系为基础，重在生父的主观意愿，生父如果不为自愿认领或者强制认领，则无法发生法律上的父子女关系。在认领主义的立场之下，非婚生子女被区分为两种类型，一是经生父自愿认领或者经过强制认领从而与生父间具有法律上的父子关系的非婚生子女，二是未经生父自愿认领或者强制认领从而与生父间不具有法律上的父子关系的非婚生子女。后者被称为事实上的非婚生子女。[①] 确立我国的非婚生子女的生父，应当采纳认领主义，并以血缘关系的存在作为认领的基础。

非婚生子女可以被认领。非婚生子女认领，是指生父对于非婚生子女承认为其父而领为自己子女的行为。[②] 任意认领也称为自愿认领，是生父的单独行为，无需非婚生子女或母之同意，以父的意思表示为足。而私生子（非婚生子女）因父的认领，父子名分因以确定。[③] 认领的权利归于父享有，其父的家庭其他成员不享有此权利。该权利的性质为形成权，原则上对此权利的行使无任何限制。认领权可直接行使，亦可经法院判决确认其父子关系的存在。

任意认领需要认领人享有认领权。认领权的构成要件包括以下三项：(1）须为非婚生子女的生父本人认领。不具有生父身份的人不得认领。其认领，亦须生父本人认领，其法定代理人不得为之。生父认领非婚生子女，须在其生存期间为之，生父死亡后，他人不得认领。认领权归于生父，非婚生子女或其母可请求认领，但最终认领应由生父同意或经法院裁判。(2）须为非婚生子女被认领。婚生子女及已经自己认领的非婚生子女，不得再为认领。已经他人认领的，非经判决确认其父子关系不存在，也不得为认领。他人被推定为婚生子女，非经否认之诉

① 以上参见王洪：《婚姻家庭法》，法律出版社2003年版，第232~233页。
② 史尚宽：《亲属法论》，荣泰印书馆1980年版，第500页。
③ 屠景山：《亲属法原论》，世界书局1931年版，第177页。

经法院判决后，不得为认领。[①] 对胎儿、已死亡之非婚生子女、乱伦子女，是否可以认领，各国规定不同，有肯定说和否定说的主张。以保护非婚生子女的合法权益考虑，对上述被认领之人均采肯定说，认其可以被认领为宜。（3）须认领人与被认领人间有事实上父子关系的存在。无父子关系不得为认领行为。该父子关系，应为客观上能够证明属实的事实，仅有认领人与非婚生子女之母同居的事实并不能作为足证。经认领人及被认领人之母共同确认，或经亲子鉴定属实，均可认此父子关系。生理特征、种族特征，对于确认父子关系有重要作用，但须配以其他证据证明属实者，方可认之。以上事实证明，对已受他人婚生子女推定者，非经婚生子女否认之诉的判决确定，认领人不得认领。只有具备以上要件，构成认领权，享有认领权的生父才可以对非婚生子女认领。

非婚生子女认领的效力是，非婚生子女一经认领，即视为婚生子女，产生父亲与子女间的权利义务关系，无论任意认领或强制认领，均与婚生子女相同。经父认领的非婚生子女对于生父之配偶，母之非婚生子女对于生母的配偶，均为姻亲关系，而无父母子女的血亲关系。

非婚生子女认领的效力溯及至出生之时。但第三人已得的权利，不因此而受影响。对于胎内的非婚生子女认领的，亦只溯及至出生时发生效力，但对死产者不生效力。对于已死亡的非婚生子女为认领的，溯及于死者之生前，使其非婚生子女于生存中与认领者已有亲子关系，从而认领者与死亡者的直系卑亲属，亦有直系血亲关系。

非婚生子女经认领之后，非婚生子女和其他利害关系人可以举出相反的事实，否认认领。这种情形一般是父进行认领，而非婚生子女以及生母进行否认。认领的否认有两种：一是基于事实而否认认领，这是非婚生子女和其他利害关系人提出证据证明并非认领之父所亲生，因而主张否认认领；二是纵有事实上父与子女关系的存在，但若认领对于被认领人有害，则被认领人或生母得否认之。[②]

不对非婚生子女直接抚养的生父或者生母，应当负担未成年子女或者不能独立生活的成年子女的抚养费，尽到其亲权和亲属权上的法定义务。如果不与非婚生子女生活在一起的一方拒绝履行抚养义务的，非婚生子女有权向人民法院起诉要求其承担相应的义务。

非婚生子女准正也叫作非婚生子女扶正，[③] 是指非婚生子女生父母结婚而取得婚生子女的法律地位。非婚生子女准正，实际上就是非婚生子女由于生父和生

① 史尚宽：《亲属法论》，荣泰印书馆1980年版，第502页。

② 林秀雄：《婚姻家庭法之研究》，中国政法大学出版社2001年版，第183页。

③ 曹杰：《中国民法亲属论》，上海法学编译社1946年版，第61页。

母在其出生后，而被婚生化，使非婚生子女取得了婚生子女的身份，被赋予婚生子女的合法地位。

应当注意的是，非婚生子女准正必须发生在非婚生子女出生后其生父母结婚。如果是在子女出生前父母结婚，应当是婚生子女推定制度的适用，该子女一经出生即已取得婚生子女的身份地位，无需进行非婚生子女准正。

我国婚姻家庭编目前没有规定婚生子女准正制度，但在现实中是承认生父母结婚发生非婚生子女准正效果的。亲属法应当研究非婚生子女准正的具体内容，确定准正的具体方法。

非婚生子女准正有两种形式：

1. 婚姻准正。非婚生子女因生父母结婚而取得婚生子女的法律地位，是一般规定。在适用中有两种方法：一是生父母结婚即为非婚生子女准正的必要条件，无需其他要件；二是除了生父母结婚的要件之外，还须对非婚生子女进行认领，未经认领不能发生非婚生子女准正的效力。第一种方法对保护子女的合法权益更为有利，我国应当采用这种方法，只要生父母结婚，取得了配偶地位，其婚前生育的非婚生子女即取得婚生子女的地位。

2. 司法准正。司法宣告的非婚生子女准正，是指男女双方订立婚约后，因一方死亡或者存在婚姻障碍，使婚姻准正不能实现时，可依婚约一方当事人或者子女的请求，由法官宣告该子女为婚生子女。这种准正对保障子女的合法权益有利，也应当采用。

非婚生子女准正应当具备以下要件：

第一，须有事实上的非婚生父母子女关系。非婚生子女准正必须是生父母的非婚生子女，之间须有事实上的血缘关系。如果生父母一致主张子女的血缘关系，没有其他相反证据，当然没有问题。如果有相反的证明，则应当举证证明血缘关系。在现代，这种证明较为容易，只要举出 DNA 证明即可。如果司法准正，则须向法庭提供证据证明血缘关系，方可获得法官的确信，作出准正的宣告。

第二，须有生父母结婚的事实或者婚约。婚姻准正必须有生父母结婚的事实。该事实已经发生，即发生非婚生子女的准正效力。婚姻被宣告无效的，是否发生非婚生子女准正的效力，有的认为婚姻无效亦不妨因生父母的结婚而成为婚生子女，有的认为不应一律准正，乱伦子应不因其生父母的结婚而成立准正。[①] 我国应当采纳前一种做法，即使生父母的婚姻被宣告无效，也应当承认非婚生子女的婚生性，以保障其合法权利。

---

① 史尚宽：《亲属法论》，荣泰印书馆 1980 年版，第 498 ~ 499 页。

在司法准正，因为没有结婚的事实，可以依据双方的婚约事实而认其为准正。婚约事实的证明，应由主张的一方承担举证责任。除了婚约事实之外，还应有生父母一方死亡或者结婚障碍的事实证明，也应由主张的一方举证证明。

第三，婚姻准正无需法律行为，司法准正须经法定程序。非婚生子女准正的性质为事件，而不是法律行为，是生父母结婚的附随效力。非婚生子女准正无需生父母子女行为能力的要求，也不以任何人同意为必要。在程序上，也无需当事人任何表示，无需经过任何程序。唯有司法准正必须经过司法程序，经过法院的准正宣告而发生效力。

非婚生子女准正，非婚生子女即获得婚生子女的身份和法律地位。从时间上看，立法有两种区别，一是认定准正的效力发生自生父母结婚或者法院宣告，不具有溯及力；二是具有溯及力，从子女出生之日发生婚生的效力。我们应当采取后者，更有利于保护子女的利益。

准正的效果，首先发生于一切结婚前当事人之间的共同子女，包括已经被认领的子女，已经死亡的子女及其后裔，被他人收养的子女，他们都由非婚生转变为婚生子女。即使是婚姻被宣告无效或者被撤销，已经准正的关系也不当然消灭，必须有准正关系不存在的确认判决的确定，才可以撤销该准正。

【案例评注】

张甲与黄甲同居关系子女抚养纠纷[①]

基本案情

张甲与黄甲同居生活期间于××××年××月××日生育非婚生子黄某，至今没有办理结婚登记手续。非婚生子黄某出生后与张甲、黄甲共同生活至2017年12月。2017年12月，张甲带黄某离开黄甲回娘家生活至今。非婚生子黄某现在于云霄县××幼儿园上学。黄甲系个体工商户，有相对独立的经济来源。黄甲父母作出书面意思表示，表示愿意帮助黄甲照顾孙子黄某。本案的焦点是：直接抚养非婚生子女黄某的权利应当归哪一方享有。

法院判决

一审法院认为，张甲与黄甲在未办理结婚登记手续的情况下同居生活，并生

① 审理法院：一审法院为福建省云霄县人民法院，案号为（2019）闽0622民初212号；二审法院为福建省漳州市中级人民法院，案号为（2019）闽06民终1475号。

育儿子黄某。非婚生育的子女同样受法律保护，享有与婚生子女同等的权利。父母对子女具有抚养、教育的义务。张甲与黄甲抚养子女的条件基本相同，双方均要求儿子黄某与其共同生活。黄某的祖父母要求并且有能力帮助照顾孙子，可作为黄某随父亲黄甲生活的优先条件予以考虑。黄甲在答辩中表示黄某由其直接抚养并共同生活，无需张甲负担抚养费。张甲虽不直接抚养黄某，但仍享有探视非婚生子黄某的权利，黄甲有义务协助张甲行使探视权。为便于双方配合行使探视权，在不影响非婚生子黄某学习、休息的情况下，以有利于黄某身心健康成长为原则，具体的探视方式、时间、地点等由双方根据客观情况变化另行协商确定。判决：一、非婚生子黄某由黄甲直接抚养并与其共同生活，抚养费由黄甲负担；二、张甲享有探视非婚生子黄某的权利，黄甲应配合张甲行使探视权。

张甲对黄甲直接抚养黄某的一审判决不服，提起上诉。二审法院认为，《中华人民共和国婚姻法》第二十五条规定，非婚生子女享有与婚生子女同等的权利。2017 年 12 月，张甲带黄某离开黄甲家时，双方没有就黄某的抚养达成协议，根据已查明的事实，双方均有足以抚养黄某的经济能力，双方的父母均表示愿意帮助抚养黄某并提供一定的条件，因非婚生子黄某自 2017 年 12 月开始与张甲生活，日常生活相对稳定，不宜改变生活环境，故黄某应由张甲直接抚养，张甲在二审诉讼中自愿承担黄某的全部抚养费，应予准许，但黄甲仍享有探望非婚生子黄某的权利。故判决非婚生子黄某由张甲直接抚养，抚养费由张甲自行承担；黄甲享有探视非婚生子黄某的权利，张甲应配合黄甲行使探视权。

专家点评

非婚生子女享有与婚生子女同等的权利，权利中包括非婚生子女接受父母抚养的权利。对子女进行抚养是父母的法定义务，不因子女是婚生子女还是非婚生子女而有所不同。抚养非婚生子女是父母双方的义务，而不是直接抚养子女一方的义务，不直接抚养非婚生子女的一方也应当履行其法定义务，只是方式不是直接抚养，而是间接履行。正如本条规定，不直接抚养子女的生父或生母，应当负担未成年子女或者不能独立生活的成年子女的抚养费，直至子女能独立生活为止。换言之，不直接抚养非婚生子女的一方，以支付抚养费的形式履行其抚养义务。本案中，张甲与黄甲在未办理结婚登记手续的情况下同居生活，并生育儿子黄某，黄某属于非婚生子女。非婚生子女享有与婚生子女同等的权利，黄某有权由生父黄甲或生母张甲或者双方直接抚养。张甲与黄甲感情不和，无法继续同居，一起履行抚养黄某的义务，只能选择一名有利于黄某成长的一方，由其直接抚养黄某，另一方不得妨碍，但其也享有探视权，直接抚养人也应当尊重另一方的探视权。法院根据双方的经济情况和家庭环境，本着有利于黄某成长的原则，判决非婚生子女黄某由张甲直接抚养，黄甲享有探视黄某的权利，张甲应配合黄甲行使探视权。

第一千零七十二条 继父母与继子女间，不得虐待或者歧视。

继父或者继母和受其抚养教育的继子女间的权利义务关系，适用本法关于父母子女关系的规定。

【条文释义】

本条是对继父母与继子女关系的规定。

继子女是指丈夫对妻与前夫所生子女或妻子对夫与前妻所生子女的称谓，也就是配偶一方对他方与其前配偶所生的子女为继子女。继父母是指子女对母亲或父亲的后婚配偶的称谓，即继父和继母。继父母子女关系是指因父母一方死亡、他方带子女再行结婚，或者因父母离婚，抚养子女的一方或双方再行结婚，在继父母与继子女间形成的亲属身份关系。

在继父母与继子女关系中，首要的义务是相互之间不得虐待或者歧视，特别是继父母不得对继子女虐待和歧视。违反这一义务，造成对方损害的，构成侵权行为，严重的甚至构成犯罪行为，应当承担刑事责任。

按照继父母和继子女之间是否形成抚养关系的标准，继父母子女关系分为三种类型：

第一，拟制直系血亲关系的继父母子女关系。这种性质的继父母子女关系除了需要具备继父母结婚这一法律事实以外，还需要具备法律所规定的特定事实，即继父母和继子女之间相互有抚养的事实行为发生。在这种情况下，继父母与继子女关系在法律上的后果与养父母子女的关系大致相同。这种继父母子女关系在法律上具有重要意义，直接涉及民法典婚姻家庭编和继承编的适用，发生法律后果。在国外，亲属法一般规定继父母收养对方的子女为养子女的方法，完成由姻亲关系向拟制血亲关系的转化，一般不采取单独规定继子女的方法。我国则将这种类型的继子女单独作出规定，规定其相应的法律后果。

第二，直系姻亲关系的继父母子女关系。这种继父母子女关系是由继父/母与生母/父结婚的事实决定的，即只要有继父/母与生母/父结婚这一法律事实，继父母和继子女之间的关系即告形成。这种继父母子女关系属于直系姻亲，属于配偶的血亲，不构成血亲关系，不产生相互之间的权利义务关系。

第三，区分前两种不同类型的继父母子女关系的基本标准，是继父母与继子女之间是否形成抚养关系。判断是否形成抚养关系的基本判断标准是，继父母与继子女共同生活，继父母对继子女进行了教育和生活上的照料，负担了全部或者部分生活费、教育费，法律认为继父母和继子女之间就形成了抚养关系。在现实生活中，这种抚养关系很难判断，如判断继父母与继子女之间形成抚养关系，是否要有时间的要求，需要多长的时间才能确定为形成了抚养关系，法律并没有规定。对此，可以根据事实情况，规定不完全收养的继父母子女关系，即继父母对继子女的抚养是时断时续的，或者是时间中断的，或者是临时性的，都发生不完全收养的继父母子女关系。

继父或者继母和受其抚养教育的继子女间的权利义务，具体包括：(1) 继父母对未成年的继子女有抚养、教育、保护的权利和义务；(2) 受继父母抚养教育的继子女有赡养继父母的义务；(3) 继子女的姓氏可以随继父姓，可以随继母姓，根据法律规定，还可以随其他姓氏；(4) 继子女有尊重继父母婚姻权利的义务；(5) 继父母和继子女有相互继承遗产的权利。

继父母子女关系依据以下事由而消灭：(1) 继父母子女一方死亡。继父母或者继子女一方死亡，在继父母子女之间消灭权利义务关系，不再具有约束力。这与其他任何父母子女关系一样，都因一方死亡而消灭父母子女关系。(2) 继父母离婚。未成年的继子女因生父与继母或者生母与继父离婚而消灭其与继父母间的权利义务关系。生父与继母或生母与继父离婚时，对曾受其抚养教育的继子女，继父或继母不同意继续抚养的，仍由生父母抚养。如果继父母愿意继续抚养该继子女，生父母又同意的，可以允许。例外的情况是，如果继子女已经被继父母抚养成人，已经形成的抚养关系不能因为生父与继母或生母与继父离婚而自然消灭其权利义务关系，对年老体迈、生活困难的继父母仍然应当承担其晚年的赡养义务。(3) 协议解除。已经形成抚养关系的继父母子女关系，是一种拟制血亲，可以因协议而解除。在继子女未成年时，经生父母、继父母协商一致，并经有识别能力的继子女同意，可以协议解除继父母和继子女之间的权利义务关系。继子女成年后，成年继子女与继父母关系恶化，也可以协议解除权利义务关系。但继子女对将其抚养成人的继父母，如果年老体弱、生活困难的，应当承担给付必要生活费的义务。(4) 诉讼解除。在解除已经形成抚养关系的继父母子女关系发生争议的，可以诉请人民法院裁决。法院一经判决解除继父母与继子女之间的权利义务关系，则即行解除，双方不再存在父母子女的权利义务关系。

生父母死亡时，继父母与继子女形成抚养关系的，不能自行解除。继父母不能因为未成年继子女的生父母死亡而停止对继子女的抚养教育。如果继子女的生父母一方还健在，要求将子女领回抚养的，要经继父母的同意。双方协商不成的，由人民法院根据子女的利益判决。如果未成年继子女被生父母生存一方领回抚养，则继父母的子女关系解除。在生父母死亡时，继子女已经由继父母抚养成人，无论继父母子女关系是否解除，继子女都应当对继父母尽赡养扶助义务。

继父母子女关系已经消灭，双方的父母子女的权利义务关系即行消灭。唯有继子女是由继父母抚养成人的，并不消灭对继父母的赡养辅助义务。

【案例评注】

张某某1与周某1、周某2赡养费纠纷案[①]

基本案情

张某某1与周甲于1989年9月20日结婚后，共同抚养周甲与前妻生育的两个女儿周某1、周某2及张某某1与前夫的儿子××。现周某1、周某2均已成家，××因工伤致残随张某某1生活。2005年5月起张某某1与周甲分居生活至今。2016年5月17日张某某1在湖北省太和医院CT检查，显示右侧第4前肋可疑骨折；双肺纤维灶。另外，张某某1与周甲均已退休，每月领取养老金分别为1200元和2200元左右。周某1每月收入1600元左右，周某2每月收入2300元左右。张某某1认为，继女周某1、周某2应每人每月支付赡养费500元。本案的焦点是：继女周某1、周某2对张某某1是否应当履行赡养义务。

法院判决

一审法院认为，张某某1与周甲婚后共同抚养尚未成年的周某1、周某2，张某某1与周某1、周某2形成继母女关系。《中华人民共和国婚姻法》第二十七条第二款规定，继父或继母和受其抚养教育的继子女间的权利义务，适用本法对父母子女关系的有关规定。该法第二十一条规定，子女对父母有赡养扶助的义务，子女不履行赡养义务时，无劳动能力的或生活困难的父母，有权要求子女支付赡养费。张某某1退休后体弱多病，因与丈夫周甲分居生活，其在生活和经济上需要子女进行赡养扶助。因张某某1每月领取1200元的养老金，故其要求周某1、周某2每人每月支付其500元的生活费用过高，根据当地生活水平及周某1、周某2的收入，酌情考虑，由周某1、周某2每人每月支付100元为宜。判决：周

---

① 审理法院：一审法院为湖北省十堰市张湾区人民法院，案号为（2016）鄂0303民初1374号；二审法院为湖北省十堰市中级人民法院，案号为（2016）鄂03民终2476号。

某1、周某2于本判决生效之日起每人每月支付张某某1赡养费100元。

张某某1、周某1及周某2均不服一审判决，提起上诉。二审法院认为，赡养老人是回报养育之恩，是中华民族的传统美德，更是子女对父母应尽的法定义务，不论婚生子女还是张某某1承担抚养教育义务的继子女，都应尽的法定义务，也是每个成年人对家庭和社会应尽的责任。依照《中华人民共和国婚姻法》第二十一条规定，子女对父母有赡养扶助的义务。子女不履行赡养义务时，无劳动能力的或生活困难的父母，有要求子女付给赡养费的权利。《中华人民共和国婚姻法》第二十七条第二款规定，继父或继母和受其抚养教育的继子女间的权利义务，适用本法对父母子女关系的有关规定。在本案中，周甲和张某某1结婚后，未成年的周某1和周某2长期随其父周甲与张某某1共同生活直到成年，张某某1与周某1、周某2形成了继母女关系，周某1、周某2对张某某1负有赡养义务。现张某某1年老多病，长期与其丈夫周甲分居，没有得到周甲的扶助，张某某1每月领取的1200元的养老金不足以维持其基本生活。一审法院根据当地生活水平及周某1、周某2的收入情况，判决周某1、周某2每人每月向张某某1支付100元赡养费并无不当。

专家点评

继父或者继母和受其抚养教育的继子女间的权利义务关系，适用民法典婚姻家庭编关于父母子女关系的规定。受继父或者继母抚养教育的继子女有扶养继父或继母的义务，如果成年继子女不履行赡养义务，缺乏劳动能力或者生活困难的继父或继母，有权要求成年继子女给付赡养费。本案中，张某某1与周甲婚后共同抚养尚未成年的周某1、周某2，张某某1与周某1、周某2形成继母女关系，双方产生了权利义务。根据法律规定，张某某1抚养教育了周某1、周某2直到成年，履行了其作为继母的抚养义务，受张某某1抚养教育的周某1、周某2成年后，也应当对年老多病，缺乏劳动力，生活困难的张某某1履行赡养义务。该义务不因张某某1与其丈夫周甲分居而消灭。张某某1有权在继子女周某1、周某2不履行赡养义务时向他们主张给付赡养费。

第一千零七十三条　对亲子关系有异议且有正当理由的，父或者母可以向人民法院提起诉讼，请求确认或者否认亲子关系。

对亲子关系有异议且有正当理由的，成年子女可以向人民法院提起诉讼，请求确认亲子关系。

【条文释义】

本条是对否认亲子关系和确认亲子关系的规定。

亲子是指亲属法上的父母与子女，即父母子女。

我国亲属法理论长期回避亲子概念，而用父母子女的概念代替。究其原因，是认为亲子的概念有男尊女卑之嫌。因为在语义学上，亲原本是指男性亲，即父亲；子是指男性子，即儿子，对父母子女关系的法律概念用亲子概念概括，过于重视男性亲而忽视女性亲，是男女不平等的表现。事实上，即使在古代汉语中，亲和子的概念也大都是中性的，并没有仅指男性亲的意思，只是在男尊女卑的传统中，亲和子的概念有了轻视女性的含义。正确理解亲子的概念，“亲”谓父母，“子”谓子女，① 绝不是男尊女卑的概念。在改革开放的今天，人们不应当再对亲子概念有偏见。

亲子关系是家庭关系的重要组成部分，它因出生的事实或者法律的拟制而发生，是最近的直系血亲。

出生，不仅仅是子女离开母亲的身体而独立，也是母亲将孕育的子女娩出。子的“出”和亲的“生”，构成亲属法上的法律事实，使父母亲和子女之间确定了亲子的身份地位，发生亲权关系。同时，这一法律事实也使祖父母、外祖父母与孙子女、外孙子女之间产生直系血亲的身份地位，产生亲属权关系；使兄弟姐妹之间发生旁系血亲的身份地位，产生亲属权关系；在其他亲属之间也产生近亲属之外的亲属身份关系。

我国亲属法规定的亲子包括四种，即父母、生父母、养父母和继父母，婚生子女、非婚生子女、养子女、继子女。按照血缘关系，可以分为两大类：

1. 自然血亲的亲子。自然血亲的亲子是指通过自然血缘而构成的父母子女关系，即亲生父母子女。包括三种：（1）父母与婚生子女，是最自然的亲子关系；（2）生父母与非婚生子女，虽然非出生于合法的婚姻家庭关系当中，但仍然是自然的亲子关系；（3）经人工生育技术生育，并由妻子分娩的同质的父母子女，即由父亲提供精子受胎而生的亲子。

2. 法律拟制的亲子。法律拟制的血亲，是指亲子间没有自然血缘关系，是通过法律拟制而成为血亲关系的亲子。包括三种：（1）养父母子女，通过收养关系而成立的拟制亲子；（2）继父母子女，父母通过再婚而与对方亲子形成的拟制亲

---

① 史尚宽：《亲属法论》，荣泰印书馆1980年版，第476页。

子；（3）通过人工生育技术形成的，并非血缘同质的亲子，即不是妻的卵子也不是丈夫的精子而生的子女。

否认亲子关系，也叫婚生子女否认，是父或者母对推定为婚生子女的婚生性提供否定性证据推翻婚生性推定的证明，否定其为婚生子女的制度。否认亲子关系的前提是婚生子女推定，即子女系生母在婚姻关系存续期间受胎或出生，该子女被法律推定为生母和生母之夫的子女。即凡是在婚姻关系存续期间女方分娩的子女，就直接认定为婚生子女。婚生子女推定实际上是在用婚姻关系的存续期间来推定子女的父亲，确定婚生子女身份，而不是靠血缘关系，因此有可能出现错误，可以被客观事实所推翻。法律允许利害关系人提出婚生子女否认之诉，推翻婚生子女推定。父或者母如果确有证据证明婚生子女的非婚生性，即可提出证据，向法院主张否定亲子关系。

关于婚生子女否认制度的性质，主要有两种学说，一种认为是确认之诉，另一种认为是形成权。[①] 我们认为，这一制度为民法上的制度，即实体法上的制度，兼有确认之诉和形成权两种性质。从民法保护方法上看，这不是给付之诉，亦不是变更之诉，而是确认身份关系有无的制度，因而是确认之诉。从这种权利的性质上看既非请求权，又非支配权，而是因一定的事实而形成某种身份关系，是形成权自属无异。有的学者认为婚生子女否认的性质是请求权或者是诉讼请求权，[②] 这值得研究。我们认为，就诉讼而言，否认婚生子女当然是一种诉权，否认婚生子女推定的效力，当然是诉讼请求权。但是，我们在实体法上研究这一权利的性质，并不是要研究它在诉讼上的性质。依婚生子女否认的形成权性质，当否认婚生子女的权利人起诉并胜诉前，其他人不得主张该子女非为夫的子女，其生父亦不得认领。当判决确认不是夫的亲子时，该子女即为非婚生子女。

婚生子女否认权的构成要件是：

第一，婚生子女否认的权利人必须适格。何种人为适格权利人，各地规定不同。日本规定为夫一人，瑞士规定为夫或子女，德国同此，我国台湾地区为夫妻之一方，法国则没有限制般地说，该种权利人主要为夫，但妻也应享有这种权利。子女是否享有这种权利，有瑞士、德国的立法例作依据，在现实也确有确认的必要。因此，权利人适格，应当包括夫、妻、子女中的任何一方。只要是现存夫妻、子女关系的主体，均为婚生子女否认确认之诉的权利主体，可以提起这种否认身份关系的诉讼。相应地，在诉讼中，当上述三方当事人一方起诉时，其他

---

① 史尚宽：《亲属法论》，荣泰印书馆 1980 年版，第 490 页。

② 李志敏：《比较家庭法》，北京大学出版社 1988 年版，第 211 ~ 212 页。

两方应为共同被告，如由夫起诉者，以妻及子女为共同被告；由妻起诉者，以夫及子女为共同被告；如果妻或夫死亡者，以子女为被告。[①] 至于子女起诉者，当以夫为被告，不需将妻列为共同被告。

第二，须有婚生子女的推定。尽管我国目前尚未确立婚生子女推定制度，但是这种推定在实践中是存在的。在婚姻关系存续期间妻受胎，如无反证，不会有人否认妻所生之子女的婚生子地位。在亲属法尚未建立该制度之前，可以采取凡是在婚姻关系中出生的子女，即为婚生子女的办法。如果有所争议，可以参照德国的立法精神，确定是否构成推定。这就是，婚姻关系存续期间受孕者，一律推定为婚生子女；婚姻成立后或离婚后的受孕推定期间，不妨从其宽者，如在婚姻成立后 180 日或离婚后 303 日受孕者，推定为婚生子女。非在婚姻关系中出生的子女，不能推定为婚生子女。非在婚姻成立后 180 日或婚姻关系解除后 303 日出生的子女，也不能推定为婚生子女，均不构成否认婚生子女的要件。

第三，须有否认婚生子女的客观事实。否认婚生子女的客观事实，各国立法一般都是进行概括规定，即真正事实与法律上的推定相反，即构成此要件。该客观事实仅以妻与人通奸尚不能构成，因该事实不足以推翻婚生子女的推定。否认婚生子女的客观事实包括：一是性交不能，包括外在的不能和内在的心理不能，前者如空间阻隔，一方长时间远离另一方，后者如夫妻反目分居。二是与受胎无因果关系，如夫无生殖能力等。三是子女外在特征非与种族相同或相似，如皮肤颜色、子女与妻之情人特征相似等。四是亲子鉴定否认为婚生子女，此点为最重要、最有说服力的反对推定的证据，在实务中广泛采用。在目前的科技条件下，DNA 技术已经能够作出否定或肯定亲子的鉴定。上述四项客观事实，必须有充分的证据确实证明者，才能推翻婚生子女的推定。

法院审查确认该子女的非婚生性的，即可否定亲子关系，父亲与该子女的权利义务关系不复存在。这种否认一般由丈夫提出，但妻否认其所生子女为其丈夫的婚生子女的，亦不乏其例。

各国规定婚生子女否认权消灭的原因如下：

1. 依除斥期间完成而消灭，规定此诉权在一定期间内为之。各国规定婚生子女否认权在一定的期间不行使而消灭，但法定的时限各不相同。德国法规定父母仅得在 1 年期限内否认婚生，子女成年后的否认，应在成年后的 2 年内提出。《瑞士民法典》第 256－3 条对此规定得最为完善：“（1）夫在知悉生育及知悉本人并非子（女）之父或第三人在妻受胎期间与其同居的事实之后，得在一年的期

① 我国台湾地区“民事诉讼法”第 589 条之一。

限内起诉。超过出生后的五年，诉权自行失效。(2) 子女最迟得在其成年后的一年内起诉。(3) 超过上述期限，须因重要原因得到谅解后，始得起诉。”这一规定，与其他关于“应于知悉子女出生之日起，一年内为之”① 的规定相比，更为合理、可行。我国法律目前尚未规定这一制度，在司法实践中，可以参照适用关于诉讼时效的规定，即在知道或者应当知道子女为非婚生的事由起，2 年内不行使该权利即消灭，不受时效终止、中断或者延长规定的限制。在将来制定亲属法的时候，再正式规定为除斥期间。

2. 子女已死亡，为该婚生子女否认权消灭的原因。对此，各国立法不同。有的规定子女死亡时不绝对消灭否认权，但以子女死亡时有直系卑亲属时为限，以其母为相对人，无母时以检察官为相对人。② 有的规定子女死亡时，夫不得再提起否认之诉，起诉后子女死亡时，视为诉讼终结。③ 尽管在立法上的规定有上述不同，但子女死亡为否认权的法定消灭原因，却没有疑义，只是有绝对消灭原因和相对消灭原因的不同而已。为保护子女利益，采绝对消灭原因为好，但子女死亡时有直系卑亲属，如不准否认，尚涉及父与非婚生子的子女的抚养、继承关系。综合评价，采上述相对消灭原因的立法例更为合理。

3. 夫同意承认出生子女为婚生。对此，原有很多国家承认为否认权消灭的原因，但以后逐渐删除。《日本民法典》第 776 条仍规定：“夫于子女出生后承认其为婚生时，即丧失其否认权。”我们在司法实践中可以采取的办法是，如果夫在明知其子女为非婚生的事实之后，已经明确承认其为婚生的，不得再提出婚生子女的否认，因为夫已经接受了这个事实。如果夫并不知情，而仅仅是基于婚姻关系存续期间而生子女而承认其婚生者，不能确认其已经为承认。应当注意的是，《瑞士民法典》第 256－3 条规定：“夫同意第三人使其妻怀孕的，无诉权。”这种事实不是否认权消灭的原因，而是自始即不赋予其否认权。这种情况民间确有存在，应借鉴上述立法例为对策，制定相应的法律条文。

确认亲子关系，也称为非婚生子女认领，是指生父对于非婚生子女承认为其父而领为自己子女的行为。非婚生子女认领分为：

(1) 任意认领，也称为自愿认领，是生父的单独行为，无需非婚生子女或母之同意，以父的意思表示为足。认领的权利归于父享有，其父的家庭其他成员不享有此权利。该权利的性质为形成权，原则上对此权利的行使无任何限制。认领权可直接行使，亦可经法院判决确认其父子关系的存在。

---

① 我国台湾地区现行“民法”第 1063 条第 2 款后段。
② 《韩国民法典》第 849 条。
③ 我国台湾地区现行“民事诉讼法”第 592 条、第 576 条。

认领权的构成要件是：第一，须为非婚生子女的生父本人认领。不具有生父身份的人不得认领。其认领，亦须生父本人认领，其法定代理人不得为之。生父认领非婚生子女，须在其生存期间为之，生父死亡后，他人不得认领。认领权归于生父，非婚生子女或其母可请求认领，但最终认领应由生父同意或经法院裁判。第二，须为非婚生子女被认领。婚生子女及已经自己认领的非婚生子女，不得再为认领。已经他人认领的，非经判决确认其父子关系不存在，也不得为认领。他人被推定为婚生子女，非经否认之诉经法院判决后，不得为认领。[①] 对胎儿、已死亡之非婚生子女、乱伦子女，是否可以认领，各国规定不同，有肯定说和否定说的主张。以保护非婚生子女的合法权益考虑，对上述被认领之人均采肯定说，认其可以被认领为宜。第三，须认领人与被认领人间有事实上父子关系的存在。无父子关系不得为认领行为。该父子关系，应为客观上能够证明属实的事实，仅有认领人与非婚生子女之母同居的事实并不能作为足证。经认领人及被认领人之母共同确认，或经亲子鉴定属实，均可认此父子关系。生理特征、种族特征，对于确认父子关系有重要作用，但须配以其他证据证明属实者，方可认之。以上事实证明，对已受他人婚生子女推定者，非经婚生子女否认之诉的判决确定，认领人不得认领。

（2）强制认领，也叫作亲之寻认，是指应被认领人对于应认领而不为认领的生父，向法院请求确定生父关系存在的行为。强制认领适用于生父逃避认领责任，而母及子女要求认领的场合，以国家进行干预，体现了国家的强制力。父不为任意认领时，非婚生子女及其他法定代理人得据事实，诉请其父认领。

强制认领的事实，以与生父有父子关系的事实证据证明为已足。具体事实包括：一是受胎期间生父与生母有同居事实的；二是由生父所作的文书可证明其为生父的；三是生母为生父强奸、奸污、诱奸所生子女的；四是生母因生父滥用权势奸污的；五是有其他证据证明认领人与要求认领人为亲子关系的。

要求认领人提出认领主张后，被告应举出反证证明认领请求不存在事实上的依据，否则即可确认强制认领。

非婚生子女一经认领，即视为婚生子女，产生父亲与子女间的权利义务关系，无论任意认领或强制认领，均与婚生子女相同。经父认领的非婚生子女对于生父之配偶，母之非婚生子女对于生母的配偶，均为姻亲关系，而无父母子女的血亲关系。

非婚生子女认领的效力溯及至出生之时。但第三人已得的权利，不因此而受

---

① 史尚宽：《亲属法论》，荣泰印书馆1980年版，第502页。

影响。对于认领胎内的非婚生子女的，亦只溯及至出生时发生效力，但对死产者不生效力。对于认领已死亡的非婚生子女的，溯及于死者之生前，使其非婚生子女于生存时与认领者已有亲子关系，从而使认领者与死亡者的直系卑亲属亦有直系血亲关系。

非婚生子女经认领之后，非婚生子女和其他利害关系人可以举出相反的事实否认认领。这种情形一般是父进行认领，而非婚生子女以及生母进行否认。认领的否认有两种：一是基于事实而否认认领，这是非婚生子女和其他利害关系人提出证据证明并非认领之父所亲生，因而主张否认认领；二是纵有事实上父与子女关系的存在，但若认领对于被认领人有害，则被认领人或生母得否认之。①

亲子鉴定就是利用医学、生物学和遗传学的理论和技术，从子代和亲代的形态构造或生理机能方面的相似特点，分析遗传特征判断父母与子女之间是否是亲生关系亲子鉴定的方法如下：

第一，血型测试。血型测试进行亲子鉴定就是通过对血型的检验比对来确认亲子关系。依据19世纪末被确认的孟德尔遗传定律，人们认识到人类的血型是按照遗传基因传给下一代，故一定血型的父母所生子女也具有相应的血型，这为血型鉴定亲子关系奠定了基础。用血型检验来鉴别亲子关系的血型系统主要有：ABO血型系统，MN血型系统，h血型系统，Ss血型系统，hp血型系统。检验的血型系统越多，其准确性就越高。如果血型检验的结果表示无遗传关系，可作出否定亲子关系的结论，但结果存在遗传关系也不能完全确定是亲子关系。

第二，染色体多态性鉴定。20世纪80年代，医学家们又开创了使用染色体多态性鉴定亲子关系的技术，染色体多态性又称异态性，是指正常人群中常见的各种染色体形态的微小变异（如随体增大、重复或缺如，着丝粒区的荧光强度变异等），这种多态是可以遗传的。这项技术就是利用其形态来鉴定亲子关系，这要靠技术人员的主观判断，其准确率也不尽如人意。

第三，DNA鉴定。鉴定亲子关系目前用得最多的是DNA分型鉴定。人的血液、毛发、唾液、口腔细胞及骨头等都可以用于亲子鉴定。一个人有23对（46条）染色体，同一对染色体同一位置上的一对基因称为等位基因，一般一个来自父亲，一个来自母亲。如果检测到某个DNA位点的等位基因，一个与母亲相同，另一个就应与父亲相同，否则就存在疑问了。利用DNA进行亲子鉴定，只要做十几个至几十个DNA位点作检测，如果全部一样，就可以确定亲子关系，如果有3个以上的位点不同，则可排除亲子关系，有一两个位点不同，则应考虑基因突变

① 林秀雄：《婚姻家庭法之研究》，中国政法大学出版社2001年版，第183页。

的可能，加做一些位点的检测进行辨别。DNA亲子鉴定否定亲子关系的准确率几近100%，肯定亲子关系的准确率可达到99.99%。

【案例评注】

嵇某甲与沈某抚养费纠纷上诉案[①]

基本案情

嵇某乙与沈甲是合法夫妻。嵇某乙与嵇某甲在各自婚姻存续期间，于×××××年××月××日生育一子即沈某。沈某要求确认其与嵇某甲之间的亲子关系，并支付其自出生至年满18周岁止的抚养费，遭嵇某甲拒绝。另外，沈某为明确其与嵇某乙、沈甲之间是否存在亲生血缘关系，在浙江大学司法鉴定中心进行DNA亲子鉴定。浙江大学司法鉴定中心出具的鉴定意见为：在排除同卵双生、近亲及外源干扰的前提下，支持嵇某乙与沈某之间存在亲生血缘关系；可以排除沈甲与沈某之间亲生血缘关系的存在。本案争议焦点在于沈某与嵇某甲之间是否存在亲子关系。

法院判决

一审法院认为，嵇某乙在婚姻存续期间怀孕并生育沈某，而沈某提交的司法鉴定意见排除了嵇某乙之夫沈甲与沈某间存在亲生血缘关系，即排除了沈某为嵇某乙与沈甲婚生子女的可能。嵇某甲书面辩称主张其非沈某亲生父亲，对此沈某申请与其进行亲子鉴定，一审法院亦书面通知嵇某甲限期来办理与沈某进行亲子鉴定质证手续，并依法向嵇某甲释明若其没有足以反驳的相反证据提供，又拒绝与沈某做亲子鉴定，将承担相应的法律后果，但嵇某甲仍拒绝配合鉴定。鉴于嵇某甲拒绝做亲子鉴定，且没有足以反驳的其他任何相反证据，根据《最高人民法院关于适用〈中华人民共和国婚姻法〉若干问题的解释（三）》第二条第二款的规定，推定沈某请求确认与嵇某甲存在亲子关系的主张成立。基于双方之间的亲子关系，嵇某甲理应支付沈某至其具有独立生活能力时止的抚养费用。对于抚养费的具体数额，根据当地人均可支配收入、人均消费性支出水平与嵇某甲的负担能力，酌定嵇某甲每月支付沈某生活费人民币1000元，沈某的教育费、医疗费，

---

① 审理法院：一审法院为浙江省湖州市德清县人民法院，案号为（2015）湖德武民初字第259号；二审法院为浙江省湖州市中级人民法院，案号为（2016）浙05民终188号。

由嵇某甲与嵇某乙各半负担。据此，判决：一、确认沈某与嵇某甲之间的亲子关系；二、嵇某甲每月承担非婚生子即沈某生活费人民币1000元。

嵇某甲不服一审判决，提起上诉。二审法院认为，本案的争议焦点是原审判决推定双方存在亲子关系是否恰当。《最高人民法院关于适用〈中华人民共和国婚姻法〉若干问题的解释（三）》第二条第二款规定："当事人一方起诉请求确认亲子关系，并提供必要证据予以证明，另一方没有相反证据又拒绝做亲子鉴定的，人民法院可以推定请求确认亲子关系一方的主张成立。"本案中，沈某向原审法院提交的相关证据有合影照片、手机短信内容、《浙江大学司法鉴定中心亲子鉴定意见书》，而嵇某甲并未向原审法院提交任何证据用于反驳沈某提交的证据，因此原审法院依沈某的申请启动亲子关系司法鉴定程序并无不当，在原审法院释明法律后果的情况下，嵇某甲仍拒绝配合鉴定，因此原审法院推定沈某请求确认与嵇某甲存在亲子关系的主张成立也无不当。综上，原审判决认定事实清楚，适用法律正确，实体处理妥当，应予维持。

专家点评

确认亲子关系存在或不存在对于夫妻和子女均具有重要义务。确认具有亲子关系的，夫妻双方就要履行其对于孩子抚养照顾的法定义务，包括生活费、教育费的支付等。确认不具有亲子关系的，则免除了上述义务。另外，对于孩子来说，知悉自己真实的出身和血缘关系，对于孩子的人格发展具有重要意义，是孩子宪法上的一般人格权的体现。[①] 因此，对亲子关系有异议且有正当理由的，成年子女可以向人民法院提起诉讼，请求确认亲子关系。如果成年子女提供了必要证据证明其与另一方存在或不存在亲子关系，另一方没有相反证据且拒绝做亲子鉴定的，可根据《最高人民法院关于适用〈中华人民共和国婚姻法〉若干问题的解释（三）》第2条第2款"当事人一方起诉请求确认亲子关系，并提供必要证据予以证明，另一方没有相反证据又拒绝做亲子鉴定的，人民法院可以推定请求确认亲子关系一方的主张成立"的规定，推定请求确认亲子关系存在或不存在的一方的主张成立。本案中，嵇某乙与沈甲是夫妻。嵇某乙与嵇某甲在各自婚姻存续期间，生育一子即沈某。沈某对其与沈甲的亲子关系有异议，为明确其与嵇某乙、沈甲之间是否存在亲生血缘关系，沈某在司法鉴定中心进行DNA亲子鉴定，鉴定结果为嵇某乙与沈某之间存在亲生血缘关系，沈甲与沈某之间不存在亲生血缘关系。嵇某甲声称其

① 杨立新主编：《最高人民法院婚姻法司法解释（三）理解与运用》，中国法制出版社2012年版，第129页。

非沈某亲生父亲，但拒绝做亲子鉴定，且没有足以反驳的其他任何相反证据。根据本条以及《最高人民法院关于适用〈中华人民共和国婚姻法〉若干问题的解释（三）》第2条第2款的规定，应当推定沈某与嵇某乙之间存在亲生血缘关系。据此，嵇某甲应当履行其对于沈某的抚养照顾的法定义务，支付抚养费。

第一千零七十四条 有负担能力的祖父母、外祖父母，对于父母已经死亡或者父母无力抚养的未成年孙子女、外孙子女，有抚养的义务。

有负担能力的孙子女、外孙子女，对于子女已经死亡或者子女无力赡养的祖父母、外祖父母，有赡养的义务。

【条文释义】

本条是对祖父母、外祖父母与孙子女、外孙子女相互扶养义务的规定。

祖父母、外祖父母与孙子女、外孙子女相互扶养义务，是亲属权的具体内容。由于祖父母、外祖父母与孙子女、外孙子女之间具有直系血亲关系，其血缘关系较近，因而在相互之间负有扶养义务。孙子女、外孙子女对祖父母、外祖父母负有赡养义务，祖父母、外祖父母对孙子女、外孙子女负有抚养义务。

本条对祖父母、外祖父母与孙子女、外孙子女之间的扶养义务的规定有所克制，只规定有负担能力的祖父母、外祖父母，对于父母已经死亡或者父母无力抚养的未成年孙子女、外孙子女，有抚养的义务。同样，有负担能力的孙子女、外孙子女，对于子女已经死亡或者子女无力赡养的祖父母、外祖父母，有赡养的义务。据此，祖孙之间抚养或赡养关系的形成应当具备以下条件：（1）子女在未成年时父母双亡，或者父母丧失抚养能力；祖父母、外祖父母的子女在成年后死亡或者丧失抚养能力，无法赡养父母的。（2）需要承担抚养、赡养义务的祖父母、外祖父母与孙子女和外孙子女确有承担抚养、赡养义务的能力。如果具有法律意义上的抚养义务人没有一定的抚养能力或负担能力不够，那么可以适当克减，甚至免除其义务。（3）被抚养或赡养人确实有困难需要被抚养或赡养。孙子女、外孙子女尚未成年，没有独立生活能力，祖父母、外祖父母应当承担抚养义务。同样，需要孙子女、外孙子女赡养的祖父母、外祖父母，也应当丧失劳动能力，没有收入来源，生活困难。如果本身就有较多的收入或者财富，那么就无需再确定抚养或者赡养义务了。

【案例评注】

刘某某2与刘某某1等赡养纠纷案[①]

基本案情

刘某某2于1943年11月27日出生，现年73岁，某丈夫于2013年病逝。生有三个儿子，长子刘甲、二儿子刘某某1、三儿子刘某某，大儿子刘甲2013年去世，遗留一个儿子刘乙。刘某某2自丈夫去世后，按原三个兄弟的约定，每月给付刘某某2100元养老金，医疗费用等其他费用三人分摊。由于刘某某1、刘某某均在沧州市居住，刘某某2经常到此居住。现因刘某某2年老多病，已不能自我照顾，需要有人照看和陪伴。另外刘某某2常年吃药，长期需要医疗费用，且随时都可能需要住院治疗。刘某某2认为，刘某某1和刘某某等应当为其每月支付赡养费用376元。本案的焦点是：刘某某的孙子刘乙是否应为赡养义务人。

法院判决

一审法院认为，尊老爱幼是中华民族的美德，赡养老人是每一个子女应尽的义务和责任。刘某某2现年龄已大，体弱多病，需要其子女的关怀和照顾。除二被告外，根据《中华人民共和国婚姻法》第二十八条的规定，有负担能力的祖父母、外祖父母，对父母已死亡或父母无力抚养的未成年的孙子女、外孙子女，有抚养的义务；有负担能力的孙子女、外孙子女，对于子女已经死亡或者子女无力赡养的祖父母、外祖父母，有赡养的义务。刘某某2大儿子刘甲虽已死亡，但其儿子刘乙也对原告有赡养义务。原定每人每月给付原告100元的赡养费过低，应按2015年度河北省农村居民人均年生活消费支出9023元÷12个月÷3人赡养，即每月每人支付原告生活费251元，以后原告的医疗费和其他生活必须费用也应按此比例分担。判决：一、被告刘某某1、刘某某每月给付原告刘某某2赡养费251元；二、原告刘某某2今后医疗费和生活必需费用由被告刘某某1、刘某某、刘乙各承担三分之一。

刘某某2不服一审判决，提起上诉。二审法院认为，《中华人民共和国婚姻法》第二十八条规定，有负担能力的祖父母、外祖父母，对父母已死亡或父母无

---

① 审理法院：一审法院为河北省沧州市运河区人民法院，案号为（2016）冀0903民初1160号；二审法院为河北省沧州市中级人民法院，案号为（2017）冀09民终856号。

力抚养的未成年的孙子女、外孙子女，有抚养的义务；有负担能力的孙子女、外孙子女，对于子女已经死亡或者子女无力赡养的祖父母、外祖父母，有赡养的义务。本案中，上诉人刘某某2生有三个儿子，其大儿子刘甲已经死亡，但其尚有另外两个儿子，且被上诉人刘某某、刘某某1并未提交证据证实其无力赡养老人，一审判决认定刘甲的儿子刘乙为赡养义务人，无事实和法律依据，应予纠正。

专家点评

祖父母、外祖父母与孙子女、外孙子女是隔代的直系血亲关系，隔代的直系血亲关系只有在满足法定条件的情况下，相互之间才具有抚养或赡养的义务。需要抚养的未成年子女的父母已经死亡或者父母无力抚养时，有负担能力的祖父母、外祖父母才应当承担抚养未成年孙子女、外孙子女的义务。如果未成年子女的父母在世或者有抚养能力，祖父母、外祖父母没有抚养孙子女、外孙子女的义务；如果祖父母、外祖父母没有负担能力时，他们也没有抚养孙子女、外孙子女的义务。同样，需要赡养的祖父母、外祖父母的子女死亡或无力赡养时，有负担能力的孙子女、外孙子女才有赡养祖父母、外祖父母的义务。如果祖父母、外祖父母的子女在世或有赡养能力时，孙子女、外孙子女没有赡养祖父母、外祖父母的义务；如果孙子女、外孙子女没有负担能力，孙子女、外孙子女也没有赡养祖父母、外祖父母的义务。本案中，刘某某2有三个儿子，其大儿子刘甲已经死亡，但尚有另外两个儿子刘某某和刘某某1，且刘某某、刘某某1并未提交证据证实其无力赡养老人。因此，有赡养能力的刘某某2的子女刘某某、刘某某1健在，且有赡养李某某2的能力，孙子女刘乙就没有赡养刘某某2的义务，无需支付赡养费。

第一千零七十五条　有负担能力的兄、姐，对于父母已经死亡或者父母无力抚养的未成年弟、妹，有扶养的义务。

由兄、姐扶养长大的有负担能力的弟、妹，对于缺乏劳动能力又缺乏生活来源的兄、姐，有扶养的义务。

【条文释义】

本条是对兄弟姐妹相互之间扶养义务的规定。

兄弟姐妹是血缘关系最近的旁系血亲，相互之间负有扶养义务。在一方需要扶养时，他方应当尽到扶养义务。有负担能力的兄、姐，对于父母已经死亡或者父母无力抚养的未成年弟、妹，有扶养的义务。这里所指的兄弟姐妹包括同胞兄弟姐妹、同父异母或同母异父的兄弟姐妹、养兄弟姐妹和继兄弟姐妹。

兄、姐要承担抚养义务应满足以下条件：首先：必须是父母已经死亡或者父母根本无力履行抚养义务；其次，则是受要求的兄、姐必须有抚养的能力，因为如果兄、姐没有抚养能力，法律强制规定其抚养弟、妹的义务，则兄、姐根本无法完成这一义务，同时法律强制规定这一义务，也会使兄、姐的正常生活被破坏，所以有抚养能力是履行抚养义务的前提；最后，就是弟、妹必须尚未成年，如果弟、妹已经成年，具备了独立生活的能力，那么兄、姐自然就不必承担抚养义务了。

弟、妹承担扶养义务应满足以下条件：第一，兄、姐要求弟、妹扶养，弟、妹应当是由兄、姐抚养成人的。即在弟、妹未成年时，父母已经死亡或父母无抚养能力，兄、姐对弟、妹的成长尽了抚养义务。按照权利义务对等原则，弟、妹应承担兄、姐的扶养责任。第二，兄、姐应当缺乏劳动能力又缺乏生活来源。如果兄、姐虽缺乏劳动能力但并不缺少经济来源，如受到他人经济上的捐助或自己有可供生活的积蓄的，则不产生弟、妹的扶养义务。同时，如果兄、姐虽缺少生活来源，但有劳动能力，兄、姐可通过自己的劳动换取生活来源，在此情况下，弟、妹亦无扶养兄、姐的义务。第三，弟、妹有负担能力。若无负担能力则不负扶养义务。

本条规定的兄弟姐妹之间的扶养义务也比较克制，只规定有负担能力的兄、姐，对于父母已经死亡或者父母无力抚养的未成年弟、妹，有扶养义务。由兄、姐扶养长大的有负担能力的弟、妹，对于缺乏劳动能力又缺乏生活来源的兄、姐，有扶养义务。然而，这样的规定是有缺陷的，如兄、姐对弟、妹的扶养义务，需要有负担能力作为条件吗？即使负担能力不够或者没有负担能力，兄和姐也应当承担扶养义务。弟和妹对兄和姐的扶养义务，难道须以兄、姐扶养长大为前提条件吗？显然不是。因而应当确定，兄弟姐妹之间负有扶养义务，只是要根据自己的负担能力确定尽到不同程度的扶养义务而已。

此外，有负担能力的兄姐，对于父母已经死亡或父母无力抚养的弟妹有抚养的义务，因而兄弟姐妹间有相互继承的权利。民法典继承编第 1127 条规定兄弟姐妹为第二顺序继承人，第 5 款明确规定："本编所称兄弟姐妹，包括同父母的兄弟姐妹、同父异母或者同母异父的兄弟姐妹、养兄弟姐妹、有扶养关系的继兄弟姐妹。"兄弟姐妹的范围界定为：同父母的兄弟姐妹、同父异母或者同母异父的兄弟姐妹、养兄弟姐妹、有扶养关系的继兄弟姐妹。至于堂兄弟姐妹和表兄弟姐妹，不属于继承法兄弟姐妹的范畴，相互间不享有继承权。

【案例评注】

赵某某与赵某某1赡养纠纷案①

基本案情

一对夫妻共生育三子一女，分别为长子赵某某、次子赵某某1、三子赵甲、长女赵乙，赵某某、赵某某1的父母去世后，赵某某对弟妹进行了扶养。另外，赵某某有两个成年儿子。本案的焦点是：赵某某1对赵某某是否具有扶养义务。

法院判决

一审法院认为，赵某某、赵某某1为兄弟关系，赵某某要求赵某某1给付赡养费，根据法律规定该案案由应为扶养纠纷。根据《中华人民共和国老年人权益保障法》第二十三条第二款的规定，由兄、姐扶养的弟妹成年后，有负担能力的，对年老无赡养人的兄、姐有扶养的义务。赵某某有两个成年儿子不属于无赡养人的情况，故赵某某的诉求不符合法律规定。

赵某某不服一审判决，提起上诉。二审法院认为，《中华人民共和国婚姻法》第二十九条规定，有负担能力的兄、姐，对于父母已经死亡或父母无力抚养的未成年的弟、妹有扶养的义务。由兄、姐扶养长大的有负担能力的弟、妹对于缺乏劳动能力又缺乏生活来源的兄、姐，有扶养的义务。该条规定适用的条件是兄、姐缺乏劳动能力又缺乏生活来源，且兄、姐没有第一顺位的扶养义务人，或第一顺位的扶养义务人没有扶养能力。本案中，赵某某有两个成年儿子，赵某某没有提交证据证实其自身没有劳动能力又缺乏生活来源，也没有提交证据证实他的两个儿子没有赡养他的能力。《中华人民共和国婚姻法》第二十一条第一款规定，父母对子女有抚养教育的义务；子女对父母有赡养扶助的义务。如上诉人赵某某没有生活来源，应由其两个儿子对其承担赡养扶助义务。综上，赵某某1无需承担扶养赵某某的义务。

专家点评

有负担能力的兄、姐，对于父母已经死亡或者父母无力抚养的未成年弟、

---

① 审理法院：一审法院为河北省泊头市人民法院，案号为（2017）冀0981民初873号；二审法院为河北省沧州市中级人民法院，案号为（2017）冀09民终4704号。

妹，有扶养的义务。兄、姐对弟、妹承担扶养义务应当具备以下条件：首先，需要扶养的未成年弟、妹的父母死亡或者没有能力抚养。其次，兄、姐有能力扶养弟、妹，如果兄、姐没有能力扶养弟、妹，则无需承担扶养弟、妹的义务。同理，由兄、姐扶养长大的有负担能力的弟、妹，对于缺乏劳动能力又缺乏生活来源的兄、姐，有扶养的义务。弟、妹扶养兄、姐也应当满足以下条件：首先，弟、妹是由兄、姐扶养长大的，如果不是兄、姐扶养长大的，弟、妹没有扶养兄、姐的法定义务。再次，需要扶养兄、姐的弟、妹有扶养能力。最后，需要弟、妹扶养的兄、姐缺乏劳动能力又缺乏生活来源，如果兄、姐有劳动能力，或有扶养义务的配偶，或有子女能够赡养他们的，弟、妹无需承担扶养兄、姐的义务。本案中，赵某某 1 和赵某某的父母死亡后，弟弟赵某某 1 由兄长赵某某扶养长大。赵某某对赵某某 1 的扶养是法定的义务。但是，赵某某 1 没有扶养赵某某的法定义务，因为赵某某有两个儿子，且现无证据证实他的两个儿子没有赡养他的能力，故根据法律规定，赵某某的两个儿子有赡养父亲赵某某的义务，无需由弟弟赵某某 1 承担扶养义务。

第四章　离　　婚

第一千零七十六条　夫妻双方自愿离婚的，应当签订书面离婚协议，并亲自到婚姻登记机关申请离婚登记。

离婚协议应当载明双方自愿离婚的意思表示和对子女抚养、财产以及债务处理等事项协商一致的意见。

【条文释义】

本条规定的是登记离婚需要具备的法定条件。在我国，离婚可分为行政程序离婚和诉讼程序离婚两种形式，本条是对行政程序离婚的规定。

离婚，也称为婚姻解除，是指夫妻双方生存期间依照法律规定解除婚姻关系的身份法律行为，是婚姻终止的一种情况。离婚的意义，在于夫妻双方在其生存期间通过法律行为消灭既存的婚姻关系。离婚的法律特征是：（1）离婚以有效的婚姻关系存在为前提；（2）离婚在夫妻双方生存期间才能进行；（3）离婚须依照法定程序进行；（4）离婚将产生婚姻关系消灭的法律后果。

登记离婚，是行政程序离婚，也叫两愿离婚、协议离婚、自愿离婚，是指婚姻关系因双方当事人的合意，并经过登记程序而解除。登记离婚具有如下特征：（1）登记离婚的基础是合意离婚。如果是片意离婚，不可能经过行政登记程序而发生离婚的法律后果。（2）登记离婚的性质是直接协议离婚。在协议离婚中，分为直接协议离婚和间接协议离婚。直接协议离婚是直接依据当事人的离婚协议，履行必要的程序后，即产生离婚的法律后果。间接协议离婚，是指由协议别居转变为离婚，即夫妻在法律上或者事实上不中断地别居达到一定的期间后，可因双方的共同请求转变为解除婚姻关系，因此间接协议离婚也叫作协议别居离婚。我国法律不承认别居制度，因此属于直接协议离婚。（3）登记离婚也适用于片意离婚但经过调解达成离婚协议的离婚。协议离婚是两愿离婚、合意离婚，对于一方坚持离婚的片意离婚，经过调解，双方达成了离婚合意的，就转化为协议离婚，也适用于登记离婚。(4) 登记离婚须进行行政登记方发生法律效力。协议离婚必须经过法律规定的行政登记程序，即通过婚姻登记机关的确认。只有经过婚姻登记机关登记，发给离婚证的，才能发生解除婚姻关系的效力。

登记离婚的条件是登记离婚的实质性要件，这些条件是：(1) 登记离婚的男女双方必须具有合法的夫妻身份。离婚登记的目的是对合法婚姻的解除。(2) 离婚当事人必须是完全民事行为能力人。限制行为能力人、无民事行为能力人享有离婚自由，但由于其具有独特性，这两类人离婚只能通过法院诉讼离婚，而不能通过登记离婚。(3) 双方当事人必须达成真实的、表示一致的离婚合意。(4) 对离婚后子女抚养已经作出适当处理。(5) 对夫妻共同财产作出适当处理。符合上述条件的，双方还应当订立书面离婚协议，亲自到婚姻登记机关申请离婚登记。

离婚协议是婚姻关系当事人表明离婚意愿和具体内容的文书。协议中，应当载明双方自愿离婚的意思表示，以及对子女抚养、财产及债务处理等事项协商一致的意见。

【案例评注】

湛某与长沙市雨花区民政局及第三人曹某撤销婚姻登记案[①]

基本案情

原告湛某与第三人曹某于2009年5月21日登记结婚，婚后育有两个女儿。2013年1月，湛某被诊断为脑梗塞。2016年5月25日，湛某与第三人曹某提交申请离婚登记声明书、离婚协议书、原告与第三人的户口及身份证复印件等材料向被告申请离婚。其中，原告的户口及身份证复印件上载明："本人结婚证已遗失，产生的法律纠纷由本人承担。"长沙市雨花区民政局经过询问等法定程序后，于当日为湛某及第三人曹某办理了离婚登记，并颁发离婚证。2016年6月21日，湛某的父亲委托广东医学院司法鉴定中心对原告在2016年5月办理离婚等手续时有无民事行为能力进行鉴定。2016年7月6日，广东医学院司法鉴定中心作出《司法鉴定意见书》，鉴定意见为：被鉴定人湛某在2016年5月办理离婚等手续时属于限制民事行为能力人。2016年8月16日，雨花区人民法院作出(2016)

① 审理法院：一审法院为湖南省长沙市雨花区人民法院；案号为(2016)湘0111行初191号；二审法院为长沙市中级人民法院；案号为(2017)湘01行终243号。

湘0111民特51号民事判决书，宣告湛某为限制民事行为能力人，并指定其父为原告的监护人。原告诉请判决确认被告行政行为违法，并撤销离婚登记。

法院判决

一审法院认为，申请办理离婚登记的当事人两本结婚证都丢失的，当事人应当书面声明结婚证遗失并提供加盖查档专用章的结婚登记档案复印件。而本案中，原告与第三人均未提交结婚证，只有原告书面声明其结婚证遗失，且未提供加盖查档专用章的结婚登记档案复印件，故涉案离婚登记的申请材料存在缺漏，被告在形式审查上存在瑕疵。另外，虽然被告办理涉案离婚登记上进行了必要的审查，且通过申请人的现场表现所作出的有关民事行为能力的判断亦不违反法律规定，但由于原告在办理离婚登记时客观上为限制民事行为能力人，不能认定离婚系其真实意思的表达，被告作出涉案离婚登记行政行为的事实依据与客观状态不一致，系事实不清、证据不足，应予撤销。然而，由于婚姻关系是一种人身依附性很强的特殊人身关系，登记机关一旦准予离婚登记，无论登记合法与否，离婚双方即具有了正当恋爱及再婚的法定权利，如轻易撤销离婚登记，则可能造成社会关系和伦理道德的紊乱，损害现实的法律秩序和社会公共利益。同时，也使婚姻登记机关与相对人之间的法律关系处于随时变化的不稳定状态中，让公众对婚姻登记机关的行政登记行为产生不信任感。鉴于离婚登记较强的不可逆转性，对原告要求撤销涉案离婚登记的主张，不予支持。判决确认长沙市雨花区民政局于2016年5月25日作出的离婚登记违法。

一审判决后，双方均提起上诉。二审法院认为，申请办理离婚登记的当事人两本结婚证都丢失的，当事人应当书面声明结婚证遗失并提供加盖查档专用章的结婚登记档案复印件。而本案一审时长沙市雨花区民政局提供的申请离婚登记材料中没有结婚证，只有湛某书面声明其结婚证遗失，且未提供加盖查档专用章的结婚登记档案复印件，故涉案离婚登记的申请材料存在缺漏，长沙市雨花区民政局在形式审查上存在瑕疵。同时，虽然长沙市雨花区民政局办理涉案离婚登记上进行了必要的审查，且通过申请人的现场表现所作出的有关民事行为能力的判断亦不违反法律规定，但由于湛某在办理离婚登记时客观上为限制民事行为能力人，不能认定离婚系其真实意思的表达，长沙市雨花区民政局作出涉案离婚登记行政行为的事实依据与客观状态不一致，系事实不清、证据不足。因此，被诉的离婚登记应予撤销，但鉴于离婚登记较强的不可逆转性，不宜直接撤销涉案离婚登记。判决驳回上诉，维持原判。

专家点评

离婚应为双方自愿而真实的意思表示，而湛某在离婚登记时属于限制民事行为能力人，无法确定湛某申请离婚为其真实意思表示，湛某与曹某提交的申请离婚登记材料存在多处明显缺漏。《婚姻登记条例》第12条规定："办理离婚登记的当事人有下列情形之一的，婚姻登记机关不予受理……（二）属于无民事行为能力人或者限制民事行为能力人的……"长沙市雨花区民政局为不符合登记离婚条件的当事人办理了离婚登记，该行政行为不符合法律规定。但是，离婚登记能否与其他行政行为一样撤销，是值得深入思考的。我们建议不宜撤销，因为离婚是终结身份行为，撤销登记会导致一系列无法解决的后果，如双方当事人已经与其他人另行结婚，而其他人是善意的，前一个离婚登记被撤销，意味着后一个婚姻变成重婚了。如何认定后一个婚姻的效力以及保障后一个婚姻中的善意者就是难以解决的问题。所以，不应当将离婚登记与普通的行政行为同样对待，应当赋予离婚登记绝对的公示效力，也就是只要登记离婚了，就不再予以撤销。当然，离婚登记不可撤销，只是身份关系不能恢复，并不影响对当事人造成财产损害的赔偿责任，对于导致错误离婚登记的有过错的当事人或者行政机关应当对无过错的当事人的财产和精神损害承担赔偿责任。

第一千零七十七条 自婚姻登记机关收到离婚登记申请之日起三十日内，任何一方不愿意离婚的，可以向婚姻登记机关撤回离婚登记申请。

前款规定期限届满后三十日内，双方应当亲自到婚姻登记机关申请发给离婚证；未申请的，视为撤回离婚登记申请。

【条文释义】

本条是对离婚冷静期的规定。

离婚案件涉及当事人的财产关系和人身关系，对个人和社会都有深远的影响。近年来离婚率逐年上升，很多人在作出离婚决定时并不十分理智，冲动、草率地离婚，不利于维护家庭稳定，也不利于保护子女利益。近十年来的司法实践表明，很多离婚案件的纠纷存在化解的可能性。

离婚冷静期又称离婚反省期、离婚熟虑期，分为登记离婚冷静期和诉讼离婚冷静期。登记离婚冷静期是指在离婚自由原则下，婚姻双方当事人自愿申请离婚，在婚姻登记机关收到该申请之日起一定期间内，任何一方都可撤回离婚申请、终结登记离婚程序的冷静思考期间。[①] 诉讼离婚冷静期是指当事人向法院起诉离婚后，法院向双方分别送达《离婚冷静期通知书》，要求双方当事人在一定时间内不允许离婚。2018 年《最高人民法院关于进一步深化家事审判方式和工作机制改革的意见（试行）》第 40 条规定，人民法院审理离婚案件，经双方当事人同意，可以设置不超过 3 个月的冷静期。在诉讼离婚冷静期内，人民法院可以根据案件情况开展调解、家事调查、心理疏导等工作。诉讼离婚冷静期结束，人民法院应通知双方当事人。

之所以规定登记离婚冷静期，而没有规定诉讼离婚冷静期，主要是因为：第一，离婚进入司法程序，说明双方已经深入思考离婚的问题，冲动离婚的可能性较低，如果再设置冷静期，是对司法资源的浪费；第二，诉讼本身需要一定期限，在诉讼过程中，离婚当事人有一定的时间冷静思考，能够达到冷静期的效果，因而在离婚诉讼中设置冷静期的紧迫性、必要性没有在登记离婚程序中那样迫切；第三，虽然实体法上没有规定诉讼离婚冷静期，但是《最高人民法院关于进一步深化家事审判方式和工作机制改革的意见（试行）》在程序上规定了法院可以根据情况设置离婚冷静期，与实体法上规定诉讼冷静期效果相当。

我国规定的登记离婚冷静期的规则是：（1）双方自愿离婚，到婚姻登记机关申请离婚，符合离婚条件的，暂时不发给离婚证，不马上解除婚姻关系。（2）离婚冷静期是 30 日，自婚姻登记机关收到离婚登记申请之日起 30 日内，任何一方不愿意离婚的，都可以向婚姻登记机关撤回离婚登记申请。（3）在 30 日的冷静期届满后的 30 日内，双方应当亲自到婚姻登记机关申请发给离婚证，婚姻登记机关应当发给离婚证，即解除婚姻关系。（4）在后一个 30 日内，当事人未到婚姻登记机构申请离婚证的，视为撤回离婚登记申请，不发生离婚的后果。

需要注意的是，冷静期内夫妻关系没有解除，所以夫妻之间的权利义务关系并没有发生改变。

---

① 杨立新、蒋晓华：《对民法典婚姻家庭编草案规定离婚冷静期的立法评估》，载《河南社会科学》2019 年第 6 期。

【案例评注】

甯某与钟某离婚纠纷案[①]

基本案情

甯某与钟某于1986年登记结婚，育有一女。近年来，由于钟某养成酗酒与打牌的不良嗜好，双方缺乏交流和沟通，常为生活琐事发生争吵，导致夫妻感情产生裂痕。2011年到2012年，甯某曾两次向四川省彭州市人民法院提起离婚诉讼，经法院调解，两案均由甯某撤诉结案。2018年7月31日，甯某因不满钟某谩骂，再次向彭州市人民法院提起离婚之诉。此时，甯某已53岁，钟某已55岁，二人女儿也即将为人母。

法院调解

人民法院经庭前“问诊”认为：夫妻二人之间仍有感情，不属于死亡婚姻。综合全案情况，根据《最高人民法院关于进一步深化家事审判方式和工作机制改革的意见（试行）》第40条规定，向双方当事人发出个性化订制的《离婚冷静期通知书》，给予双方当事人两个月冷静期。

冷静期通知书以温和婉转的语言告诫离婚对子女带来的伤害，并要求双方“在冷静期内均应保持冷静和理智，并积极与对方沟通，男方要积极改正缺点错误，女方应对男方的转变有所回应。双方要包容和理解对方，避免争吵和猜疑”。冷静期内，法官联合家事调查员多次走访、调解并动员当事人女儿居中调和，最终夫妻关系重归于好。

专家点评

本案是诉讼中离婚冷静期的著名案例。本案中当事人的感情并未完全破裂，法院为当事人设置了两个月的冷静期，可以区分出是理性离婚还是冲动离婚，效果良好。在程序上，由人民法院根据案件实际情况设置冷静期，需要经过双方当事人同意，时间不超过3个月。经过几年的司法实践，证明离婚冷静期的设置能够收到良好的社会效果，民法典婚姻家庭编增加登记离婚的冷静期条

---

① 2018年中国十大影响性诉讼之一，由最高人民法院司法案例研究院会同中国法学会案例法学研究会、南方周末报社、法律出版社·《中国法律评论》在国家法官学院“天天学习室”联合发布。

款，是立法的进步。

第一千零七十八条 婚姻登记机关查明双方确实是自愿离婚，并已经对子女抚养、财产以及债务处理等事项协商一致的，予以登记，发给离婚证。

【条文释义】

本条是对登记离婚程序的规定。

登记离婚的程序是：

1. 申请。当事人申请自愿离婚的，必须双方亲自到一方户口所在地的婚姻登记机关申请离婚登记。申请时应当出具下列证件：（1）本人的户口簿、身份证；（2）本人的结婚证；（3）双方当事人共同签署的离婚协议书。

2. 审查。婚姻登记机关应当对当事人出具的有关材料进行严格审查。审查过程，实际上也是对当事人进行引导、调解和说服教育的过程，使当事人尽可能地进行慎重考虑，挽救那些还有和好可能的夫妻。审查的过程是：第一，对当事人离婚的意愿进行审查。婚姻登记员应当分别询问当事人的离婚意愿以及对离婚协议内容的意愿，进行笔录，笔录当事人阅后签名，主要是审查双方当事人对于离婚是否达成一致意见，有无欺诈、胁迫等情况。第二，查验离婚申请材料。最主要的是对离婚登记当事人出具的证件、证明材料进行审查并询问相关情况，审查材料是否有缺失、弄虚作假等违法现象，对子女安排和财产分割是否合理等。当事人应当提供真实情况，不得隐瞒或者欺骗。

3. 登记。婚姻登记机关经过审查后，对当事人确属自愿离婚，并且已经对子女抚养、财产、债务等问题达成一致处理意见的，经过冷静期后，当事人申请离婚证的，应当予以离婚登记，发给离婚证，正式解除双方当事人之间的婚姻关系，其登记的其他事项也同时发生法律效力。

【案例评注】

唐某与乐至县民政局行政确认案①

基本案情

原告唐某与王某于2004年12月24日登记结婚。2011年11月17日，在办理离婚登记的当天，王某因怀孕生产未到登记现场，唐某找了一个相貌相似的人代替王某；被告的婚姻登记处收到原告与王某双方身份证、常住人口登记卡、结婚证、离婚登记申请表、申请离婚登记声明书、原告与王某的照片、离婚协议书后，被告审查案涉离婚登记后形成处理表，该表载明了原告与王某符合离婚条件，准予登记，经办人李某为原告与王某双方制发离婚证。原告在办理离婚登记的当天即收到案涉离婚证。案涉离婚登记上原告名字中的“均”应为“钧”。王某已于2015年7月16日在乐至县以外地方补办案涉离婚登记，并于同年12月30日在乐至县以外地方另行办理结婚登记。

原告的诉讼请求是：（1）确认被告在2011年11月17日为原告与王某办理的离婚登记违法；（2）请求撤销离婚登记。

法院判决

法院认为，一方面，王某在乐至县以外地区申请对案涉离婚登记进行了补办，在一定程度上反映了王某对案涉离婚登记予以认可的态度，且其基于补办的离婚登记与他人另行登记结婚，不论是基于案涉离婚登记的公信力，还是维护婚姻家庭与社会的和谐稳定，均不应撤销案涉离婚登记；另一方面，被告按照《婚姻登记条例》第十一条规定，收集了原告与王某双方的身份证、常住人口登记卡、结婚证、离婚登记申请表、申请离婚登记声明书、原告与王某的照片、离婚协议书，且原告亲自到被告婚姻登记处办理案涉离婚登记，被告对案涉离婚登记在收集材料方面符合规定。原告收到案涉离婚证的时间为2011年11月17日，该时间至原告起诉的2017年7月31日已过5年，超过最长的起诉期限，故法院判决驳回原告的起诉。

---

① 审理法院：四川省乐至县人民法院；案号：（2017）川2022行初6号。

专家点评

因此类案例较少，本案中原告起诉时已经超过行政诉讼时效，被法院驳回。但除去行政诉讼时效之外，案件的其他争点还是值得讨论的。

本案涉及几个重要问题：

第一，离婚登记可否撤销。我们认为，本案中的离婚登记不可撤销，理由如下：首先，尽管双方离婚的动机不纯，但离婚的意思表示是真实的；其次，法律只能规范人的行为，不能对人的动机和思想进行审判；最后，离婚登记有公示效力，撤销离婚登记不仅改变当事人之间的身份、财产关系，也会影响其他人的身份、财产关系。因此，不能撤销离婚登记。

第二，婚姻登记机关的审查是实质审查还是形式审查。我们认为，不能要求婚姻登记机关进行实质审查，原因如下：一是办理离婚登记的人数众多，婚姻登记机关无法满足实质审查需要的大量的人力；二是很多信息涉及个人隐私，不方便审查；三是婚姻登记机关不具备实质审查的专业能力。因此，婚姻登记机关对协议离婚的材料的审查应当是形式审查，即对当事人年龄、相貌进行观察，对离婚登记需要的材料进行必要的审查。本案中王某未到现场，但从证人证言可见，有一个长相相似的人代替王某在现场办理了离婚手续，婚姻登记机关无法准确识别。因此，婚姻登记机关所做的离婚登记行为并没有违法。离婚证上错将当事人名字的“钧”写成“均”，根据《民政部关于贯彻执行〈婚姻登记条例〉若干问题的意见》，可以书面说明不一致的原因，婚姻登记机关可根据当事人出具的身份证件补发结婚证、离婚证。

第三，错误离婚登记的法律后果。婚姻无法恢复原状，但不影响责任的承担。如果对双方的财产分割存有异议，可以请求再次分割；有财产和精神损害的，也可以向对方当事人请求赔偿。

第一千零七十九条 夫妻一方要求离婚的，可以由有关组织进行调解或者直接向人民法院提起离婚诉讼。

人民法院审理离婚案件，应当进行调解；如果感情确已破裂，调解无效的，应当准予离婚。

有下列情形之一，调解无效的，应当准予离婚：

（一）重婚或者与他人同居；

（二）实施家庭暴力或者虐待、遗弃家庭成员；

（三）有赌博、吸毒等恶习屡教不改；

（四）因感情不和分居满二年；

（五）其他导致夫妻感情破裂的情形。

一方被宣告失踪，另一方提起离婚诉讼的，应当准予离婚。

经人民法院判决不准离婚后，双方又分居满一年，一方再次提起离婚诉讼的，应当准予离婚。

【条文释义】

本条是对诉讼离婚的程序和离婚判决标准的规定。

诉讼离婚，也叫裁判离婚，是指夫妻一方当事人基于法定离婚原因，向人民法院提起离婚诉讼，人民法院依法通过调解或判决而解除当事人之间的婚姻关系的离婚方式。诉讼离婚的特点是：（1）诉讼离婚是对真正有争议的离婚事件进行裁判。尽管对于双方达成协议的合意离婚也可以诉讼离婚，但是，真正的诉讼离婚程序是为了解决一方坚持离婚，而另一方不同意离婚的纠纷而设置的。（2）诉讼离婚是典型的合并之诉。离婚诉讼绝不仅仅是对离婚进行审理，还要对由于离婚而引起的其他法律后果进行审理，如子女抚养、财产分割、经济扶助、子女探望，甚至还有离婚损害赔偿问题等。这些都合并在一起进行审理。（3）诉讼离婚实行调解先置程序。法官在审理离婚案件时，必须依照职权进行调解，在审理中，也更多地实行职权主义，这样才能够适应离婚诉讼的特殊性。

诉讼离婚的适用范围包括：（1）夫妻一方要求离婚，另一方不同意离婚的；（2）夫妻双方都愿意离婚但在子女抚养、财产分割等离婚后果问题上不能达成协议的；（3）夫妻双方都愿意离婚，并对子女抚养、财产分割等离婚后果达成协议，但未依法办理结婚登记手续而以夫妻名义共同生活且为法律所承认的事实婚姻，请求解除事实婚姻关系的。

诉讼离婚的程序适用《民事诉讼法》和民法典婚姻家庭编的规定。分为三个阶段：

第一阶段：起诉和答辩。当事人起诉离婚案件，应当由原告向人民法院提出。离婚案件的管辖，应当由被告住所地人民法院管辖，被告住所地与经常居住地不一致的，由经常居住地人民法院管辖。具体的管辖问题，《最高人民法院关于适用〈中华人民共和国民事诉讼法〉的解释》第 11 条至第 17 条作了规定，主要内容是：（1）双方当事人均为军人或者军队单位的民事案件由军事法院管辖。

(2) 夫妻一方离开住所地超过1年，另一方起诉离婚的案件，可以由原告住所地人民法院管辖。夫妻双方离开住所地超过1年，一方起诉离婚的案件，由被告经常居住地人民法院管辖；没有经常居住地的，由原告起诉时被告居住地人民法院管辖。(3) 在国内结婚并定居国外的华侨，如定居国法院以离婚诉讼须由婚姻缔结地法院管辖为由不予受理，当事人向人民法院提出离婚诉讼的，由婚姻缔结地或者一方在国内的最后居住地人民法院管辖。(4) 在国外结婚并定居国外的华侨，如定居国法院以离婚诉讼须由国籍所属国法院管辖为由不予受理，当事人向人民法院提出离婚诉讼的，由一方原住所地或者在国内的最后居住地人民法院管辖。(5) 中国公民一方居住在国外，一方居住在国内，不论哪一方向人民法院提起离婚诉讼，国内一方住所地人民法院都有权管辖。国外一方在居住国法院起诉，国内一方向人民法院起诉的，受诉人民法院有权管辖。(6) 中国公民双方在国外但未定居，一方向人民法院起诉离婚的，应由原告或者被告原住所地人民法院管辖。(7) 已经离婚的中国公民，双方均定居国外，仅就国内财产分割提起诉讼的，由主要财产所在地人民法院管辖。

第二阶段：调解。民法典第1079条第1款和第2款规定了离婚调解制度。离婚调解，是指婚姻当事人另一方不同意离婚的情况下，对离婚纠纷的调解。我国的离婚调解分为诉讼外的调解和诉讼中的调解。前者是有关部门对离婚纠纷的调解；后者为人民法院对离婚诉讼的调解，离婚调解是审理离婚案件的必经程序。按照这一规定要求，离婚案件未经调解，法院不能直接作出离婚判决。

调解解决离婚案件也是诉讼离婚。因为在诉讼中进行调解，是人民法院行使审判权的重要方式，调解书确认的条款具有与判决书同样的法律效力。因此，法院调解与诉讼外的调解具有本质上的不同。

法院应当通过调解，充分听取双方当事人的意见，了解当事人离婚的原因、双方分歧的焦点以及有无和好的可能，进而根据纠纷的具体情况，做好当事人的思想工作，以平息纠纷，妥善处理。经过调解，如果当事人同意和好，由原告撤诉或者将和好协议记录在案，即可终止离婚诉讼。如果达成离婚协议，法院则按照调解协议制作调解书，送达当事人，双方当事人签收后，即发生法律效力，婚姻关系即告解除。如果调解无效，法院则应当做裁判的工作。

第三阶段：判决。对于调解无效的离婚案件，人民法院应当依法判决。在这个问题上，司法实践存在的问题是，过去较长的时间里过于强调调解，致使案件久拖不决，使大量的案件积压。强调司法改革以来，又存在过于强调依法判决而忽视调解程序，不注意做好当事人的思想工作的现象，使调解成了走过场，使本来坚持做好调解工作就可以不离婚的案件，判决离婚之后又很快出现反复。这两种情况都是不合适的，应当避免。

调解不成需要判决的离婚案件，处理的规则是：（1）坚持查明事实，以查明的事实为根据进行判决。确定判决离婚的条件以感情确已破裂为标准。（2）对于符合夫妻感情确已破裂，符合法律规定的准予离婚的条件的，应当判决离婚，并对子女抚养、财产分割等一并作出判决。（3）对于感情尚未真正破裂，不符合法律规定准予离婚条件的，应当判决不准离婚。（4）无论是判决准予离婚还是不准离婚的，当事人都可以在一审判决书送达之日起15天内提起上诉。如果在上诉期内没有上诉的，一审判决发生法律效力。（5）当事人上诉引起二审程序的，二审人民法院仍然可以进行调解，调解无效的，依法作出准予离婚或者不准离婚的判决，二审判决一经作出即发生法律效力。

离婚法定事由分为基本事由和具体事由。判决离婚的基本事由是夫妻感情确已破裂，其含义是：夫妻之间感情已不复存在，已经不能期待夫妻双方有和好的可能。

夫妻感情属于主观的心理范畴，但是任何主观心理的意识总是会在人的行为中表现出来，因而可以依据行为人的客观表现推断其主观心理。确定夫妻感情确已破裂的客观表现的标准是：第一，从主观标准观察，就是夫妻共同生活不复存在，而且不能期待恢复共同生活。最高人民法院在《关于人民法院审理离婚案件如何认定夫妻感情确已破裂的若干具体意见》中指出："判断夫妻感情是否确已破裂，应当从婚姻基础、婚后感情、离婚原因、夫妻关系的现状和有无和好的可能等方面综合分析。"这五个方面较为完整地反映了一个婚姻关系的具体情况，可以据此确定双方当事人的夫妻共同生活是否不复存在、是否不能期待恢复共同生活。第二，从客观标准观察，就是调解无效。本法第1079条将"调解无效"作为准予离婚的条件之一，并不是任意的、可有可无的，而是必要的。离婚调解应当认真进行，真正做好思想工作，使当事人能够正视离婚的现实影响和不利结果，尽可能做好和好工作，而不是敷衍了事。经过这些工作之后仍然无法使当事人放弃离婚的要求的，才能认定为调解无效。在实践中，将这两个标准结合在一起，就可以判断一个婚姻关系是否为夫妻感情确已破裂。

离婚的具体事由是：

1. 重婚或有配偶者与他人同居的。（1）重婚是指有配偶者与他人结婚的行为，包括有配偶者与他人进行结婚登记，以及有配偶者与他人以夫妻名义共同生活的事实重婚。一夫一妻是我国亲属法的基本原则，违反一夫一妻原则而重婚，不仅是一般的违法行为，而且构成犯罪，构成配偶的重大过错，应当受到谴责。如果对方提出离婚请求，则构成判决离婚的法定理由，应判决离婚。如果重婚方提出离婚的，应审查婚姻关系是否确已破裂，对确已破裂的，判决离婚。重婚方构成重婚罪的，依法追究刑事责任。(2) 有配偶者与他人同居，是指有配偶者与婚外异性不以夫妻名义，持续、稳定地共同居住。配偶间互负忠实义务。忠实义务是指配偶的专一性生活义务，也称不为婚外性生活的义务。配偶在婚姻之外发生性行为，与其他异性同居，构成对忠实义务的违反。因此，有配偶者与他人同居，是离婚的法定事由，对方起诉离婚的，法院应当判决准予离婚。在过错方请求离婚的情形，不应把处理其错误行为与是否判决离婚等同起来，一方坚决离婚时，如果确无和好可能，无论对方配偶是否同意，均视为婚姻关系无可挽回的破裂，可以判决离婚。

2. 实施家庭暴力或虐待、遗弃家庭成员的，是指行为人以殴打、捆绑、残害、强行限制人身自由以及其他手段，给对方配偶以及家庭成员的身体、精神等方面造成损害后果的行为。在婚姻家庭领域，必须贯彻宪法规定的维护人格尊严，确保人身安全的基本人权，禁止实施家庭暴力，禁止对家庭成员进行虐待或者遗弃。因此，本法规定实施家庭暴力，或者虐待、遗弃家庭成员的，是法定离婚事由。(1) 家庭暴力是发生在家庭生活中的暴力，不仅包括单纯的身体上的殴打，还包括心理上和情感上的妨害和困扰，如纠缠不休、打骚扰电话和恐吓。[①] (2) 虐待是指经常以打骂、冻饿、禁闭、有病不予治疗、强迫过度劳动、限制人身自由、凌辱人格等方法，对共同生活的家庭成员进行肉体上、精神上的摧残和折磨的行为。[②] 按照司法解释的规定，持续性、经常性的家庭暴力，构成虐待。(3) 遗弃是指负有扶养义务的家庭成员而拒不履行扶养义务的行为。

3. 有赌博、吸毒等恶习屡教不改的。一方有恶习，几乎是各国亲属法都规定了的离婚法定事由。一方有恶习作为离婚法定事由，我国具体规定为赌博、吸毒等恶习屡教不改。构成这一离婚法定事由须满足两个条件：一是配偶一方确有赌博、吸毒等恶习，经教育、劝说屡不改正；二是配偶一方因恶习不履行婚姻义务，夫妻难以共同生活。如果配偶一方仅仅是曾经参与赌博，或者情节轻微，可以改过，不能认为就是"恶习"。达到恶习的程度，应当具有屡教不改的情节。另外，赌博、吸毒仅仅是一般的例示性的规定，其他恶习诸如酗酒、嫖娼、卖淫、淫乱、好逸恶劳等，屡教不改的，也可以作为离婚的事由。

4. 因感情不和分居满 2 年的，分居是指配偶双方拒绝在一起共同生活，互不履行夫妻义务的行为，在主观上，配偶确有分居的愿望，拒绝在一起共同生活；

---

① [美] 凯特·斯丹德利：《家庭法》，屈广清译，中国政法大学出版社 2004 年版，第 101 页。

② 参见《中华法学大辞典》，中国检察出版社 2003 年版，第 503 页。

在客观上，配偶的夫妻共同生活完全废止，分开生活。按照法律规定，这种状态已满 2 年的，构成离婚法定事由。

5. 其他导致夫妻感情破裂的情形。法律难以穷尽所有可据以认定夫妻感情确已破裂的理由，故作此弹性规定。其他原因，无论主观原因还是客观原因，是否构成离婚法定事由，其判断标准是该原因是否直接引起了夫妻感情破裂，且经调解后仍无法挽回。符合这一要求的，构成离婚的法定理由，人民法院应据此判决离婚；否则不能作为判决离婚的法定理由。例如，一方被判处长期徒刑，或其违法犯罪行为严重伤害夫妻感情的，如犯强奸罪、奸淫幼女罪等，应视为夫妻感情确已破裂。对于其他有违法犯罪因素的离婚案件，不能断然作为离婚法定事由，而应认真考察婚姻关系是否确已破裂，只有确属婚姻关系破裂的，才能判决离婚。

另外还有两种可以判决离婚的情形：（1）一方被宣告失踪，另一方提起离婚诉讼的，应当准予离婚。（2）经人民法院判决不准离婚后，又分居满 1 年，一方再次提起离婚诉讼的，应当准予离婚。

【案例评注】

王某与陈某娟离婚纠纷案[①]

基本案情

原告王某与被告陈某娟于 2014 年 1 月 29 日经人介绍相识，双方于 2014 年 2 月 10 日办理结婚登记手续。由于双方相识时间短，了解不够，双方性格不合，结婚登记后不久就没有一起生活了。婚姻存续期间没有生育子女，也没有夫妻共同财产，原告称给付礼金 30000 元给被告，在庭审中没有提供任何证据。在庭审调解过程中，原告同意一次性支付生活帮助费 5000 元给被告。2016 年 2 月 18 日，原告以夫妻感情确已破裂为由诉至该院，诉请法院判决离婚。

法院判决

一审法院认为，原告王某与被告陈某娟结婚时间短，婚后因双方性格不合而没有建立真正的夫妻感情，为此原告要求与被告离婚的诉讼请求，该院予以支

---

① 审理法院：一审法院为广东省化州市人民法院，案号为（2016）粤 0982 民初 221 号；二审法院为广东省茂名市中级人民法院，案号为（2016）粤 09 民终 864 号。

持。原告诉请要求被告返还礼金30000元，未能提供任何证据，被告也予以否认，故该院不予认定。庭审中，原告同意一次性支付生活帮助费5000元给被告，该院予以确认。为此，法院判决准予原告王某与被告陈某娟离婚，原告王某一次性支付生活帮助费5000元给被告陈某娟。

陈某不服一审判决，向二审法院提起上诉。上诉人主张双方当事人感情尚未破裂，请求撤销一审判决。二审法院认为，本案争议的焦点是上诉人陈某娟与被上诉人王某之间的夫妻感情是否确已破裂。上诉人陈某娟与被上诉人王某相识后于短时间内办理结婚登记手续，婚姻基础较为薄弱。婚后双方因性格不合，未能建立深厚的夫妻感情，夫妻间逐渐产生隔阂，造成夫妻感情不和。经原审法院及本院调解，双方仍未能缓解夫妻矛盾，无法调解和好，被上诉人亦缺乏和好意愿并坚决要求离婚。由此可见，双方之间夫妻感情确已破裂，原审法院判决准予上诉人与被上诉人离婚并无不当，本院予以维持。上诉人认为原审法院未就夫妻财产方面进行任何调查，但上诉人未能提供任何证据证明存在夫妻共同财产，依法应承担举证不能的法律后果。综上所述，上诉人陈某娟的上诉理据不足，判决驳回上诉，维持原判。

专家点评

我国立法采用“感情确已破裂”而非“婚姻关系破裂”作为判决离婚的标准。“感情确已破裂”是人的内心感受，他人无法知晓，只能通过外在表征予以判断。判断本案当事人双方“感情确已破裂”的理由有三：一是双方当事人经人介绍，相识十几天就匆匆结婚，在如此短的时间内，双方很难做到完全了解对方并适应有对方的生活，婚姻的感情基础十分不稳固；二是婚后不久即分居，也表明了二者之间缺乏情感沟通；三是一审法院的调解并没有缓和夫妻关系。因此，本案符合“感情确已破裂”的标准，法院的判决是合理的。

第一千零八十条 完成离婚登记，或者离婚判决书、调解书生效，即解除婚姻关系。

【条文释义】

本条是对婚姻关系解除时间的规定。

离婚的法律后果是解除当事人之间现存的婚姻关系。在离婚过程中，确定婚姻关系解除的时间是：

1. 登记离婚，是完成离婚登记，即离婚的请求登记在婚姻登记机关的登记簿上，发生解除婚姻关系的效果。

2. 诉讼离婚，是在法院作出判决书或者调解书，且在判决书或者调解书发生法律效力时，婚姻关系正式解除，双方不再存在配偶关系。判决准予离婚的，当事人可以在一审判决书送达之日起 15 天内提起上诉。如果在上诉期内没有上诉的，一审判决发生法律效力。此时，婚姻关系正式解除。当事人上诉引起二审程序的，二审人民法院仍然可以进行调解，调解无效的，依法作出准予离婚的判决，二审判决一经作出即发生法律效力，双方婚姻关系正式解除。

【案例评注】

王某与陈某甲离婚纠纷案①

基本案情

原告王某、被告陈某甲相识后建立恋爱关系，并于××××年××月××日生育女儿陈某丙。在女儿出生后，双方之间产生矛盾，原告考虑到家庭和睦及女儿成长，双方于××××年××月××日登记结婚。婚后，双方经常争吵，双方感情产生裂痕。2015 年 8 月 30 日，原、被告双方签订《离婚协议书》。

2016 年 3 月 1 日，原告王某将被告陈某甲告上法庭，要求判令：(1) 原、被告解除婚姻关系；(2) 婚生女的抚养权归原告所有，由被告一次性支付抚养费，抚养费以每年 1.5 万元计算至女儿成年之日止，且女儿上学期间的费用由被告一人承担，女儿培训班及医疗费由原、被告双方各自承担一半；(3) 被告支付原告按照 2015 年 8 月 30 日双方签订的《离婚协议书》上约定的“价值为八九万元的汽车的 30% 的首付”计 2.7 万元；(4) 判令被告赔偿原告由于违反夫妻忠诚义务，有第三者造成的精神损害抚慰金 5 万元整。

法院判决

法院认为，原、被告双方系自由恋爱、自主婚姻，婚前生育了女儿陈某丙，婚后双方感情产生裂痕，后双方出具《离婚协议书》，原告起诉离婚后，被告也自愿同意离婚，应认定夫妻感情确已破裂。关于原、被告女儿陈某丙的抚养问题，女儿陈某丙尚年幼，目前与原告共同生活，从有利于孩子的健康成长角度考

---

① 审理法院：浙江省永康市人民法院；案号：(2016) 浙 0784 民初 01520 号。

虑，并结合原告的实际情况，由原告抚养成人为宜。关于子女抚养费问题，根据原、被告双方的负担能力和子女的实际需要，酌定为由被告陈某甲每年支付抚养费1万元。关于原告要求被告支付2.7万元汽车首付款的问题，因离婚协议尚未生效，对于该请求，不予支持。关于原告要求被告支付精神损害抚慰金的问题，因原告未有提供充分证据证明被告与他人同居，对原告的损害赔偿请求不予支持。综上，判决如下：一、准许原告王某与被告陈某甲离婚；二、双方婚生女儿陈某丙由原告王某抚养成人，由被告陈某甲每年支付抚养费1万元直至女儿陈某丙年满十八周岁止，款项限每年8月31日前付清；三、驳回原告王某的其他诉讼请求。

专家点评

离婚协议是要式行为，不能用物权的区分原则来对待身份协议。当事人因离婚就财产分割达成的协议，对双方当事人具有法律约束力。但是，单独的离婚协议无法达到解除婚姻的法律后果，完成离婚登记或者经法院调解、判决，才能解除婚姻关系。如果双方协议离婚未成，一方在离婚诉讼中反悔的，法院应当认定财产分割协议没有生效，并根据实际情况依法对夫妻共同财产进行分割。本案当事人双方在离婚以前签订的离婚协议，尚未生效，不能直接履行。因此，关于原告要求被告支付2.7万元汽车首付款的问题，因离婚协议尚未生效，无法直接履行。原告要求被告支付精神损害抚慰金的问题，因未有充分证据证明被告婚外同居，对原告的损害赔偿请求无法支持。法院判决是合理的。

第一千零八十一条 现役军人的配偶要求离婚，应当征得军人同意，但是军人一方有重大过错的除外。

【条文释义】

本条是对现役军人配偶要求离婚的限制性规定。

本条源自原《婚姻法》第33条的规定。对军婚的特殊保护，是我国婚姻制度的一个特色，它创建于第二次国内革命战争时期，1931年《关于中国工农红军优待条例的决议》规定，“凡红军在服务期间，其妻离婚，必先得本人同意，如未得同意，政府行禁止之”[①]。在后来的抗日战争和解放战争时期，延续了保护军

① 张希坡：《中国婚姻立法史》，人民出版社2004年版，第361～371页。

婚的制度。建国以后，在立法中继续贯彻军婚保护的思想，1950 年《婚姻法》保留了保护军婚的规定，该法第 19 条第 1 款规定，“现役革命军人与家庭有通讯关系的，其配偶提出离婚，须得革命军人的同意”。1980 年《婚姻法》作了修改，去掉了“军人与家庭有通讯关系”的适用前提，规定“现役军人的配偶要求离婚，须得军人同意”。原《婚姻法》增加了“军人有重大过错”，第 33 条规定：“现役军人的配偶要求离婚，须得军人同意，但军人一方有重大过错的除外。”可见，保护军婚的思想和制度源于革命年代，有着深刻的历史原因。

军人是指正在人民解放军和人民武装警察部队服现役，具有军籍的干部和士兵。不包括没有军籍的职工，转业、退伍、退休、离休的军人和已经退役的革命残废军人，以及编入民兵组织或者预备役的军官、士兵和正在服刑的军人。现役军人的配偶，是指与现役军人履行了结婚手续，已经领取结婚证的人。同时，现役军人的配偶要求离婚，是指非军人配偶向现役军人提出离婚的情形。军人之间的离婚诉讼以及军人起诉非军人的离婚诉讼，则不适用本条规定。

当军人一方有重大过错时，法院应当准予离婚。军人一方的重大过错包括：重婚或者与他人同居的，实施家庭暴力或虐待、遗弃家庭成员的，有赌博、吸毒恶习屡教不改的，其他重大过错如强奸妇女、奸淫幼女、嫖娼等违法犯罪行为的。

法院审理这类案件应当遵守的规则是：（1）现役军人的配偶提出离婚诉讼请求的，必须征得军人一方的同意，才可以判决离婚。（2）现役军人不同意离婚的，原则上不能判决准予离婚。（3）现役军人有重大过错，非军人一方请求离婚的，其权利不受限制，法院应当根据是否具有法律规定的离婚理由作出判决。

【案例评注】

张某某与罗某某离婚纠纷案[①]

基本案情

2007 年，原、被告经人介绍认识后确立恋爱关系，2010 年 1 月 12 日，双方自愿在内蒙古自治区阿拉善左旗巴彦浩特镇人民政府登记结婚。被告罗某某为现役军人。婚后双方感情较好。2010 年 11 月 21 日，婚生女罗某涵出生，之后为了

① 审理法院：一审法院为内蒙古自治区阿拉善左旗人民法院，案号为（2014）阿左民一初字第 3 号；二审法院为内蒙古自治区阿拉善盟中级人民法院，案号为（2014）阿民一终字第 122 号。

便于照顾孩子，原、被告搬到被告父母家，与被告父母共同生活。其间，原告与被告母亲在孩子的教育方式等问题上发生矛盾，并经常为此发生争执，以至于影响到双方的关系。2013 年 11 月 25 日，双方因是否给孩子存款而发生争吵，原告回到娘家居住，2013 年 12 月 12 日，原告及家人到被告母亲家将孩子带走，2013 年 12 月 18 日，被告及父母到原告父母家商谈小孩的事情，为此双方发生争执。2013 年 12 月 23 日，原告以夫妻感情破裂为由，请求法院解除婚姻关系，并对孩子抚养、财产分割等问题一并作出裁决。

法院判决

一审法院认为，该案原、被告双方的争议焦点在于人民法院应否准予双方离婚。本案中原、被告经较长时间自由恋爱后成婚，婚姻基础较好，夫妻感情基础牢固，引起双方离婚的主要原因系原告与婆婆之间，因在孩子教育方式、生活习惯方面有差异而产生矛盾，进而影响了原、被告双方的夫妻感情。《中华人民共和国婚姻法》第三十三条规定，现役军人的配偶要求离婚，须得军人同意，但军人一方有重大过错的除外。本案中双方间的矛盾仅属于一般家庭矛盾，作为涉及军人离婚案件，原告主张离婚的请求，亦不符合军人离婚案件中准予离婚的条件。从原、被告婚姻基础、离婚原因、有无和好可能等方面考量，双方感情尚未达到法律规定的确已破裂的条件，故对原告提出的离婚诉讼请求不予支持。

一审原告张某某不服一审判决，提起上诉。二审法院认为，张某某与罗某某经人介绍自由恋爱，自主结婚，婚后婚生女罗某涵出生，由此可见双方感情基础是较好的，现双方虽然因家庭问题产生矛盾，确实对夫妻感情产生影响，但并不是不能化解的矛盾，尚不足以认定双方感情已经破裂。且上诉人无证据证明被上诉人对其有虐待的情形。二审期间，被上诉人作为军人亦坚决不同意离婚，故判决驳回上诉，维持原判。

专家点评

与一般婚姻相比，军婚确实有其特殊性。不论是战争时期还是和平年代，军人都肩负着保卫国家安全的重要使命，无法像普通人一样为家庭正常地付出，对军婚的保护是保持军队稳定的需要。但同时，对于军人配偶来说，这是一种对婚姻自由和性权利的克减。因为军人的职业特性，军人配偶对家庭承担了更多义务，受益的是全体国民，所以在非军人方诉请离婚的案件中，如果军人一方有重大过错，法院要充分考虑非军人一方的合法权益。本案中，张某某辩称罗某某母亲及罗某某本人对她长期言语侮辱及殴打，但无证据证实，不符合本条规定的“军人一方有重大过错”的情形，而且罗某某不同意离婚，法院判决不准予离婚是合理的。

第一千零八十二条　女方在怀孕期间、分娩后一年内或者终止妊娠后六个月内，男方不得提出离婚；但是，女方提出离婚或者人民法院认为确有必要受理男方离婚请求的除外。

【条文释义】

本条是对男方离婚请求权予以限制，也是离婚程序上对妇女特别保护的规定。

限制男方离婚请求权的目的，是保护妇女和子女的合法权益。原因是，在法律规定的女方怀孕、分娩后 1 年内或者终止妊娠 6 个月内，女方在身体上、精神上都有很重的负担，如果在这个时期离婚，会对女方的身体、精神增加过重的负担，对女方本人、对正在孕育的胎儿或者出生后的婴儿，都会造成严重影响。在这个时期禁止男方提出离婚请求是必要的。男方在上述期间提出离婚请求的，人民法院直接判决驳回原告的诉讼请求，而不是判决不准离婚。在上述期间经过之后，男方再提出离婚诉讼请求的，应当依法审理。该期间是法定期间，分为三种：（1）女方怀孕期间。如果起诉时并没有发现女方怀孕，而是在审理中或者审理结束时发现女方怀孕，也适用该规定，驳回原告的诉讼请求；即使在一审判决作出后，在二审期间发现的，也应当撤销原判，驳回原告的诉讼请求。（2）女方在分娩后 1 年内。无论女方分娩的是活着的婴儿还是死胎，均受该期间的限制。（3）女方终止妊娠后 6 个月。在此期间，无论女方出于何种原因终止妊娠的，都不准男方提出离婚诉讼。上述期间是不变期间，不适用诉讼时效中止、中断和延长的规定。

该期间的例外规定是：（1）女方提出离婚的，不受该期间的限制。这是因为女方在该期间提出离婚，自己已经有所思想准备，她认为离婚才能够更好地保护自己和胎儿的利益。对此如果予以限制，反而会对女方和胎儿、婴儿不利。（2）如果法院认为确有必要受理男方的离婚诉讼，则不受该期间的限制。对此，法院应当严格把握“确有必要”的尺度。例如，在此期间双方确实存在不能继续共同生活的重大而紧迫的情况，一方对他方有危及生命、人身安全的可能，女方怀孕是因与他人通奸所致等，均为确有必要。

【案例评注】

隋某与刘某离婚纠纷案①

基本案情

隋某与刘某于2017年年底相识，相处的短短几个月里，都未有深入的了解，两人也没有感情基础，双方对彼此的脾气秉性根本一无所知，相处没几天，刘某提出办理结婚登记，隋某在刘某多次的催促下隐瞒父母，从家中将户口本私自拿出后于2018年1月18日在黑龙江省哈尔滨市道外区民政局与被告办理了婚姻登记。婚后，双方从生活习惯到性格都合不来，矛盾日渐加深恶化。经双方多次协商后达成一致意见，刘某同意跟隋某到民政局办理离婚手续，但前提条件是隋某赠给刘某18万元，隋某无奈便多次筹措18万元，于2018年2月28日从自己名下的账户中提取18万元赠给了刘某，达成了刘某提出离婚的要求。刘某于当日收款后与隋某到民政局办理离婚手续，但由于双方户口显示未婚，这与民政局登记离婚的要求不符，加之已到下班时间，双方当日未能办成手续。次日，刘某便不同意离婚，也不配合隋某到民政局办理离婚手续。双方无共同的存款房产，无共同债权债务，隋某认为双方已无和好可能，故诉至法院，请求法院判决离婚。

法庭上被告刘某提交证据，证明2018年4月12日在哈尔滨市道外区太平人民医院做彩色多普勒超声诊断为宫内妊娠相当于20周左右，法院审理时处于怀孕期间。

法院判决

法院认为，隋某以双方相互了解不深、无感情基础为由请求与刘某离婚，但未提供充分证据予以证明。隋某与刘某虽有矛盾，影响了夫妻感情，但现有证据尚不足以认定夫妻感情确已破裂。况且刘某现处于怀孕期间，依法隋某不得提出离婚。考虑到刘某怀孕的事实，庭审后隋某、刘某至今没有新的意见，希望隋某与刘某能够和睦相处、相互包容，特别是隋某，在刘某怀孕期间要多尽家庭义务。为彰显国家对孕期妇女，特别是胎儿特殊权益的保护，对隋某的离婚请求，依法不予支持。

① 审理法院：黑龙江省哈尔滨市道外区人民法院；案号：（2018）黑0104民初2675号。

专家点评

法院的判决是合理的。根据我国法律规定，一方要求解除婚姻关系的，有权提出离婚诉求，但是为了保护妇女、儿童的利益，法律对男方的离婚诉权在法定期间予以限制。本案中，法院不支持隋某诉求的理由有二：一是现有证据不足以证明夫妻感情破裂，二是女方正处于妊娠期。要注意的是，民法典婚姻家庭编第1082条的规定是一项程序性限制，并非对实体权利的限制。此期间经过后，如果男方仍提起离婚诉讼，法院可依据夫妻感情是否确已破裂进行裁判。

第一千零八十三条　离婚后，男女双方自愿恢复婚姻关系的，应当到婚姻登记机关重新进行结婚登记。

【条文释义】

本条是对复婚登记的规定。

婚姻关系当事人在离婚后，自愿恢复婚姻关系申请复婚的，应当向婚姻登记机关提出申请。双方自愿复婚的条件与结婚条件相同，由结婚登记机关依照有关结婚登记的程序进行登记，重新进行结婚登记后，发给结婚证。对复婚登记是否需要经过冷静期，法律没有规定，一般认为复婚登记不必受到30日冷静期的限制，审查符合复婚条件的，应当当场发给结婚证。

【案例评注】

杨某1等与赵某继承纠纷案[①]

基本案情

杨某1、杨某2、杨某3系同胞姐弟，赵某与其三人曾系继母与继子女关系。××××年，三人的父亲杨甲与赵某结婚（双方均系再婚），婚后未生育子女。1991年12月12日，赵某与杨甲协议离婚并办理登记手续。离婚后不久，双方又共同生活在一起。其间，杨甲与赵某购买了××路××单元××号房屋。杨甲生

① 审理法院：一审法院为贵州省黔东南苗族侗族自治州凯里市人民法院，案号为（2017）黔2601民初2680号；二审法院为贵州省黔东南苗族侗族自治州中级人民法院，案号为（2017）黔26民终1912号。

前获得争议房屋60%的产权。杨甲过世后，剩余40%的产权由赵某进行出资。杨甲去世后，赵某未再婚并一直在该房屋内居住。杨某1与赵某生活了三年。杨某1、杨某2、杨某3与赵某就该房产的归属问题产生纠纷，诉至法院，请求法院判定杨甲拥有100%产权。

法院判决

一审法院认为，赵某与杨甲不构成事实婚姻，不是夫妻关系，应属同居关系。诉争房屋杨甲生前享有60%的产权，赵某享有40%的产权。杨某1、杨某2、杨某3作为杨甲第一顺序的法定继承人，可就杨甲名下房产份额享有继承权。该房屋60%的份额归杨某1、杨某2、杨某3已故父亲杨甲生前所有，现由杨某1、杨某2、杨某3共同继承。该房屋40%的份额归被告赵某所有。

一审后，杨某1、杨某2、杨某3和赵某均不服一审判决，双方上诉至二审法院。杨某1、杨某2、杨某3称上诉人的父亲杨甲与赵某不是同居关系，两人在生活中存在各睡各的床，经济收入各自支配等情况。请求：（1）判决争议房屋归三原告之父杨甲一人所有，其享有100%的产权份额；（2）判决杨甲享有的上述房屋产权份额由三原告继承。

上诉人赵某辩称，与杨甲离婚后，其仍以夫妻名义一起生活，甚至在杨甲去世后至1998年仍然与杨甲的三个子女一起生活。杨甲去世后，赵某一直在本案争议房屋生活至今，杨某1与赵某共同生活了三年。请求法院判决诉争房屋92%的产权份额归上诉人所有，并继承被继承人杨甲享有该诉争房屋产权的相应份额。

二审法院认为，办理复婚登记是离婚后恢复婚姻关系的法定条件，即使上诉人赵某于×年×月×日前又与杨甲共同生活符合结婚实质要件，也因离婚后没有办理复婚登记，而不能认定为事实婚姻关系，只能认定为同居关系。本案争议房屋的60%的产权应当认定为杨甲生前所有，并归其三个子女继承。上诉人杨某1、杨某2、杨某3与上诉人赵某按照各自的份额对本案争议房屋成立按份共有关系，判决：驳回上诉，维持原判。

专家点评

1994年以后，我国民事法律不再承认事实婚姻。因此，离婚后，双方解除了婚姻关系，相应的财产和人身关系也发生了变动。双方具备了结婚的实质要件，也有复婚的意愿，应当到婚姻登记机关进行结婚登记。根据原《婚姻法》第35条的规定，只有经过登记的复婚才能得到法律的承认与保护。本案中，杨甲和赵某离婚后又在一起以夫妻名义生活，但没有经过登记，不具备法律上的夫妻关系，法院认定为同居关系是正确的。因而，赵某不能作为继承人继承争议房产，只能按照当时出资的份额，与继子按份共有该房屋。

第一千零八十四条 父母与子女间的关系，不因父母离婚而消除。离婚后，子女无论由父或者母直接抚养，仍是父母双方的子女。

离婚后，父母对于子女仍有抚养、教育、保护的权利和义务。

离婚后，不满两周岁的子女，以由母亲直接抚养为原则。已满两周岁的子女，父母双方对抚养问题协议不成的，由人民法院根据双方的具体情况，按照最有利于未成年子女的原则判决。子女已满八周岁的，应当尊重其真实意愿。

【条文释义】

本条是对离婚后子女抚养的规定。

离婚的直接法律后果之一，是父母亲权的变更，而不是亲权消灭。亲权内容的部分变更，是直接抚养人由原来的双方变更为单方，监护人也由原来的双方变更为单方。亲权的整体不因离婚而改变，仍然是由父母双方共同享有，只是没有直接抚养未成年子女的一方当事人行使亲权受到一定的限制。

离婚导致夫妻之间婚姻关系的解除，带来的问题是未成年子女无法再继续与父和母共同生活，须解决随哪一方生活的问题。未成年子女随哪一方共同生活，谁是直接抚养人，谁就是亲权人（监护人）。即使如此，父母对未成年子女仍有抚养、教育和保护的义务，享有亲权，不得以不直接抚养而拒绝支付抚养费。

离婚后子女抚养的规则是：

1. 不满 2 周岁的子女，以随哺乳的母亲抚养为原则。哺乳期的长短一般确定为 2 年。子女虽然在哺乳期，但因母方的原因而由父方抚养，需要具备一定的条件。在下列三种情况下，应当由父方抚养：一是母方有久治不愈的传染性疾病或者其他严重疾病，子女不宜与母亲共同生活的，如母亲患肺结核、慢性肝炎等。二是母方有抚养条件却不尽扶养义务，而父方要求子女随其生活的；如果父方没有要求，就应当让母方抚养，因为抚养子女也是母亲的义务。三是因其他原因，子女确实无法随母方生活的，如母亲因职业的原因不能哺乳，母亲出走或其他原因不能哺乳婴儿，必须由父亲抚养的。[①] 如果父母双方协议2周岁以下的子女随父方生活，并对子女健康成长无不利影响的，也可以由父方抚养。

2. 2周岁以上的未成年子女的抚养和优先抚养条件。对2周岁以上的未成年子女的直接抚养，原则是协商解决，发生争议的，人民法院根据最有利于子女的原则和双方的具体情况判决。最高人民法院规定了子女优先抚养权，有优先抚养权的一方优先抚养。[②] 具体规则是：

(1) 2周岁以上的子女应由父母协商由谁抚养，既可以随父方生活，也可以随母方生活。因此，人民法院在处理离婚后的子女抚养问题时，应当先进行调解，尽可能争取协商解决。[③] (2) 2周岁以上的子女由谁抚养协商不成的，由人民法院判决。不管争夺抚养权也好，推诿抚养义务也好，只要协商不成，都要由法院根据子女的权益、有利于子女身心健康成长和双方的具体情况作出判决。(3) 有优先抚养条件的优先抚养。对于2周岁以上的子女的优先抚养条件有两种：一种是绝对的优先抚养条件，即父母本身的优先抚养条件；另一种是相对的优先抚养条件，是将祖父母、外祖父母的条件作为父母的优先抚养条件对待的优先抚养条件。

绝对的优先抚养条件包括：第一，已做绝育手术或因其他原因丧失生育能力，无论是绝育还是丧失生育能力，都是优先抚养条件；第二，子女随其生活时间较长、改变生活环境对子女的健康成长不利，而且要同时具备这两个因素；第三，一方无其他子女而另一方有其他子女，包括亲生子女、继子女、养子女，这些其他子女不论是否与其一起生活，无其他子女的一方都享有优先抚养权；第四，子女随其生活对子女成长有利，而随另一方生活对子女成长不利，其有利条件主要是生活条件、教育条件、居住条件以及父母一方的品行修养、知识层次、身体健康状况等，不利条件诸如患有久治不愈的疾病、有生活恶习劣迹、对子女漠不关心、长期在外工作而不照顾子女等。

相对优先抚养条件发生的前提是，父方与母方抚养子女的条件基本相同，双方都要求子女与自己共同生活。发生的具体条件是：第一，子女单独随祖父母或者外祖父母共同生活多年；第二，祖父母或者外祖父母要求并且有能力帮助子女照顾孙子女外孙子女。同时具备这两个条件，再加上其前提条件的，构成相对优先抚养条件，该方父或母享有优先抚养权。应当注意的是，这个优先抚养条件虽然来自未成年子女的祖父母或者外祖父母，但是优先抚养权不由祖父母或者外祖

---

① 参见王战平主编：《中国婚姻法教程》，人民法院出版社1992年版，第213页。

② 参见《最高人民法院关于人民法院审理离婚案件处理子女抚养问题的若干具体意见》。

③ 参见王战平主编：《中国婚姻法教程》，人民法院出版社1992年版，第213页。

父母享有，仍然由有优先抚养权的一方父或母享有。

3. 8 周岁以上未成年子女的抚养。8 周岁以上的未成年人是限制民事行为能力人，已经具备一定的自主意识和认知能力，他们可以根据自己的认知能力判断究竟是随父还是随母生活对自己更为有利。原则上，法院应当尊重子女的选择；但是，8 周岁以上未成年子女的认知能力终究是有限的，如果其所作的选择对其成长不利，法院也可以作出更有利于其健康成长的判决。

4. 协议轮流抚养。由于当前实行独生子女政策，夫妻只生一个孩子，在离婚的子女抚养中，对于独生子女的抚养出现协议轮流抚养的做法，以分享抚养子女的机会。轮流抚养也存在问题，就是涉及子女户口、入托、上学等一系列问题，处理不好会影响子女的健康成长。司法解释规定，在有利于保护子女利益的前提下，父母双方协议轮流抚养子女的，可予准许。① 确定轮流抚养，必须有协议，并且必须有利于保护子女利益。

这种轮流抚养协议是身份性质的合同，父母双方是当事人。协议的内容应当具备：第一，轮流抚养的方式。应当解决子女的户口落在哪一方，而不能让子女的户口在父母双方之间流动。应当解决子女的入托、学习方式，避免因轮流抚养而影响子女的托育和学习。应当约定轮流抚养的执行、如何接送等。第二，轮流抚养的时间。父母住在同一城市或者同一地区的，轮流抚养时间的长短可以自行约定，长短均可。如果父母异地居住，则时间应当长一些，不宜过短。第三，扶养费用的负担。轮流抚养可以双方约定互不负担抚养费，也可以约定互相负担抚养费，均可自行约定。第四，抚养争议的处理。双方应当严格履行协议，同时约定在出现争议时，采取什么样的方法解决。

关于离婚后子女抚养关系的变更。本条款没有规定抚养关系的变更，但是我国法院在长期司法实践中总结的经验，可以作为参考。抚养关系变更主要有两种形式，一是双方协议变更，二是一方要求变更。处理抚养关系变更的规则是：（1）对于子女抚养关系变更应另案处理。《最高人民法院关于人民法院审理离婚案件处理子女抚养问题的若干具体意见》第 15 条规定，离婚后，一方要求变更子女抚养关系的，应另行起诉。这一规定是针对要求变更子女抚养关系的父母的原离婚案件而言，它不是对原案判决子女抚养关系的改判，而是作为一个新案，由请求变更抚养关系的一方起诉，对方当事人应诉。（2）要求变更子女抚养关系应当具有法定事由。《最高人民法院关于人民法院审理离婚案件处理子女抚养问题的若干具体意见》第 16 条规定了四项具体的法定事由：一是与子女共同生活

① 参见《最高人民法院关于人民法院审理离婚案件处理子女抚养问题的若干具体意见》第 17 条。

的一方因患严重疾病或因伤残无力继续抚养子女的。患有严重疾病，或者伤残，都可能无能力继续抚养子女，患有传染性疾病的，还可能影响子女的健康。二是与子女共同生活的一方不尽抚养义务或有虐待子女行为，或其与子女共同生活对子女身心健康确有不利影响的。这里包括了三项变更子女抚养关系的法定理由：其一，抚养子女的一方不尽抚养义务，另一方要求变更抚养关系，应予支持。其二，抚养子女一方有虐待子女行为，对方要求变更子女抚养关系，应予准许。其三，父母一方与子女共同生活，对子女身心健康确有不利影响的，对方要求变更抚养关系，应予准许。三是 10 周岁（现应为 8 周岁）以上未成年子女，愿随另一方生活，该方又有抚养能力的。对 10 周岁（现应为 8 周岁）以上的未成年子女，要考虑他们自己的意愿。如果他们提出要随另一方生活，而该方又有抚养能力，能够很好地抚养子女的，这两个条件具备，应予变更子女抚养关系。四是有其他正当理由需要变更子女抚养关系的。(3) 准许父母双方协议变更子女抚养关系。协议离婚和判决离婚以后，要求变更子女抚养关系并非完全要向法院起诉，双方当事人达成了变更子女抚养关系的协议，只要没有违法事项和对子女成长不利问题，就应准许其变更子女抚养关系。

关于子女姓氏的变更。夫妻离婚后子女归女方抚养的，女方常常将子女改随后夫姓，或者改随己姓。男方因此拒付抚养费的，应当采取两种办法：第一，父母不得因子女变更姓氏而拒付子女抚养费。姓名是自然人人格的文字标记，尽管姓氏有血缘的因素，但不是绝对的，不因子女变更姓名就改变或者断绝父母子女关系。因子女变更姓氏而拒付子女抚养费，仍然是不尽法定抚养义务的行为，是违反法律规定的。第二，一方擅自将子女姓氏改为继母或继父姓氏而引起纠纷的，应责令恢复原姓氏。父或母离婚后与他人结婚，不得擅自将子女改为继母或继父的姓氏。将子女改为继母姓氏较为罕见，一般是将子女改为继父的姓。一方擅自改换姓氏未经对方同意的，其行为无效，应责令其恢复原姓氏。第三，离婚后，母亲将子女由父姓改为己姓，符合民法典人格权编第 1015 条的规定，应予准许。

关于子女对离异父母的赡养。民法典婚姻家庭编第 1069 条规定："……子女对父母的赡养义务，不因父母的婚姻关系变化而终止。"子女对父母的赡养义务是法定义务，是亲权的法定内容，子女不能因为父母离婚或者再婚而拒绝履行自己的赡养义务。父母离异后，或者父母再婚后，子女拒绝履行赡养义务的，无劳动能力或者生活困难的父母可以提起赡养费给付之诉，请求人民法院对自己的权利予以保护。

【案例评注】

陈某某与陆某离婚纠纷案①

基本案情

陈某某和陆某于2011年9月经人介绍相识，2012年6月1日登记结婚，2013年9月2日生育儿子陆某桐。婚后因双方性格不合，陈某某于2013年6月离家出走，双方分居至今。婚生儿子陆某桐现跟随陆某一起生活。陈某某、陆某于2013年8月21日签订《自愿离婚协议书》，约定双方自愿离婚和孩子出生后由陆某抚养，抚养费由陆某全部负责。

陈某某、陆某在婚姻关系存续期间经营有两间商铺，现由陆某负责经营。陈某某请求分割作为夫妻共同财产的两间商铺的货物，一审法院要求陈某某应在法庭指定的时间内提交评估申请，并告知陈某某逾期应承担不利的后果，但陈某某在原审法院限定的时间内未向法庭提交评估申请书。陆某称与陈某某夫妻关系存续期间有共同债务218000元，主张陈某某应承担一半的债务，陈某某对陆某所称的共同债务均予以否认。陆某称双方婚后购有轿车一辆并主张分割。陈某某称该车系其父亲陈某宏购买给她的，陆某辩称购买该车陈某某只支付40000元，其余款项是由其拿现金给陈某某购买的。该车已在陈某某、陆某双方分居后由陈某某出卖给他人。原审法院于2014年11月12日委托评估公司对该车进行评估作价，认定该车的价格为88000元。

2014年6月3日，陈某某向一审法院提起诉讼，请求判令：(1)陈某某与陆某离婚；(2)婚生儿子陆某桐由陈某某抚养，陆某每月支付抚养费1000元至小孩年满十八周岁；(3)分割夫妻共有财产，即两家商铺；(4)陆某支付陈某某经济补助金200000元。

法院判决

一审法院认为，陈某某、陆某夫妻感情已经破裂，准许离婚。双方协议约定了婚生儿子出生后由陆某抚养，抚养费由陆某自行承担，而且，陆某桐自从出生以来，也一直由陆某抚养至今，如果现在改由陈某某抚养的话，可能会改变孩

---

① 一审法院为广东省揭阳市榕城区人民法院；案号：(2014)揭榕法民一初字第93号；二审法院为广东省揭阳市中级人民法院；案号：(2015)揭中法民一终字第87号。

子的生活环境，对孩子的成长不利。因此，有关孩子的抚养权归属的问题，可按双方在《自愿离婚协议书》的约定执行。至于孩子陆某桐的抚养费承担问题，因陆某表示孩子的抚养费可以由其自行承担，对此予以准许。一审法院作出判决：准许陈某某与陆某离婚；婚生儿子陆某桐由陆某负责抚养，抚养费由陆某自行承担；孩子成年后随父随母由其自择；陈某某返还陆某夫妻共同财产款项44000元。

陈某某不服一审判决，向二审法院提起上诉，请求判决：（1）婚生儿子陆某桐由陈某某抚养，陆某每月承担孩子抚养费1000元直至十八周岁时止；（2）轿车属于陈某某个人财产；（3）陆某支付陈某某经济帮助款200000元。

二审法院认为，陆某桐在原审判决前尚未年满2周岁，依照相关法律的规定，一般应由母亲抚养为宜，但陈某某与陆某已于2013年8月21日签订《自愿离婚协议书》，约定婚生儿子陆某桐由陆某抚养，抚养费由陆某自行负担，而陆某桐出生至今也一直由陆某抚养，如果改变孩子生活环境可能会对孩子健康成长不利，且陆某经济条件明显优于陈某某。因此，综合考虑本案实际，从有利于孩子健康成长出发，陆某桐应由陆某抚养为宜。

专家点评

本案焦点之一是孩子抚养权的归属。民法典婚姻家庭编第1084条第3款规定，不满2周岁的子女，以由母亲直接抚养为原则。但是，该条款的核心目的在于最大限度地保护离婚家庭子女的利益。本案中的陆某桐虽然未满2周岁，但双方当事人已经协议约定孩子的抚养权归属陆某，该协议有效。而且自出生后孩子便与父亲一起生活，且其父陆某的经济条件明显好于其母。因此，一审和二审法院都考虑到由父亲抚养更有利于孩子成长，将抚养权判给陆某是合理的。需要说明的是，离婚的双方当事人协议约定子女抚养权的，并不能消除当事人应负的法定抚养义务。

第一千零八十五条 离婚后，子女由一方直接抚养的，另一方应当负担部分或者全部抚养费。负担费用的多少和期限的长短，由双方协议；协议不成的，由人民法院判决。

前款规定的协议或者判决，不妨碍子女在必要时向父母任何一方提出超过协议或者判决原定数额的合理要求。

【条文释义】

本条是对未成年子女抚养费的规定。

离婚后，父母双方都有抚养子女的法定义务。一方直接抚养未成年子女，另一方应当负担部分或者全部抚养费。在具体适用这一规则的时候，应当遵循《最高人民法院关于人民法院审理离婚案件处理子女抚养问题的若干具体意见》第7条规定的规则。

确定子女抚养费的基本方法，是根据子女的实际需要、父母双方的负担能力以及当地实际生活水平，确定具体的抚育费数额。具体的方法有：（1）有固定收入的，抚养费一般可按其月总收入的20%～30%的比例给付。负担两个以上子女的抚养费的，比例可以适当提高，但是最高不得超过月总收入的50%。月总收入是指一个人一个月所获得的劳动报酬总数，如基本工资、工龄工资、奖金以及其他补贴。完全属于发给职工个人的保健费、卫生费等，不应计算在内。（2）无固定收入的（如农民、个体商业者、摊贩等），抚养费的数额可依据当年收入或同行业平均收入，参照上述比例确定。对于农民，可以按年收入的比例确定，每年支付一次。对于个体工商业者、摊贩等，既可按年收入确定，也可参照同行业平均收入，按比例计算确定月给付数额。（3）有特殊情况的，可适当提高或降低上述比例。例如，有的私营企业老板年收入达数十万元、甚至数百万元，如果也按上述比例给付抚养费，显然不合适，可以适当降低上述比例。对于子女伤、残的，如果按上述比例给付抚养费难以适应子女生活需要的，可以适当提高比例。

子女抚养费的给付可以采用三种方式：（1）定期给付和一次性给付。子女抚养费的一般给付方法是定期金（分期支付）方法。[①] 有固定收入，或虽无固定收入但每月都有相当收入的，应按月定期给付。无固定收入的农民等，可按年给付；某些收入较高的父母，也可以按年支付抚养费。一次性给付，是按月或年应付的抚养费数额，乘以对子女抚养到适当年龄的期限，计算总数，一次给付完毕。（2）以财物折抵。以财物折抵子女抚养费，适用于没有经济收入的一方或下落不明的一方。在这种情况下，按照确定子女抚养费所要给付的数额，用归属无经济收入一方或下落不明一方的财物，以相当的数额，折抵抚养费，交付抚养子女的一方。（3）协议免除。父母双方可以协议免除不抚养子女一方的抚养费给付

---

① 《最高人民法院关于审理人身损害赔偿案件适用法律若干问题的解释》第33条和第34条规定了人身损害赔偿的定期金给付方式。民法典侵权责任编第1187条确定了定期金赔偿制度。这种定期金给付方式与其相同。

义务。协议的内容应当包括子女随该方生活和抚养方自行负担子女全部抚养费两项内容。协议的这两项内容完备，且出于双方的真实意思表示，一般应承认其效力。从有利于保障子女权益的角度出发，如果抚养方的抚养能力明显不能保障子女所需费用，影响子女健康成长的，则不予准许。

子女抚养费的给付期限，由双方当事人协议，协议不成的，由人民法院判决确定。子女抚养费给付的期限一般至子女 18 周岁时止。如果子女满 16 周岁不满 18 周岁，能够以其劳动收入作为主要生活来源，就视为完全民事行为能力人，当他或她能以自己的劳动收入维持当地一般生活水平时，父母也可以停止给付抚养费，让其独立依靠自己的劳动收入维持生活。

在特殊情况下，子女已满 18 周岁，但因特殊原因仍需父母给付抚养费的，即使其已为完全民事行为能力人，仍应按父母的经济负担能力负担必要的生活费：（1）对于丧失劳动能力的子女，父母应当继续负担必要的抚养费。虽未完全丧失劳动能力，但其收入不足以维持生活的，父母也应当继续负担必要的抚养费，数额可与子女的实际需要相适应。（2）对于尚在校就读的子女，父母应当继续负担必要的抚养费。按照我国目前的教育体制，已满 18 周岁的子女，一般在高中三年级或大学一年级就读。尽管有的学生在大学就读期间，可以打工赚取部分生活费，但不能维持其全部生活，父母也应当继续提供费用，期限至其毕业能够参加工作时止。（3）对于确无独立生活能力和条件的子女，也应当继续提供必要的抚养费。如果有独立生活能力和条件，就是不参加劳动赚取生活费用，完全依赖父母生活，对于这样的子女，法律不支持其无理请求，父母不必支付必要的抚养费，而应由其自食其力，独立谋求生活出路。

离婚后继子女、养子女的抚养费，应当视情况而定：（1）继子女的抚养费。生父与继母或生母与继父离婚，对于已经形成抚养关系的继子女，继父或继母既可以给付抚养费，也可以不给付抚养费，原则上由继父或继母自愿决定。继子女与继父如果形成抚养关系，适用民法典婚姻家庭编对父母子女关系的有关规定，形成父母子女的权利义务关系。离婚后，继父或继母愿意继续维持这种关系，当然可以继续提供抚养费。这种父母子女关系是一种特殊的、拟制的血亲关系，是可以解除的，当离婚后，继父或继母不愿意继续保持继父母子女关系，不同意继续给付继子女抚养费的，应予准许。在这种情况下，该子女的抚养应由其生父母负担。（2）养子女的抚养费。养父母与养子女的关系为拟制血亲关系，收养关系一经成立，非经合法解除，不能消灭其父母子女的权利义务关系。对于合法成立的收养关系，养父母离婚后，对养子女无论由谁抚养，不抚养养子女的一方都必须承担给付抚养费的义务。

子女抚育费的变更是指父母双方离婚时已经协议确定或经判决确定给付子女抚育费的数额，子女在必要时向父母任何一方要求增加抚育费。《最高人民法院关于人民法院审理离婚案件处理子女抚养问题的若干具体意见》第 15 条、第 18 条、第 19 条作了较为详细的规定。第 15 条规定：“离婚后，一方要求变更子女抚养关系的，或者子女要求增加抚养费的，应另行起诉。”子女要求增加抚养费，不再是原离婚案件的继续，而作为新案另行向法院起诉，重新进行审理。增加抚养费的诉讼案件，应由子女作原告，由被要求增加抚养费给付的父方或母方作被告。本条规定“应另行起诉”，是针对原离婚案件的判决或协议而言，并非不准许协议解决。

子女抚养费的变更，原则上限于子女提出或根据子女利益需要一方以子女的名义提出，其权利主体只能是子女。即子女可以向已离婚的父母任何一方，请求超过原协议或判决书所定抚养费数额。因为协议或判决书的原定数额是根据当时子女的需要和父母的给付能力及当地生活水平确定的，后来情况发生变化，原定数额很有可能已不足以满足孩子的实际需要。

子女抚养费的变更包括增加、减少或解除应当有法定事由，这些事由包括：(1) 增加抚养费的法定事由。有下列情形之一，可以要求增加子女抚养费：一是原定抚养费数额不足以维持当地实际生活水平；二是因子女患病、上学，实际需要已超过原定数额；三是其他应当增加抚养费的正当理由。在子女具有上述法定理由时，并不是必然增加抚养费，还须“父或母有给付能力的”，方可增加抚养费数额。如果父方或母方没有给付能力，连维持自己的生活都有困难，就难以增加抚养费。(2) 减少或免除子女抚养费的法定事由。有给付义务的一方，符合下列条件之一，可请求减少或免除子女抚养费：有给付义务的一方，丧失劳动能力，失去经济来源，确有困难无力给付，或与子女共同生活的一方确有抚养能力的，有给付义务的一方，因犯罪被收监，确实无力支付抚养费的；与子女共同生活的一方再婚，其再婚配偶愿意负担继子女抚养费的一部或全部的。当然这种减免是有条件的，如果给付一方情况好转，在子女未独立生活前，还应承担子女的抚养费。

另外，父母不得因子女改变姓氏而拒绝支付子女抚养费。因父或母擅自更改子女姓氏引起纠纷的，应责令恢复原姓氏。对拒不履行或妨碍他人履行生效判决、裁定、调解中有关子女抚养义务的当事人或者其他人，人民法院可依照民事诉讼法之规定采取强制措施。

【案例评注】

刘某某与刘某乙抚养费纠纷案[①]

基本案情

唐某某与刘某乙原系夫妻，曾生育一子名刘某某。2011年5月27日，刘某某父母在民政机关登记离婚，协议约定："……（1）儿子刘某某由女方抚养，男方每月支付抚养费（含教育费、医疗费）人民币壹仟伍佰元整，至儿子大学毕业止……2015年9月1日起，刘某某抚养费视市场物价再作上浮调整……（2）房屋：夫妻共同所有的A房屋归女方所有，男方自愿放弃房屋中的产权份额，变更给女方，房屋贷款由女方承担……B房屋从2011年6月1日起至作价出售前，若有租金，男女双方均分，男方每月1日将50%租金汇入女方指定账号……"之后，刘某乙支付刘某某抚养费至2015年11月。刘某某的法定代理人已再婚未再育，现就职于某公司。刘某乙已再婚再育，现就职于某公司，税后年收入182363.3元。B房屋现出租给案外人。离婚后，A房屋贷款仍由刘某乙的公积金账户逐月冲还贷。

刘某某诉至法院，要求法院判令：1. 刘某乙自2015年9月1日起支付其抚养费4350元/月；2. 刘某乙一次性支付刘某某2013年1月至2015年6月的幼儿园学费的50%，2014年9月至2015年1月、2015年3月至2015年6月、2015年8月的课外辅导费的50%，共计16000元。

法院判决

一审法院认为，本案中，离婚协议书中关于子女抚养费的约定系离婚时当事人的真实意思表示，对双方当事人均有约束力，刘某乙亦按照协议约定支付刘某某抚养费，但随着刘某某的自然生长和社会生活水平的不断提高，各项费用确有增长，刘某乙也有能力给刘某某提供更好的生活和学习条件，故刘某某要求调整抚养费的诉讼请求，于法有据，予以支持。一审法院判决如下：一、刘某乙于2015年9月起每月支付刘某某抚养费2500元，至刘某某18周岁止；二、驳回刘某某其余诉讼请求。

---

① 审理法院：一审法院为上海市浦东新区人民法院，案号为（2015）浦少民初字第574号；二审法院为上海市第一中级人民法院，案号为（2016）沪01民终1549号。

一审判决后，刘某某、刘某乙均不服，提起上诉。刘某某上诉称：（1）法院擅自变更抚养费支付期限；（2）抚养费数额过低，不到刘某乙收入的20%，也无法满足自己的生活、教育需要；（3）刘某乙应负担已产生教育费用的50%。

二审法院认为，原审法院确定从2015年9月起抚养费调整为每月2500元，既符合实际情况，亦符合原离婚协议约定之精神，当属合理。根据法律规定，抚养费的数额确定，有固定收入的，一般可按其月总收入的20%～30%比例给付，负担两个以上子女抚养费的，比例可适当提高，但一般不得超过月总收入的50%，其中并未规定在确定抚养费时需衡量抚养子女一方的收入情况而对支付一方予以增加或减少，故刘某乙要求查明刘某某母亲之收入情况的抗辩理由不能成立。根据刘某乙的收入情况，每月负担刘某某2500元，亦未超过合理的比例范围，更不至于对其生活造成困难。在刘某某母亲与刘某乙的离婚协议中，双方约定抚养费包含了医疗费、教育费、生活费，故刘某乙无需另行支付教育费。通常情况下的教育费并不包括孩子参加课外辅导之费用，刘某某主张父母双方有口头约定额外教育费用双方各半分担，则应提供相应的证据予以证明，仅凭一笔汇款记录并不足以证明有此约定。基于刘某乙对此口头约定予以否认，而刘某某又缺乏相应的证据，故原审法院未支持刘某某的上述主张，所作认定并无不当。关于抚养费的支付期限，刘某某父母在离婚协议中确实约定抚养费支付至刘某某大学毕业为止，但法律规定的抚养费的给付期限一般至子女18周岁为止，故法院判决的抚养费支付期限通常为子女满18周岁时止。当然，如果子女年满18周岁仍不能独立生活，确需父母给付必要的生活费、教育费的，仍可另行诉讼，故本案的判决并不妨碍刘某某在其年满18周岁后且就读大学的情况下，仍可向其父亲刘某乙提起支付抚养费之诉。驳回上诉，维持原判。

专家点评

本案当事人双方在离婚协议中约定：刘某乙向刘某某支付抚养费直到大学毕业；2015年9月起视具体情况上调抚养费。随着离婚后子女就学、生活的情况有所改变，抚养费可能需要调整，双方在离婚协议中的约定并不妨碍子女在必要时向父母任何一方提出超过协议数额的合理要求。而且，从离婚协议也可以看出，双方对于孩子的教育费、生活费等未来可能有所变化已有思想准备。根据刘某乙的实际负担能力、当地的实际生活水平，结合刘某某实际需要等因素，法院判决刘某乙每月支付2500元的抚养费是合理的。

但是，在双方当事人都没有诉请变更抚养费支付期限的情况下，法院直接将抚养费支付期限变更为到18周岁止，这一点值得商榷。根据《最高人民法院关于人民法院审理离婚案件处理子女抚养问题的若干具体意见》的规定，抚养费的给付期限一般至子女18周岁为止，但对于18周岁以上仍不能独立生活或在校就读的，父母如果有负担能力，仍应负担必要的抚育费。该条款并非强制性规定，因而本案双方当事人约定刘某乙向刘某某支付抚养费至大学毕业，符合前述司法解释的规定，应当给予尊重。

第一千零八十六条　离婚后，不直接抚养子女的父或者母，有探望子女的权利，另一方有协助的义务。

行使探望权利的方式、时间由当事人协议；协议不成的，由人民法院判决。

父或者母探望子女，不利于子女身心健康的，由人民法院依法中止探望；中止的事由消失后，应当恢复探望。

【条文释义】

本条是关于探望权的规定。

2001年《婚姻法》第38条新增加了离婚后不直接抚养子女的父或者母，享有对子女的探望权的规定。本次立法保留了2001年《婚姻法》的条款。

探望权，是指夫妻离婚后，不直接抚养子女的父或母有权对子女进行探望的权利。探望权在国外通称为探望权，起源于英美法系，为处理离婚后父母探望子女提供法律依据，为多国立法所接受。如《德国民法典》规定，无人身照顾权的父或母，保留与子女个人交往权，请求告知子女的个人情况权（以符合子女的利益为限），及对子女财产利益必要时承担财产照顾权之全部或一部，还规定无人身照顾权的父或母和人身照顾权人不得为任何损害子女与他人的关系或造成教育困难的事由。我国台湾地区将探望权称作会面交往权。

探望权的意义在于，保证夫妻离异后非直接抚养一方能够定期与子女团聚，有利于弥合家庭解体给父母子女之间造成的感情伤害，有利于未成年子女的健康成长。探望权不仅可以满足父或母对子女的关心、抚养和教育的情感需要，保持和子女的往来，及时、充分地了解子女的生活、学习情况，更好地对子女进行抚养教育，而且可以增加子女和非直接抚养方的沟通与交流，减轻子女的家庭破碎感，有利于子女的健康成长。子女从出生一刻起就有获得父爱、母爱的权利，这些权利是他们健康成长的必要条件，更是社会安定的重要因素，规定探望权有利于保护子女受关爱的权利，并对社会道德起到重要的导向作用。

探望权的性质应当是亲权的内容。这是因为，被探望的对象只能是未成年的子女，父母对未成年子女的权利就是亲权，是对未成年子女的人身和财产照护权。探望权就是亲权的具体内容，是亲权的派生身份权，即亲权的具体内容。这种权利不可能是监护权，因为没有直接抚养子女的父或者母，既然没有直接抚养，当然就没有监护权。同样，它也不会是配偶权的内容，因为这是对子女的权利，不是对配偶的权利，况且享有探望权的人的配偶关系已经消灭，探望权不能成为配偶权的内容。

身份权都是法定权利。夫妻离婚后，基于婚姻关系的各种身份权、财产权归于消灭，但离婚并不能消灭父母和子女间的身份关系。父母离婚后，子女还是父母的子女，父母和子女的身份关系并没有改变。父母子女之间的身份关系，不仅是父母对子女有抚养、教育的权利和义务的基础，也是非抚养方对子女的探望权的法律基础。只要父母子女之间的身份关系存在，探望权就是非直接抚养子女一方的法定权利，非有法定理由不得予以限制或剥夺。因此，在离婚的当事人之间，应当按照法律的规定，对探望权怎样行使进行约定，并且应当遵守协议，不得违反。当事人在协议离婚或者诉讼离婚时，应当在这个问题上协商一致，约定好探望的时间、地点、次数等。如果在协议离婚或者在诉讼离婚中对此协商不成的，应由人民法院依法判决。

探望权是和直接抚养权相对应的一种权利。父母离婚后，如果子女由一方直接抚养，抚养方就成为子女亲权的主要担当人即监护人，取得直接抚养权，非直接抚养方的亲权则受到一定限制，不直接抚养子女的父或母自然享有对子女的探望权。探望权并不是产生于父母之间的协议，也不需要法院判决确认。只要直接抚养权一确定，探望权也同时成立，非直接抚养一方的父或母即取得探望权。探望权的主体是非直接抚养一方的父或母。而直接抚养方父或母则是探望权的义务主体，应该履行协助探望权人实现探望权的义务。这种协助义务一般包括：直接抚养一方的父或母应该本着方便探望权人的原则，协商确定合理的探望时间、方式，或者按照法院判决安排探望时间。当子女拒绝探望时，直接抚养一方的父或母应该进行说服工作。直接抚养子女的一方不得设置障碍，拒绝非直接抚养一方探望子女，否则就侵害了非直接抚养一方的探望权利，应该承担侵权责任。根据探望权的立法旨意，探望子女是基于亲子关系所衍生的法定权利，不仅是父母的权利，更是未成年子女的权利，探望权的行使应出自有利于子女身心健康发展的考虑，而不是以父母的利益为出发点。虽然法条无明确规定，但就法理解释而言，基于未成年子女身心健康发展的考虑，未成年子女也可以向法院请求与父母会面。

探望权是一种法定权利，和直接抚养权同时成立，因此不存在确权问题。尽管在实践中，当事人往往都是在协议中约定，但这种协议约定的是权利行使的方式和方法，而不是约定有没有这个权利。行使探望权，涉及直接抚养一方和子女的利益，有必要确定探望的时间、方式。本条规定了确定探望的时间、方式的两种途径："行使探望权利的方式、时间由当事人协议；协议不成时，由人民法院判决。"在确定探望的时间和方式问题上，规定了父母协议和法院判决两种方式，并且确定了"协议优先"原则。

按照协议优先原则，父母应该通过协商确定探望的时间和方式。父母应该本着有利于子女身心健康成长的基本原则，根据夫妻双方的实际情况，确定具体的探望时间和方式。父母是探望权的利害关系人，直接抚养方是子女的监护人，由父母协议，可以有效平衡父母和子女的权益，妥当地安排探望的时间和方式，父母通过平等协商达成的协议也容易得到执行。与法院判决比较起来，父母协议确定探望时间、地点的成本最小，给探望的利害关系人造成的影响也最低，具有优先性。

在实际生活中，由于父母是因为感情破裂解除婚姻关系的，父母在协商时可能会过多考虑自己的利益，故意提出不合理的探望时间、方式，有些直接抚养一方甚至拒绝就探望的有关问题进行协商。如果父母通过协商不能达成协议，或者直接抚养一方拒绝协商，探望权人可以向法院提起诉讼，要求法院依法确定探望的时间和方式。法院应受理探望权人的请求，依法就探望的时间和方式作出判决。

探望的方式可以分为看望式探望和逗留式探望。看望式探望是指非抚养一方父或母以看望的方式探望子女。而逗留式探望在约定或判决确定的探望时间内，由探望人领走并按时送回被探望子女。两种探望方式各有其优点和缺点。看望性探望一般时间较短、方式灵活，但不利于探望人和子女的深入交流。而逗留式探望时间较长，有利于探望人和子女的深入了解和交流，但直接抚养人则要承担不能和子女一起生活的不利后果。逗留式探望对探望人的要求也更高。探望人不仅应该具有较好的居住和生活条件，而且还要有良好的生活习惯。如果有酗酒、赌博、吸毒等不良嗜好，或者居住、生活条件差，不利于子女的身心健康发展，应该避免适用逗留式探望。逗留式探望还要求子女有比较充裕的时间，一般只有在子女寒、暑假或其他假期时才能适用。人民法院根据有探望权父母的实际情况，根据子女的年龄、身体状况等情况，根据不同探望方式的特点，本着对孩子身心健康有利的原则来确定具体探望方式、时间和地点。对探望权的安排因情况不同而有所区别，主要是周末探望和假日探望。例如，每周或每隔一周的周末，从周五晚到周六，或是每月一次；暑假或寒假的一段期间；重大节日或子女生日等特殊日子。法院在判决中应对探望权的安排作出明确确定，增强可操作性，以免当事人在执行时发生争议。应该指出的是，探望权人按照协议或法院判决实施探望时，还应该考虑子女的意志。如果子女在约定或判决的探望时间不同意，探望权人不得强行探望。

探望权中止是指探望人具有探望权中止的法定理由时，由法院判决探望权人在一定时间内中止行使探望权的法律制度。

探望权是探望权人的法定权利，法律应该保护探望人的探望权，但是探望权也涉及抚养方和子女的利益，可能损害相关人尤其是子女的合法权益，有必要从立法上加以限制。探望权中止制度是通过中止探望权人在一定时间内行使探望权，来保护相关人的权益。但探望权毕竟是探望权人的一项重要的人身权利，中止探望权对探望权人影响巨大，法律也应该从制度上保障探望权人的探望权不被任意剥夺。为平衡两者利益，本条规定了探望权中止的法定理由和方式。

探望权是人身权，人身权具有专属性，不得以协议或判决的方式予以剥夺。人身权不存在终止，只能被限制。所谓中止，在这里是指由于出现了法定不能行使探望权的情形，探望权人应暂时停止行使探望权。探望权中止只是要求探望权人在法定理由存在期间暂时不能行使探望权，在法定理由消灭后，应该恢复探望权人的探望权。

“不利于子女身心健康”是探望权中止的法定理由。民法典婚姻家庭编第1086第3款规定，父或者母探望子女，不利于子女身心健康的，由人民法院依法中止探望。未成年子女、直接抚养子女的父或母及其他对未成年子女负担抚养、教育义务的法定监护人，有权向人民法院提出中止探望权的请求。当父母的探望行为不利于子女身心健康时，经人民法院判决，探望权才能被中止。民法典婚姻家庭编没有列举“不利于子女的身心健康”的具体情形，我国司法实践积累了宝贵的经验，可供参考：第一，患有严重疾病或尚未治愈的烈性传染病的；第二，拒付抚养费、对子女实施家庭暴力或虐待子女的；第三，道德品行特别恶劣的；第四，其他不利于子女健康的情形。①

中止探望权对探望权人影响巨大，也可能影响到未成年子女的身心健康，婚姻家庭编规定决定中止探望权的主体只能是人民法院，其他个人、组织或机关无此权力。探望权中止不得由对方当事人决定。对方当事人禁止或者妨碍以至于宣

---

① 参见《上海市高级人民法院关于在民事审判中实施〈中华人民共和国婚姻法〉的暂行意见》第20条。

告“中止”当事人行使探望权的，构成侵权行为，可以依据法理，适用民法典侵权责任编相关规定，确定侵害亲权的赔偿责任。探望权中止的事由消失以后，被中止的探望权予以恢复。探望权的恢复，可以由当事人协商，也可以由法院判决。当事人协商不成，当探望权中止的原因消灭以后，法院应当判决探望权恢复。

侵害探望权是否构成侵权行为，能否适用损害赔偿的民事责任，民法典婚姻家庭编没有规定清楚。我们认为，对侵害探望权的行为应当认定为侵权行为，可以适用损害赔偿方法进行救济。[①] 应当遵循侵权责任构成的一般要求，按照损害事实、违法行为、因果关系和过错的要件，判断这种行为是否构成侵权责任。符合侵权责任要件要求的，认定为使侵害探望权的侵权行为，加害人应当承担侵权责任。反之，则不构成损害赔偿责任。

赔偿的具体内容，主要是精神损害赔偿。应当按照民法典侵权责任编和《最高人民法院关于确定民事侵权精神损害赔偿责任若干问题的解释》的规定，确定加害人承担精神损害抚慰金的赔偿责任。

【案例评注】

曹某甲与朱某探望权纠纷案[②]

基本案情

曹某甲、朱某原系夫妻，2007 年 5 月 30 日生一子曹某乙。2014 年 3 月 14 日，曹某甲、朱某经民政部门登记离婚，并自愿达成离婚协议，其中涉及子女抚养条款为：(1) 离婚后，儿子曹某乙随男方共同生活，每月抚养费由男方负责，高中教育阶段之后的有关费用双方日后重新协商；(2) 在提前通知男方后，女方可探望儿子。每周周一至周五 17 时至 21 时期间，女方可到男方家中探望儿子两次。每月两次，女方可在周六到男方家中接儿子外出游玩，白天 8 时 30 分接出，18 时之前送回。节假日根据儿子的意愿另行协商。离婚后，曹某乙随曹某甲共同生活至今。

2015 年 1 月 28 日，朱某曾向一审法院提起探望权诉讼。2015 年 2 月 26 日，

---

① 董炳金、汪群：《试论探望权及其精神损害赔偿》，载万鄂湘主编：《婚姻法理论与适用》，人民法院出版社 2005 年版，第 411 页。

② 审理法院：一审法院为上海市闵行区人民法院，案号为（2016）沪 0112 民初 12612 号；二审法院为上海市第一中级人民法院，案号为（2016）沪 01 民终 6904 号。

经法院主持调解，曹某甲、朱某达成如下协议，主要内容为：一、朱某自2015年3月起每周周六8时至当日19时30分及自2015年起的每年7月2日8时至当年7月8日19时30分对朱某与曹某甲所生之子曹某乙实施探望权，探望交接地点为曹某甲住所地（或双方协商一致的其他地点），曹某甲有协助朱某实施探望权的义务，至曹某乙18周岁时止；二、朱某自2015年3月起每月支付曹某乙抚养费1500元，至曹某乙18周岁时止。嗣后，朱某按月支付曹某乙抚养费，而曹某甲未能按约协助朱某履行探望权。2015年7月21日，朱某曾就探望权纠纷向法院申请执行。

2016年5月3日，曹某甲就探望权纠纷起诉至一审法院。诉讼中，曹某甲、朱某之子曹某乙称，由于平时课业负担较重，希望减少朱某的探望时间，另周六其欲睡个懒觉，故希望探望起止时间作顺延。诉讼中，曹某甲、朱某对平时探望时间达成一致，即两周一次，一次一天。但对寒、暑假探望时间双方存在较大争议。

法院判决

一审法院认为，从维护曹某乙的身心健康角度出发，应充分保障朱某对曹某乙的探望时间，让曹某乙充分感知父母之爱。作为曹某甲而言，不应借口曹某乙学业负担重、参加兴趣班等事由而阻却朱某对曹某乙实施探望权。就平时探望时间，双方对探望时间基本达成一致，予以准许。除此之外，探望时间应集中于寒、暑假。一审法院作出判决：朱某自判决生效之月起每月第二、四周周六9时起至当日18时30分止（除寒、暑假假期），以及自2016年起每年暑假假期（当年7月1日8时起至当年7月23日18时止）、寒假假期（放假第一天8时起至放假第七日18时止）对曹某甲与朱某所生之子曹某乙实施探望权，探望交接地点为曹某甲住所地（或双方协商一致的其他地点），曹某甲有协助朱某履行探望权的义务，至曹某乙18周岁时止。

一审判决后，曹某甲不服，提起上诉，请求改判为：一、被上诉人朱某每月可探望曹某乙一次，每次一天，具体探望时间为9时至18时30分；二、被上诉人朱某每周末放学时可在学校附近短暂性探望曹某乙；三、自2016年起，被上诉人朱某可以在每年暑假假期中的前七天和寒假假期中的一天对曹某乙实施探望权。

被上诉人朱某辩称：（1）被上诉人的探望不会导致哮喘的复发，且被上诉人系医生，对曹某乙的哮喘发作有预判能力和处理能力；（2）被上诉人与孩子增加沟通对孩子的身心健康更有利。请求维持原判。

二审法院认为，每月两次的探望频次为法院处理探望权纠纷案件通常所掌握的标准，符合常理，亦能满足父母子女之间的正常情感需求，如改为每月一次探望，则间隔时间过长。且寒暑假期间共四周左右的集中探望亦不会严重影响到孩子的学习，回杭州老家，反而有助于加强和母亲之间的交流、沟通，充分享受父母完整之爱。至于在探望时间段如发生因孩子生病而不便探望之情形的，则双方可通过协商进行适当调整，这不构成减少探望频次、时间的充分理由。判决驳回上诉，维持原判。

专家点评

本案焦点在于，曹某乙不愿意接受妈妈探望，希望减少探望次数，法院是否应当考虑孩子的意愿？法院认为，曹某乙当时不满 10 周岁，依照案件发生时的法律规定属无民事行为能力人，曹某乙不愿母亲探望的表述，除其自身因父母离异而产生心理偏差的因素外，与父亲、家人的教育亦存在直接因果关系。因此，更应当充分保障母亲的探望权。保证曹某乙与母亲相处的时间，更加有利于孩子的成长，法院判决是正确的。民法典婚姻家庭编第 1086 条规定了探望权，是保障不直接抚养的父或母实质参与孩子抚养、教育的权利，使孩子能够得到父母双方的关心爱护，最大限度地减少家庭破碎对孩子的伤害。曹某甲作为直接抚养孩子的一方，有协助对方行使探望权的义务。

第一千零八十七条 离婚时，夫妻的共同财产由双方协议处理；协议不成的，由人民法院根据财产的具体情况，按照照顾子女、女方和无过错方权益的原则判决。

对夫或者妻在家庭土地承包经营中享有的权益等，应当依法予以保护。

【条文释义】

本条是对离婚时夫妻共同财产分割的规定。

民法典婚姻家庭编第 1062 条规定了夫妻共同财产，第 1063 条规定了夫妻个人财产。分割夫妻共同财产的原则和方法是：

1. 由双方协议处理，达成协议的，写在离婚协议中，经过婚姻登记机关确认生效。

2. 协议不成的，由人民法院根据财产的具体情况，照顾子女、女方和无过错方权益的原则判决，因而并不是平均分配，判决分割时应当照顾子女、照顾女方和照顾无过错方。

3. 保护好土地承包经营权的个人权益。由于农村承包土地是以家庭为单位进行承包的，夫妻离婚后，不会因为离婚而再给其分配承包地。因此，夫或者妻在家庭土地承包经营中享有的权益等，在分割共同财产中应当依法予以保护，不能使在家庭关系中分离出去的一方受到损害。

关于离婚后住房问题，民法典并没有规定，可以参考我国司法实践的经验，①处理这类问题需要把握以下几个方面：（1）对不宜分割使用的双方共有的房屋，应根据双方住房情况和照顾抚养子女或无过错方等原则分给一方所有。分得住房的一方对另一方应给予相当于该房一半价值的补偿。在双方条件等同的情况下，应照顾女方。（2）属于一方所有的住房，包括一方婚前所有的房屋或约定为一方所有的房屋，离婚时归房屋所有人所有。另一方以离婚后无房居住为由，要求暂住的，经查实可根据情况予以支持，但一般不超过 2 年；无房一方租房住，经济上确有困难的，享有房屋产权的一方给予一次性的经济帮助。

【案例评注】

袁某某与罗某某农村土地承包经营权纠纷案②

基本案情

1998 年 6 月，原告袁某某与被告罗某某双方登记结婚，原告袁某某的户籍从乔甸镇大罗村委会阿悟村迁到被告罗某某所在的乔甸镇 × × 庄村。原告与被告结婚后以家庭承包方式向乔甸镇 × × 庄村承包了土地，面积为 2.847 亩，其中原告袁某某享有 0.949 亩土地的承包经营权。承包期限从 1998 年 10 月 1 日起至 2028 年 9 月 30 日止。2009 年 7 月 15 日，双方到宾川县民政局办理了离婚登记，约定婚生女小罗由原告袁某某抚养，抚养费由袁某某承担，夫妻共同财产归罗某某所有。离婚后袁某某带着女儿回到自家居住生活，原告袁某某和女儿小罗的户口一直在被告罗某某所在地的乔甸镇 × × 庄村，原告袁某某享有承包经营权的 0.949

① 参见《关于人民法院审理离婚案件处理财产分割问题的若干具体意见》。

② 审理法院：云南省宾川县人民法院；案号：（2017）云 2924 民初 1229 号。本案判决时间为 2017 年 12 月 16 日。

亩承包土地一直由被告罗某某经营管理。被告罗某某户经营管理的承包土地的位置与土地经营权证记载的不一致。现原告袁某某和女儿小罗的户口与被告罗某某户已经分户。离婚后的这八九年，原告袁某某一直在向下庄小组、杨保村委会、乔甸镇人民政府、宾川县人民政府、纪委反映情况。

原告袁某某请求判令被告将0.949亩承包田归还原告管理耕种。被告罗某某辩称：第一，2009年7月15日离婚时签署的《调解协议书》第三条约定“夫妻共同财产均归男方所有”，当时袁某某与罗某某商谈好的就是所有财产，土地承包经营权也归罗某某所有。第二，袁某某诉罗某某土地承包经营权纠纷已超过诉讼时效。袁某某与罗某某于2009年9月15日就办理了离婚登记。即便离婚时未约定土地承包经营权的归属，袁某某主张土地承包经营权，按照《中华人民共和国民法通则》的规定应在2011年7月15日前提出，按照《中华人民共和国民法总则》的规定也应在2012年7月15日之前提起诉讼。但原告在此之前从未向罗某某主张过权利，也未提起诉讼，不存在诉讼时效中止、中断的情形。因此，原告请求保护民事权利已经超过了诉讼时效。

法院判决

法院认为，合法的土地承包经营权受法律的保护，原告袁某某因婚姻关系于1998年6月将自己的户口迁入乔甸镇××庄村罗某某户，成为下庄村的村民，依法取得乔甸镇××庄村承包集体土地的资格，在1998年土地承包过程中，原告袁某某与罗某某、罗某某的母亲一起承包土地2.847亩，原告袁某某取得了0.949亩的承包土地。袁某某离婚后户口仍在乔甸镇××庄村，集体并未取消袁某某的承包资格，原告袁某某仍然享有原来承包的0.949亩的土地承包经营权。原告袁某某的诉请有事实及法律依据，予以支持。法院判决：从被告罗某某在本户承包的集体土地面积内划给原告袁某某承包土地0.949亩。

专家点评

本案的焦点有二：第一，双方协议约定的“夫妻共同财产均归男方（罗某某）所有”中的夫妻共同财产是否包含土地承包经营权。本条保留了原《婚姻法》第39条的规定，其中第2款规定：“夫或妻在家庭土地承包经营中享有的权益等，应当依法予以保护。”但是如何保护需要深入研究。土地承包经营中享有的权益包括两个部分：一是土地承包经营权；二是土地承包经营权的经营收益。土地承包经营权的经营收益应当属于夫妻共同财产，这一点很少有争议。但土地承包经营权是否属于夫妻共同财产则需要考察，对此我国法律未有明确规定。笔者认为，首先，土地承包经营权基于集体经济组织成员身份获得；其次，土地承包经营权是集体经济组织成员的主要收入来源，是集体经济组织成员的生存保障。因而，土地承包经营权具有人身专属性，不应当属于夫妻共同财产。2009年，双方约定的“夫妻共同财产均归男方（罗某某）所有”不应当包含原告的土地承包经营权。第二，本案是否罹于诉讼时效。原《民法总则》第188条、第195条规定，诉讼时效期间自权利人知道或者应当知道权利受到损害以及义务人之日起计算，但有“权利人向义务人提出履行请求的”，诉讼时效中断，诉讼时效期间重新计算。本案中，原告一直向村民小组、村委会、镇政府、县政府、县纪委反映情况，表明原告一直在积极行使权利，诉讼时效是中断状态，应当从最后一次反映情况起重新计算。综上所述，法院判决被告返还原告土地承包经营权是合理的。

第一千零八十八条 夫妻一方因抚育子女、照料老年人、协助另一方工作等负担较多义务的，离婚时有权向另一方请求补偿，另一方应当给予补偿。具体办法由双方协议；协议不成的，由人民法院判决。

【条文释义】

本条是对离婚后一方对另一方予以补偿的规定。

传统的中国家庭模式里，一般认为“相夫教子”是妇女的责任，妇女在抚育子女、照顾老人、协助另一方工作等方面付出较多。当然，随着观念的改变，男性为家庭也付出越来越多。无论家庭劳动分工模式如何，照顾家庭的工作时常被忽略，在离婚时，为了体现双方的平等，应当考虑到照顾家庭的工作量，适当进行补偿，这也是对家庭付出较多的一方予以肯定，弥补其财产上的损失。

一方对他方的补偿，是指夫妻离婚后，一方因抚育子女、照顾老年人、协助另一方工作等付出较多义务的，在离婚时，另一方应当对其承担经济补偿的义务。

夫妻离婚之后一方发生经济补偿责任的条件是：（1）一方在家庭生活中付出较多义务。一方在家庭生活中付出较多义务，是指在婚姻关系存续期间，夫妻一方比另一方付出的抚育子女、照料老人、协助另一方工作等义务更多，对家庭的建设贡献较大。现实的情况往往是，在约定夫妻分别财产制的情况下，女方在家庭生活中付出更多，在抚育子女、照顾老人等方面更是如此。如果按照分别财产制夫妻离婚各自的财产归个人，就会出现严重的不公平，尤其是对女方不公平。因此，如果一方（不仅仅是女方）在上述方面付出较多的义务，应当发生经济补偿责任。(2）双方婚姻关系已经解除。双方因为离婚而使婚姻关系解除，是发生经济补偿责任的必要条件。如果没有发生离婚的事实，约定分别财产当然还是约定财产，不会发生变化。(3）付出较多义务的一方提出进行经济补偿的请求。

实行经济补偿义务，由共同生活中付出义务较多的一方当事人提出经济补偿请求，补偿的数额应当由双方协商解决。协商不成的，向法院起诉，由人民法院判决。人民法院判决时，应考虑请求权人付出义务的大小，请求权人因此受到损失的情况，另一方从中受益的情况，综合确定。

需要注意的是，离婚补偿制度与离婚赔偿制度不同，二者适用主体、范围与赔偿的力度均有不同。

【案例评注】

尹某某与张某甲离婚纠纷案[①]

基本案情

原告尹某某与被告张某甲经人介绍认识后于1985年10月4日订婚，1987年12月25日自愿登记结婚。婚后生育两个孩子，长子张某乙，次子张某丙，均已成年，在外务工。双方婚姻存续期间的共同财产有位于寻甸回族彝族自治县金源乡的两间瓦楼房、三间小瓦房。婚姻存续期间无共同债权、债务、现金及存款。原告尹某某于2005年2月离家外出，在离家外出期间，2005年至2007年逢年过节偶尔回家几天，2007年后的三四年间回家过一次，在家3个月左右，之后就外出至今。

原告尹某某诉称，婚后夫妻感情一般，对方经常对我实施家庭暴力，被迫无奈，只好外出打工。请求：（1）判决原告与被告离婚；（2）夫妻共同财产依法分割。

被告张某甲辩称，家庭本身就贫困，原告无故外出多年不归，我独自一人在家养育孩子，现孩子已经长大成人，我不同意离婚。如果原告坚持要求离婚，夫妻共同财产应归我，原告补偿我生活费150000元。

---

① 审理法院：云南省寻甸回族彝族自治县人民法院；案号：（2015）寻民初字第565号。

法院判决

法院认为，本案中，因原告外出务工，双方聚少离多，双方分居生活近5年，在审理过程中，经法院主持调解，原告坚持要求离婚，足以认定双方夫妻感情确已彻底破裂，无和好可能，故对原告要求与被告离婚的诉讼请求，依法予以支持。此外，原告2005年2月外出离家时，双方所生子女尚未成年，被告在家依靠耕作农业，操持家庭，抚育子女成人，确实付出较多义务，原告长期外出不回，没有尽到作为妻子及母亲应尽的职责。故被告要求原告补偿生活费的要求依法予以支持。结合原告离家外出时孩子的年龄及原告现实生存状况，酌情考虑由原告补偿被告26000元的生活费。据此，法院判决：准予原告尹某某与被告张某甲离婚；双方婚姻存续期间的共同财产全部归被告张某甲所有；由原告尹某某一次性补偿被告张某甲生活费26000元；驳回原告尹某某的其他诉讼请求。

专家点评

民法典婚姻家庭编第1088条规定了婚姻中付出较多义务的一方离婚时有权向另一方请求补偿，这一补偿主要是对一方所付出义务的一种肯定，使其得到精神上的抚慰和财产上的补偿。本案中，被告多年离家在外，没有尽到妻子对家庭的照顾义务和母亲对孩子的抚养义务，原告承担了较多的照顾家庭和子女的义务，符合法律规定的要件。因此，法院判决被告作出补偿是合理的。

第一千零八十九条　离婚时，夫妻共同债务应当共同偿还。共同财产不足清偿或者财产归各自所有的，由双方协议清偿；协议不成的，由人民法院判决。

【条文释义】

本条是对夫妻共同债务清偿方法的规定。

夫妻为共同生活或为履行抚养、赡养义务等所负债务，应认定为夫妻共同债务。[①] 离婚时夫妻共同债务清偿的方法是：

1. 夫妻共同债务应由夫妻共同清偿，即以共同财产清偿。具体有两种方法：（1）先清偿、后分割，即从夫妻共有财产中先清偿夫妻共同债务，然后再对剩余

---

① 参见《最高人民法院关于人民法院审理离婚案件处理财产分割问题的若干具体意见》。

的夫妻共有财产进行分割。清偿时以共同财产为限，清偿后不剩共同财产的，不再分割。(2) 先分割、后清偿，即先分割共同财产和共同债务，然后各自以各自分得的财产清偿分得的债务。采用第一种方法，对于保护债权人的利益有利，符合“以共同财产清偿”的立法本意，因而应着重使用第一种方法。

夫妻一方死亡时分割夫妻共有财产，对于夫妻共同债务的清偿，原则上也有以上两种方法，但是侧重于使用第二种办法，即先从夫妻共有财产中分出一半，作为死亡一方的遗产范围，然后再从夫妻共同债务中分出一半，作为死者应负的债务份额，从遗产中清偿其应负的清偿份额。

2. 共同财产不足以清偿或者财产归各自所有的，由双方协议，按照协议约定的方法进行清偿。

3. 双方协议不成的，向法院起诉，由人民法院依法判决。

夫妻个人债务原则上由本人偿还，如负债一方确实无力偿还的，也可以说服他方代为清偿，但应以自愿为原则，不得强迫。

【案例评注】

朱某某与陈某某离婚后财产纠纷案[①]

基本案情

原告朱某某、被告陈某某原系夫妻关系，双方于1999年7月26日登记结婚，2008年10月31日生育一女，2011年10月始双方因离婚涉诉，2014年3月10日法院判决原告与被告离婚。

2016年原告朱某某提起诉讼，请求：(1) 确认原、被告在婚姻关系存续期间负有共同债务27万元；(2) 判令被告给付原告13.5万元。被告陈某某辩称，双方离婚时财产已分割完毕，对原告所提请的债务不知情，且怀疑债务的真实性，另外，原告无法证明债务用于共同生活。

庭审过程中，原告提供了相应的借据、还款的银行转账记录及收款凭证等材料，其中卞某、李某、顾某到庭作证，桑某、林某未到庭作证。情况分别如下：(1) 原告提供落款时间：2011年2月20日，朱某某与卞某签名的《欠据》一份，记载了原告于2003年向卞某借款15万元用于装修，确认尚欠本息余额6.5万元的内容。原告于2015年9月18日通过银行转账汇款6.5万元至卞某尾号

---

① 审理法院：上海市杨浦区人民法院；案号：(2016) 沪0110民初9998号。

“0018”银行账户内。2015年9月22日卞某出具了《收据》证明借款全部还清。卞某作为证人陈述，原告系其外甥，2003年原告母亲向其借款15万元，当时过了两天左右就交付现金，原告母亲写下借条。后2009年开始催讨，原告母亲分别在2009年还了5万元，2011年还了3.5万元，原告又补写了借条，确认尚欠6.5万元，并于2015年通过转账还清。(2) 原告提供《借条》两份，上载明“本人于二零零五年十二月三日，向桑某借款贰万元整。借款期限为壹年整。(按银行利率计息)。朱某某2005年12月3日”“本人朱某某，今收到舅舅桑某给予的人民币款项贰万元整确认无误，金额属实！朱某某2007年3月24日”。2015年9月15日，原告通过银行转账4万元至桑某名下尾号为“9582”的银行账户内。原告又提供了落款时间为2015年9月16日，桑某署名的《收条》一份，证明收到原告还款4万元。(3) 原告提供《收条》一份，上载明“本人今收到林某人民币伍万元整已确认，若要归还请提早两个月通知。至于利息按银行利息结算。朱某某2007.4.30”。2015年9月15日，原告通过银行转账5万元至林某名下尾号为“6676”的银行账户内。另原告提供《收据》一份，上载明“今收到朱某某的还款五万元整　原借条作废　林某2015.9.15”。(4) 原告提供《借据》一份，上载明“我朱某某今向顾某借到钱款人民币柒万元整。借期三年，利息按银行利率计算。借款人：朱某某2010.5.15”。2015年9月18日，原告通过银行转账5万元至顾某名下尾号为“6632”的银行账户内。另原告提供《收条》一份，上载明“收到朱某某欠款柒万元整。经手人顾某2015.9.18”。顾某作为证人陈述，原告系其配偶表弟，原告于2010年因买车向其借款，根据证人要求，由原告母亲到其处取款现金7万元，并交付借条，嗣后证人一直未予催讨，原告在2015年主动还清此款。(5) 原告提供《借据》一份，上载明“今向李某借到钱款肆万伍仟元整。借期一年。利息按银行利率计算。本借据一式二份。各持一份。借款人：朱某某2011.10.8”。李某于2011年10月10日通过银行转账40834元至原告尾号“6059”的银行账户。2015年9月15日，原告通过银行转账4.5万元至李某名下尾号为“8969”的银行账户内。另原告提供《收条》一份，上载明“今收到朱某某的还款肆万伍仟元整。至此债务已清。李某2015.9.15”。庭审中，原告因借款银行转账40834元与借据金额不符，对此笔借款变更诉请为40834元，后原告补充意见另有4000余元现金是通过原告父亲转交，故恢复原诉请4.5万元。李某作为证人陈述，其与原告父亲是朋友关系，并不认识原被告。原告父亲称为原告还车贷向其借款，其通过银行转账40834元，又交给原告父亲现金4000余元，当天原告父亲将借条给了证人。2015年9月，原告主动还款，其间证人未催讨。

法院判决

法院认为，对于原告主张的对桑某、林某的债务，虽有书面的欠款及还款凭证，但桑某、林某未能到庭作证，借款凭证均系原告一方单独签名，且被告明确表示不知情，原告方提供证据不足，故原告要求被告共同承担此债务的诉请不予支持。对于原告主张的向卞某的借款，卞某作为证人陈述，原告母亲在2003年出面借款15万元现金并写下借条，此款仅在2009年催讨过一次，后原告在2011年补写了余款6.5万元的借条。此15万元借款原告未能提供相应的取款凭证或现金钱款证明，且系原告母亲借款、书写借条，无证据证明被告对此知情及用于共同生活，原告对此债务自认的法律后果不能及于被告，故被告对此债务借款人主体及诉讼时效的抗辩理由成立，原告对该笔钱款作为共同债务的主张不予支持。对于原告主张的向顾某的借款，顾某作为证人陈述是通过原告母亲借款现金7万元，借款时间为2010年5月，其间一直未予催讨，原告自述所借钱款用于归还车贷及支付牌照费用，但双方购车时间为2011年4月，取得车牌时间为2011年6月，此款借款时间与原告所述的用款时间跨度长达一年左右，难以证明系购车所用；另，此7万元无相应的取款凭证，故无证据认定钱款已实际交付且此债务用于共同生活，不能认定为双方的共同债务。对原告主张的向李某的借款用于购车还贷及车辆装潢，李某作为证人陈述是通过原告父亲借款，在2011年10月通过转账及现金方式共借款4.5万元，其间未催讨；鉴于该车辆在双方离婚诉讼中已经作为共同财产分割完毕，且被告基于诉讼时效进行抗辩，故原告要求被告共同承担此债务的诉请不予支持。对于原告提供半份协议旨在证明被告认可上述共同债务的主张，综观此协议，既无双方或被告的签名确认，文理意思也不能反映对上述债务的确认，故此主张不予认可。本案中，原、被告双方在2011年10月始因离婚而涉诉，原告主张的上述借款的债权人均系原告亲属或其父母的朋友，而且均由原告父母出面进行的借款，作为原告应当承担更为严格的举证责任。原告未能提供证据证明被告对上述债务知情或认可，也未能证明是为双方共同生活且由原告本人所负的债务，被告基于诉讼时效的抗辩于法有据。双方离婚后，原告提供的还款情况只能证明原告对上述债务的认可，但原告对债务的自认，不能作为被告共同承担债务的依据。法院判决如下：一、原告朱某某要求确认与被告陈某某婚姻关系存续期间负有共同债务270000元的诉讼请求，不予支持；二、原告朱某某要求被告陈某某给付其135000元的诉讼请求，不予支持。

专家点评

本案的焦点有三：一是债权债务关系是否成立。本案原告所列债权债务关系存在以下疑点：债权人皆为原告亲属或原告父母的朋友；债权债务凭证只有原告单方签名，且部分证人未到庭；部分借款凭证所载借款原因与事实不符。对于以上债务，被告表示不知情。因此，原告应当承担更为严格的举证责任。鉴于原告未能证明被告对案中所述债务知情或认可，法院认为无法证明债务是由原被告双方所欠，并无不妥。二是原告所列举债务是否属于共同债务。夫妻共同债务是在婚姻关系存续期间夫妻双方或其中一方为夫妻共同生活对第三人所负的债务，判断是否为夫妻共同债务，应以债务是否用于夫妻共同生活为标准。离婚后，原夫妻一方以个人名义所负的债务主张按夫妻共同债务处理的，应当证明借款用于夫妻共同生活。本案中，被告称对以上债务均不知情，原告也无法证明债务用于共同生活。因此，被告所列债务不应认定为共同债务。三是被告的诉讼时效抗辩是否成立。本案中，所有的债务均已超过普通诉讼时效，即使将上述债务均认定为共同债务，原告作为债务人之一向债权人全部清偿了债务，承担连带责任的其他债务人也有独立的抗辩权。综上，法院的判决是合理的。

第一千零九十条　离婚时，如果一方生活困难，有负担能力的另一方应当给予适当帮助。具体办法由双方协议；协议不成的，由人民法院判决。

【条文释义】

本条是对离婚时一方对他方适当帮助的规定。

离婚时，原配偶的一方如果生活困难，有负担能力的另一方应当予以适当帮助。在各国亲属法中，一般都规定离婚后一方对另一方给付扶养金。这种扶养金，是夫妻离婚后，一方应当为生活确有困难或有特殊需要的另一方提供救助的责任。救助义务的履行采取扶养金的方式，如果扶养金债务人一方死亡，扶养金由其继承人负担，但扶养金债权人一方再婚或者公然与他人姘居时，扶养金停止给付。我国的一方对他方的适当经济帮助义务，性质就是这种扶养金。它与夫妻关系存续期间的扶养义务不同，只是派生于原存的夫妻关系的一种延伸责任。这种适当经济帮助义务应当是债的性质。

确定适当经济帮助义务的条件是：（1）接受帮助的一方确有生活困难。一方生活困难，是指依靠个人财产和离婚时分得的财产无法维持当地基本生活水平；一方离婚后没有住处的；离婚时，一方以个人财产中的住房对生活困难者帮助的形式，可以是房屋的居住权或者房屋的所有权。（2）提供经济帮助的一方应当有经济负担能力，不仅指实际生活水平，而且包括住房条件等。(3) 法定的适当帮助仅限于离婚时，并非任何时间都可以请求。

提供适当经济帮助的办法，应当由双方当事人协议，协议不成时，由人民法院判决。确定适当经济帮助义务，应当考虑受助方的具体情况和实际需要，也要考虑帮助方的实际经济负担能力。如果受助方年龄较轻且有劳动能力，只是存在暂时性困难的，多采取一次性支付帮助费用的做法给付。如果受助方年老体弱，失去劳动能力，又没有生活来源的，一般要给予长期的妥善安排，确定定期金给付义务。

需要注意的是，适当经济帮助与离婚补偿、扶养义务、夫妻财产分割不同：(1) 离婚补偿是为了补偿因照顾子女、协助另一方工作等而付出较多义务的一方，是承认家庭劳动的价值；而适当经济帮助不以此为前提，而是单纯因为对方生活困难而对离婚中弱势的一方予以帮助，体现了我国法律的人道主义。(2) 离婚意味着夫妻间的扶养义务终止，离婚时的经济帮助，不是夫妻扶养义务的延伸，而是从原来的婚姻关系中派生出来的一种责任。(3) 夫妻共同财产分割，是双方拥有平等的依法分割共同财产的权利；而经济帮助是一方对困难一方有条件的帮助，不能用经济帮助的方式代替财产分割。

【案例评注】

刘某与张某离婚纠纷案[①]

基本案情

刘某与张某于2012年8月10日登记结婚，婚后无子女。后因生活琐事发生矛盾。现刘某名下有房产两套。根据刘某提交的证据材料显示，刘某于2007年4月17日购买了山西省晋中市汇通路×号房屋，2011年1月17日购买了北京市海淀区大柳树路×号房屋。张某称，购买北京市海淀区大柳树路房屋时，自己曾经以现金方式给付了刘某十万元，刘某否认张某出资。张某称，其与刘某经历了五年的恋爱才结婚；为了和刘某在一起，自己放弃军籍独自来到北京。刘某曾经承诺为自己办理随军，以取得北京户口。现张某没有北京市户口、没有固定工作、又没有住房，生活困难。刘某向一审法院提起诉讼，称双方感情破裂，请求离婚。

---

① 审理法院：一审法院为北京市海淀区人民法院；案号为（2014）海民初字第16798号；二审法院为北京市第一中级人民法院；案号为（2015）一中民终字第3169号。

法院判决

一审法院认为，双方婚后因为家务琐事产生矛盾，致使夫妻感情破裂。故刘某要求离婚的诉讼请求，应予支持。离婚时，如一方生活困难，另一方应从其住房等个人财产中给予适当帮助，考虑到张某的现实生活状况及为婚姻的付出，在刘某不同意张某继续居住在海淀区大柳树路×号房屋内的情况下，刘某应当给予张某适当经济帮助为宜。张某提出买房时支付过十万元房款，但是其未提交相应的证据证明，不予支持。法院判决：一、准予刘某与张某离婚；二、刘某于判决生效后二十日内给付张某帮助费二十万元；三、驳回张某的其他诉讼请求；四、驳回刘某的其他诉讼请求。

一审判决后，刘某向二审法院提起上诉，请求撤销原判第二项，确认刘某无需给付张某帮助费。二审法院认为，双方婚后常为生活琐事发生矛盾，双方再无和好可能，经法院调解无效，原审法院据此确认双方感情确已破裂并准予双方离婚，并无不当，二审法院依法予以维持。关于双方当事人所争议的给付帮助费的问题。现张某没有住房，离婚后生活确实存在困难。法院判决驳回上诉，维持原判。

专家点评

离婚时，原配偶的一方如果生活困难，有负担能力的另一方应当给予适当帮助。需要注意的是，与夫妻关系存续期间的扶养义务不同，适当帮助只是从原存的婚姻关系中派生出来的一种责任。一方离婚后没有住处的，属于生活困难。本案中张某离婚后没有北京市户口、没有固定工作、又没有住房，生活困难，无法维持生活。而且，20 万元没有超出刘某的承受能力。因此，法院判决刘某给予 20 万元的经济帮助是合理的。

第一千零九十一条 有下列情形之一，导致离婚的，无过错方有权请求损害赔偿：

（一）重婚；

（二）与他人同居；

（三）实施家庭暴力；

（四）虐待、遗弃家庭成员；

（五）有其他重大过错。

【条文释义】

本条是对离婚过错损害赔偿的规定。

离婚过错损害赔偿，是指夫妻一方因为过错实施法律规定的违法行为，妨害婚姻关系和家庭关系，导致夫妻离婚，过错方应当承担的侵权损害赔偿责任。

1. 离婚过错损害赔偿的法律特征

（1）是由于离婚而发生的损害赔偿。人民法院判决不准离婚的案件，对于当事人基于本条提出的损害赔偿请求，不予支持。在婚姻关系存续期间，当事人不起诉离婚而单独依据该条规定提起损害赔偿请求的，人民法院不予受理。

（2）是基于过错而发生的损害赔偿。夫或妻一方因本条规定过错情形导致离婚的，无过错方可以向过错方请求离婚损害赔偿。

（3）夫妻双方均有本条规定的过错情形，一方或者双方向对方提出离婚损害赔偿请求的，人民法院不予支持。

（4）是发生在婚姻关系中的侵权损害赔偿。这种应当承担损害赔偿责任的违法行为损害了婚姻关系，构成妨害婚姻关系的侵权行为。

2. 离婚过错损害赔偿责任构成须具备的要件

（1）离婚损害赔偿责任的违法行为。离婚损害赔偿责任的违法行为包括：一是重婚，二是与他人同居，三是实施家庭暴力，四是虐待、遗弃家庭成员，五是有其他重大过错。实施上述违法行为的主体是有过错的配偶。这些行为侵害他人的权利，行为人违反了这些权利中的法定义务，构成违法性。

（2）离婚损害赔偿责任的损害事实。离婚损害赔偿责任的损害事实要件较为复杂，分为几个层次：第一，侵害的客体有不同的权利。重婚、与他人同居，侵害的是对方配偶的配偶权。实施家庭暴力、虐待、遗弃，都可能侵害配偶的身体权、健康权，也构成侵害配偶权，因为虐待、遗弃本身，就是对配偶权的侵害；同时也构成对配偶之外的其他家庭成员的身体权、健康权和亲属权、亲权的侵害。第二，受害人受到的损害包括人身损害和精神损害。实施家庭暴力、虐待、遗弃，都可能造成受害人的人身损害的后果，重婚、与他人同居，都可能造成配偶严重的精神损害，即使实施家庭暴力、虐待、遗弃的，也有可能造成精神损害。在救济上，行为人既要承担人身损害赔偿的责任，也要承担精神损害赔偿责任。第三，损害后果有两个层次。从以上的损害事实看，它们是第一个层次的损害事实，是造成了对方配偶和其他家庭成员权利的侵害；离婚损害赔偿责任损害事实的第二个层次的损害，是对婚姻关系的损害，即由于上述违法行为而使配偶之间的婚姻关系解除，造成了离婚的后果，这是离婚损害赔偿责任损害事实的关键所在。如果存在上述损害事实，但是没有造成离婚的后果，受害人不可以请求精神损害赔偿，即使配偶的行为构成侵权，也必须通过其他途径进行救济。正因如此，《最高人民法院关于适用〈中华人民共和国婚姻法〉若干问题的解释（一）》第29条才规定“在婚姻关系存续期间，当事人不起诉离婚而单独依据该条规定提起损害赔偿请求的，人民法院不予受理”，并且“人民法院判决不准离婚的案件，对于当事人基于婚姻法第四十六条规定提出的损害赔偿请求，不予支持”。因此，离婚损害赔偿的基本损害事实就是离婚，就是婚姻关系的解除，就是婚姻关系受到了损害。第四，受到损害的受害主体具有双重性。从第一层次的受害主体的身份而言，受害人可以是配偶一方，也可以是其他家庭成员。但认定离婚过错损害赔偿责任损害后果的关键损害事实是离婚，即解除婚姻关系，这个受害人必须是对方配偶，即配偶中的无过错方。

（3）离婚损害赔偿责任构成的因果关系。离婚损害赔偿责任构成的因果关系要件较为特殊，在一般的侵权责任构成中，因果关系构成只是一个原因和一个结果，即在因果关系链条中只有一个环节，较为简单。在离婚损害赔偿案件中，因果关系的链条起码有两个环节，这就是：违法行为（重婚、与他人同居、实施家庭暴力、虐待或者遗弃）→配偶权、身体权或者健康权、亲权或者亲属权等损害→婚姻关系破裂的损害。这样多重的因果关系链条，更体现了我国离婚损害赔偿责任属于离因损害而不是离婚损害。《最高人民法院关于适用〈中华人民共和国婚姻法〉若干问题的解释（一）》第30条规定：“人民法院受理离婚案件时，应当将婚姻法第四十六条等规定中当事人的有关权利义务，书面告知当事人。在适用婚姻法第四十六条时，应当区分以下不同情况：（一）符合婚姻法第四十六条规定的无过错方作为原告基于该条规定向人民法院提起损害赔偿请求的，必须在离婚诉讼的同时提出。（二）符合婚姻法第四十六条规定的无过错方作为被告的离婚诉讼案件，如果被告不同意离婚也不基于该条规定提起损害赔偿请求的，可以在离婚后一年内就此单独提起诉讼。（三）无过错方作为被告的离婚诉讼案件，一审时被告未基于婚姻法第四十六条规定提出损害赔偿请求，二审期间提出的，人民法院应当进行调解，调解不成的，告知当事人在离婚后一年内另行起诉。”这些规定都说明，违法行为仅仅与第一个层次的损害事实之间有因果关系还不够，还必须与最后的婚姻关系破裂的损害事实之间具有因果关系时，才构成因果关系的要件。

（4）离婚损害赔偿责任的过错。离婚损害赔偿的过错要件也具有特殊性，表现在：行为人在实施违法行为的时候，预见的是第一层次的损害事实，在这个损害事实上，行为人具有故意的过错形式，是明知会造成这样的损害后果，而希望或者追求其发生。在第二层次的损害事实上，即婚姻关系破裂的损害事实上，可能是故意，也可能是过失。因为有的行为人重婚、与他人同居、实施家庭暴力、虐待或者遗弃，并不希望或者追求与配偶的婚姻关系破裂，俗语中的“家里红旗不倒，家外彩旗飘飘”，正是这种情况的写照。从总体上看，离婚损害赔偿中的过错，既可能是故意，也可能是过失，而不可能都是故意。本条规定增加了“有其他重大过错的”违法行为，扩大了离婚过错损害赔偿责任的适用范围，增加了适用的弹性，有利于救济受到损害一方的合法权益。

3. 离婚损害赔偿的责任方式

离婚损害赔偿的责任方式包括两种，即人身损害赔偿和精神损害赔偿。《最高人民法院关于适用〈中华人民共和国婚姻法〉若干问题的解释（一）》第28条规定：“婚姻法第四十六条规定的‘损害赔偿’，包括物质损害赔偿和精神损害赔偿。涉及精神损害赔偿的，适用最高人民法院《关于确定民事侵权精神损害赔偿责任若干问题的解释》的有关规定。”作出上述司法解释的时候，关于人身损害赔偿的司法解释还没有出台，所以应当追加一句：涉及物质损害赔偿也就是人身损害赔偿的，应当适用《最高人民法院关于审理人身损害赔偿案件适用法律若干问题的解释》的有关规定。

人身损害赔偿，就是在实施家庭暴力、虐待、遗弃等违法行为中，造成了受害人的身体权、健康权的损害，构成了人身损害的后果。在赔偿中，应当按照人身损害赔偿的规则进行。

对于离婚损害赔偿中的精神损害赔偿，应当包括两个方面。第一，侵害配偶权，造成的纯粹的精神利益损害，可以请求精神损害赔偿。第二，造成人身损害的，除了可以请求人身损害赔偿之外，还可以请求精神痛苦的抚慰金赔偿。

离婚损害赔偿造成其他损害的，受害的配偶一方是否可以请求对方承担损害赔偿之外的其他民事责任方式？例如，赔礼道歉、恢复名誉、消除影响等。对此，民法典婚姻家庭编以及司法解释都没有规定。按照文意理解，既然是离婚损害赔偿责任，似乎不应当包括其他责任方式。不过，既然离婚损害赔偿责任受民法典侵权责任编第1165条约束，应当可以适用民法典侵权责任编有关其他民事责任方式的规定。当事人如果请求加害人承担其他侵权民事责任方式的，只要确有需要，就应当准许。

4. 离婚损害赔偿的程序

（1）原告和被告。在离婚损害赔偿诉讼中，原告只能是无过错的一方配偶，简称无过错方。被告是无过错方的配偶，即有过错的配偶一方。前面提到的司法解释规定，承担原《婚姻法》第46条规定的损害赔偿责任的主体为离婚诉讼当事人中无过错方的配偶，正是这个意思。

因民法典婚姻家庭编第1091条规定的违法行为而受到损害的其他人，即其他家庭成员，不是离婚损害赔偿案件的当事人，无权作为原告或者被告起诉，应当另寻他途救济。

（2）离婚损害赔偿请求权行使的期限。民法典婚姻家庭编对离婚损害赔偿诉讼没有规定时限的要求，《最高人民法院关于适用〈中华人民共和国婚姻法〉若干问题的解释（一）》对此作出了明确规定：第一，无过错配偶作为原告起诉离婚的，必须在离婚诉讼的同时起诉离婚损害赔偿。为了保证无过错配偶的这一权利的行使，同时规定人民法院受理离婚案件时，应当将当事人的有关权利义务书面告知当事人。当事人应当斟酌自己是否要行使这个权利，如果作为无过错配偶的原告在离婚诉讼中，经过告知也没有提出离婚损害赔偿请求的，视为其已经放弃了这个权利。第二，无过错配偶作为离婚诉讼的被告，在离婚诉讼中不同意离婚，也不提出离婚损害赔偿请求，法院判决离婚的，其起诉的时限规定为离婚后的1年，在1年内可以提出离婚损害赔偿诉讼请求。第三，无过错配偶作为离婚诉讼的被告，在一审中没有提出离婚损害赔偿诉讼请求，而是在二审中提出的，法院应当对离婚损害赔偿诉讼请求进行调解。调解成功的，调解结案；调解不成的，依法判决离婚，在离婚后1年内，无过错配偶可以另行起诉。第四，无过错配偶作为离婚诉讼的被告，在离婚诉讼中同意离婚，并请求离婚损害赔偿请求的，应当提起反诉。

（3）离婚损害赔偿请求权与分割共同财产的照顾无过错方的关系。在分割夫妻共同财产时，对无过错方可以予以适当照顾多分。在无过错方既提出离婚损害赔偿的请求，又要求在分割共同财产的时候要多分的，有的主张应当支持，有的主张不应予以支持。我们认为，这是两种不同的制度，是从两个不同的侧面保护无过错配偶一方，并不矛盾，故对无过错配偶一方同时提出这两种请求的，应当予以支持。

【案例评注】

周某与耿某离婚后损害责任纠纷案[①]

基本案情

原、被告原系夫妻关系，××××年××月××日生育一女耿某2，此后原

① 审理法院：四川省成都高新技术产业开发区人民法院；案号：（2016）川0191民初11093号。

告周某诉至法院要求与被告离婚，2015 年 7 月 14 日，法院判决准予原、被告离婚。该判决于 2015 年 8 月 13 日发生法律效力。原告在离婚诉讼中未涉及要求被告损害赔偿的主张。加盖成都高新技术产业开发区社会事业局利用婚姻档案专用章的《结婚登记审查处理表》载明，被告耿某与案外人谢某于××××年××月××日办理结婚登记，该结婚登记审查处理表的复印件与原件相符，复印时间为 2016 年 8 月 5 日。成都市公安局常住人口详细信息表载明：耿某 1 生于 2014 年 10 月 1 日，监护人耿某系其父亲，监护人谢某系其母亲，汉族，籍贯为四川省郫县。

原告周某诉称，2015 年 7 月 14 日，原、被告经成都市高新区人民法院判决准予离婚，判决生效后，原告发现被告有重婚事实。诉请被告耿某支付原告周某精神损害赔偿金人民币 50000 元。被告耿某无正当理由未到庭参加诉讼，亦未提交书面答辩状和证据材料。

法院判决

法院认为，因重婚导致离婚的，无过错方有权请求损害赔偿。本案中被告耿某在与原告周某婚姻关系存续期间内，二人尚未解除婚姻关系时，于××××年××月××日与案外人谢某办理结婚登记，系与配偶登记结婚，与他人又登记结婚，具有两个法律婚姻的重婚。被告耿某的行为已符合重婚的构成要件，属于重婚，应当对无过错方进行损害赔偿。原告周某称其在起诉与被告耿某离婚时，并不知晓被告耿某的重婚行为，是在离婚后调取资料时才发现被告耿某有重婚行为的。且从双方离婚判决书中载明的内容可以看出，双方在离婚时原告并未主张损害赔偿，亦未在夫妻共同财产分割时获得相应的物质赔偿。故原告周某发现被告耿某重婚行为后及时提出损害赔偿的诉讼请求，不因其在离婚诉讼时不知晓被告重婚行为而无法提出损害赔偿的主张而灭失，其要求损害赔偿的主张应当得到支持。法院判决被告耿某向原告周某支付精神损害赔偿金 30000 元人民币。

专家点评

离婚损害赔偿是婚姻中的过错方因过错行为侵害了无过错方配偶的权利而造成的损害赔偿。本案中耿某的行为符合离婚损害赔偿责任的构成要件：第一，过错行为发生在离婚之前。耿某在与周某婚姻尚未结束时，就与婚外第三人登记结婚，存在两个法律婚姻，属于典型的重婚。第二，存在损害，且违法行为与损害之间有因果关系。重婚是民法典第 1091 条规定的重大过错情形之一，侵害了原告周某的配偶权。因此，周某有权利请求离婚损害赔偿。

一般来说，应当在离婚时提出损害赔偿，除非在离婚时无过错方尚未知晓过错事实的发生或放弃损害赔偿请求。本案中有证据证明周某在离婚时并不知晓过错的存在。因此，法院酌情判决过错方耿某赔偿周某30000元是合理的。

第一千零九十二条 夫妻一方隐藏、转移、变卖、毁损、挥霍夫妻共同财产，或者伪造夫妻共同债务企图侵占另一方财产的，在离婚分割夫妻共同财产时，对该方可以少分或者不分。离婚后，另一方发现有上述行为的，可以向人民法院提起诉讼，请求再次分割夫妻共同财产。

【条文释义】

本条是对分割夫妻共同财产不分或者少分财产的例外情形规定。

分割夫妻共同财产，首先是在离婚时进行分割。在分割夫妻共同财产中，少分或不分的法定事由是：(1) 夫妻一方隐藏、转移、变卖、毁损、挥霍夫妻共同财产；(2) 伪造夫妻共同债务企图侵占另一方财产。具有上述情形之一的，在离婚分割夫妻共同财产时，对隐藏、转移、变卖、毁损、挥霍夫妻共同财产或者伪造夫妻共同债务的一方，可以少分或者不分。

如果是在离婚并实际分割了夫妻共同财产后，又发现了上述情形的，另一方当事人产生再次分割夫妻共同财产的请求权。再次分割夫妻共同财产请求权，是指夫妻在离婚中，因出现法定事由，一方享有可以再次请求分割夫妻共同财产的权利。在离婚后，另一方发现有上述行为的，可以向人民法院提起诉讼，请求再次分割夫妻共同财产，人民法院应当受理，并且按照查清的事实，对属于夫妻共同财产的部分进行再次分割。

当事人依据本条规定向人民法院起诉，请求再次分割夫妻共同财产的诉讼时效为3年，自知道或者应当知道权利发生之日起计算。

【案例评注】

雷某某与宋某某离婚纠纷案[①]

基本案情

原告雷某某（女）和被告宋某某于2003年5月19日登记结婚，双方均系再婚，婚后未生育子女。双方婚后因琐事导致感情失和，于2013年上半年产生矛盾，并于2014年2月分居。雷某某曾于2014年3月起诉要求与宋某某离婚，经法院驳回后，双方感情未见好转。2015年1月，雷某某再次诉至法院要求离婚，并依法分割夫妻共同财产。宋某某认为夫妻感情并未破裂不同意离婚。

雷某某称宋某某名下在中国邮政储蓄银行的账户内有共同存款37万元，并提交存取款凭单、转账凭单作为证据。宋某某称该37万元，来源于婚前房屋拆迁补偿款及养老金，现尚剩余20万元左右（含养老金14322.48元），并提交账户记录、判决书、案款收据等证据。

宋某某称雷某某名下有共同存款25万元，要求依法分割。雷某某对此不予认可，一审庭审中其提交在中国工商银行尾号为4179的账户自2014年1月26日起的交易明细，显示至2014年12月21日该账户余额为262.37元。二审审理期间，应宋某某的申请，法院调取了雷某某上述中国工商银行账号自2012年11月26日开户后的银行流水明细，显示雷某某于2013年4月30日通过ATM转账及卡取的方式将该账户内的195000元转至案外人雷某齐名下。宋某某认为该存款是其婚前房屋出租所得，应归双方共同所有，雷某某在离婚之前即将夫妻共同存款转移。雷某某提出该笔存款是其经营饭店所得收益，开始称该笔款已用于夫妻共同开销，后又称用于偿还其外甥女的借款，但雷某某对其主张均未提供相应证据证明。另，雷某某在庭审中曾同意各自名下存款归各自所有，其另行支付宋某某10万元存款，后雷某某反悔，不同意支付。

法院判决

一审法院判决：准予雷某某与宋某某离婚；雷某某名下中国工商银行尾号为4179账户内的存款归雷某某所有，宋某某名下中国邮政储蓄银行账号尾号为

---

① 审理法院：一审法院为北京市朝阳区人民法院；案号为（2015）朝民初字第04854号；二审法院为北京市第三中级人民法院；案号为（2015）三中民终字第08205号。

7101、9389及1156账户内的存款归宋某某所有，并对其他财产和债务问题进行了处理。

宣判后，宋某某提起上诉，提出对夫妻共同财产雷某某名下存款分割等请求。二审法院认为，本案二审期间双方争议的焦点在于雷某某是否转移夫妻共同财产和夫妻双方名下的存款应如何分割。一方在离婚诉讼期间或离婚诉讼前，隐藏、转移、变卖、毁损夫妻共同财产，或伪造债务企图侵占另一方财产的，侵害了夫妻对共同财产的平等处理权，离婚分割夫妻共同财产时，应当依照《中华人民共和国婚姻法》第四十七条的规定少分或不分财产。本案中，关于双方名下存款的分割，结合相关证据，宋某某婚前房屋拆迁款转化的存款，应归宋某某个人所有，宋某某婚后所得养老保险金，应属夫妻共同财产。雷某某名下中国工商银行尾号为4179账户内的存款为夫妻关系存续期间的收入，应作为夫妻共同财产予以分割。雷某某于2013年4月30日通过ATM转账及卡取的方式，将尾号为4179账户内的195000元转至案外人名下。雷某某始称该款用于家庭开销，后又称用于偿还外债，前后陈述明显矛盾，对其主张亦未提供证据证明，对钱款的去向不能作出合理的解释和说明。结合案件事实及相关证据，认定雷某某存在转移、隐藏夫妻共同财产的情节。根据上述法律规定，对雷某某名下中国工商银行尾号4179账户内的存款，雷某某可以少分。宋某某主张对雷某某名下存款进行分割，符合法律规定，予以支持。故判决准予双方离婚，宋某某婚后养老保险金14322.48元归宋某某所有，对于雷某某转移的19.5万元存款，由雷某某补偿宋某某12万元。

专家点评

本案中，雷某某将自己名下的存款转至案外人名下，这是典型的转移财产的行为，根据原《婚姻法》第47条规定，在分割夫妻共同财产时，可以少分或不分。二审法院认为雷某某存在转移、隐藏夫妻共同财产的情节，是合理的。但是，民法典婚姻家庭编第1092条所规定的究竟是指对夫妻全部的共同财产还是被隐藏、转移、变卖、毁损、挥霍的共同财产“少分或者不分”，对此有不同的理解。我们建议，应该是指对夫妻的全部共同财产“少分或者不分”，因为本条是对夫妻一方“私心”的惩罚，而当事人隐藏、转移、变卖、毁损、挥霍哪些财产，绝大多数情形都是故意选择的。如果对该条作限缩解释，显然达不到立法规范的目的。所以法院认为“对于雷某某名下中国工商银行账户内的存款，雷某某可以少分”的限缩解读，值得商榷。

第五章 收　　养

第一节 收养关系的成立

第一千零九十三条 下列未成年人，可以被收养：

（一）丧失父母的孤儿；

（二）查找不到生父母的未成年人；

（三）生父母有特殊困难无力抚养的子女。

【条文释义】

本条是对被收养人的规定。

收养，是指自然人领养他人的子女为自己的子女，依法创设拟制血亲亲子关系的身份法律行为。依收养身份法律行为创设的收养关系，就是拟制血亲的亲子关系，是基于收养行为的法律效力而发生的身份法律关系。这种拟制血亲的亲子关系，具有与自然血亲同样内容的权利义务关系。在收养的身份法律行为中，当事人分别是收养人、被收养人和送养人。其中领养他人子女为自己的子女的人是收养人，被他人收养的人为被收养人，将子女或者儿童送给他人收养的自然人或者社会组织为送养人。收养人为养父或养母，被收养人为养子或养女，送养人是抚养被收养人的生父母或者其他人。

收养行为的特征是：(1) 收养是身份法律行为，是要式行为。收养行为的性质属于身份行为，是建立身份关系的法律行为。收养行为的实施，使原来没有血亲关系的收养人和被收养人的身份关系发生改变，使收养人成为养父、养母，被收养人成为养子、养女，建立了拟制的亲子关系。这种身份行为关系到当事人尤其是被收养人的身份地位问题，必须是要式行为。(2) 收养行为人应是具有特定法律身份的人。在一般的民事法律行为中，对行为人的身份通常不加限制，但收养行为涉及人的身份地位问题，所以法律规定了特别的限制：第一，收养人和被收养人必须是自然人，社会组织不具有这样的资格。第二，收养人、送养人和被收养人必须符合法律所规定的资格和条件，否则不得收养子女、送养子女或者被他人所收养。第三，收养只能发生在非直系血亲关系的自然人之间，原本就存在自然血亲关系的自然人之间，自然血缘密切，辈分分明，一旦收养，必然造成血缘关系的混乱，法律禁止直系血亲之间进行收养。第四，除了夫妻共同收养之外，禁止被收养人被二人所收养，目的在于避免违反亲子身份秩序，损害被收养人的利益。(3) 收养行为是产生法律拟制血亲关系的行为。收养行为在收养人和被收养人及其近亲属之间产生亲子的权利义务关系，与自然血亲的亲子关系没有区别。这是收养与寄养的主要区别。[①] 这种血亲关系是拟制血亲关系，通过法律的拟制，使没有血亲关系的人发生血亲关系，其特点是，通过法律行为而设立，也可以通过法律行为而解除。(4) 收养行为消灭养子女的自然血缘关系，但自然血缘关系仍然存在。收养行为消灭被收养人与其生父母之间的权利义务关系，但子女被他人收养之后，原有的自然血亲关系并没有完全消灭。基于出生而发生的血缘关系，是不可能人为加以消灭的。因此，收养的效力不及于自然血亲关系，法律有关自然血亲关系的一些规定，如禁止近亲结婚等，不受收养的影响。

收养行为是民事法律行为，是身份行为，因而收养的基本原则是：(1) 有利于被收养的未成年人的抚养、成长原则。实行收养制度的首要目的，在于使未成年的被收养人，包括丧失父母的孤儿、查找不到生父母的弃儿、出于某些原因生父母不能抚育的子女，能够在收养人的抚育下健康成长。对于收养孤儿、残疾儿童、查找不到父母的弃儿以及继子女，法律都规定了较为宽松的条件，就是体现这一原则。(2) 保证被收养人和收养人的合法权益原则。收养法律关系既关系到被收养人的利益，也关系到收养人的权益，都必须得到法律的保护。保护的标准，就是养父母子女关系适用法律关于父母子女关系的规定。贯彻这一规定，就体现了保护被收养人和收养人的合法权益的原则。(3) 平等自愿原则。收养行为是民事法律行为，平等自愿是实施一切民事法律行为的基本原则，收养当然不能例外。收养行为的当事人、收养关系的主体，都完全出于平等的地位，实施收养行为必须各方出于自愿。贯彻平等自愿原则，就是要通过协议的方式，各方当事人能表达自己的真实意志。(4) 不得违背社会公德原则。这一原则是民法公序良俗原则的体现。实施收养行为必须依法办事，尊重当事人的意志，同时也要遵守社会公德，不能违反善良风俗。对收养当事人的行为应当加以必要的约束，不能妨害社会公德和社会秩序。

---

① 孟令志等：《婚姻家庭与继承法》，北京大学出版社 2012 年版，第 215 页。

收养关系的成立，是指收养当事人依照收养法规定的条件和程序建立收养关系。由于收养是变更身份关系的重要法律行为，关系到当事人的人身关系和财产关系的变更，也关系到社会公共利益和善良风俗，因此法律实行较多的干预和监督，为收养规定了详细的条件和程序，只有符合法律的要求，才能够发生收养的效力。

收养关系的成立应当具备实质要件和形式要件。收养关系成立的实质要件是收养关系成立的实体性的必要条件。民法典婚姻家庭编对被收养人、送养人和收养人的条件以及收养合意等问题都作了明确规定，针对某些特殊情形，对收养当事人的条件还作了宽于收养一般情形的特别规定。

其中，对于被收养人的条件，在各国的收养法中都是有规定的，宽严程度各有不同，多数国家的规定限制在未成年人，只有少数国家立法规定可以收养成年人。本条规定只有下列未成年人具备被收养人的条件：（1）丧失父母的孤儿。孤儿，是指其父母死亡或者人民法院宣告其父母死亡的未成年人。（2）查找不到生父母的未成年人。对查找不到生父母未成年人，是适格的被收养人。（3）生父母有特殊困难无力抚养的未成年子女。具体判断生父母有特殊困难，应当根据当事人的具体情况认定。例如，父母出于无经济负担能力、患有严重疾病、丧失民事行为能力等原因，无法或者不宜抚养子女，可以视为有特殊困难无力抚养。在这种情况下，其子女可以被送养。

【案例评注】

张某甲与刘某遗赠扶养协议纠纷案①

基本案情

刘某与张某某婚后育有三个女儿张某乙、张某丙、张某丁，但没有儿子。大女儿张某乙婚后生育了长子唐某甲。因传统习俗，家族需有男丁继承姓氏、传宗接代，1992 年 4 月 12 日，在张某某的单位领导主持下，张某某立下《过继文书》：“张某某、刘某两位老人因膝下无子，将其大女婿、大女儿唐某某、张某乙之长子唐某甲从小（1979 年）代养为孙（当时已改名为张某戊，后改名为张某甲）”2007 年张某某去世后，张某甲将张某某与刘某共同居住的房屋重新装修作

---

① 审理法院：一审法院为湖南省郴州市北湖区人民法院，案号为（2015）郴北民一初字第 1241 号；二审法院为湖南省郴州市中级人民法院，案号为（2016）湘 10 民终 980 号。

为婚房，携妻子与刘某共同生活。2015 年，因张某戊、刘某共同居住的房屋面临拆迁，刘某入住敬老院。本案的争议焦点是：刘某与张某甲的收养关系是否成立。

法院判决

一审法院认为，本案名为收养关系纠纷，实为遗赠扶养协议纠纷。收养是指根据法定的条件和程序领养他人子女为自己子女，以设立亲子关系为目的的民事法律行为，是一种法定的变更民事权利、义务的重要法律行为。子女过继是一种民间说法，又叫立嗣，主要是指没有儿子的男子，立同族的子侄为传宗接代之人，法律上可称之为继子女或养子女。过继应到县级以上人民政府民政部门登记。立嗣的性质并不等同于法律上的收养。首先，立嗣者可以有子女，而收养人必须没有子女；其次，只有同族同宗的男子才能被立嗣，而在收养关系中，无论是否同族、无论男女，都可以被收养；最后，男子被立嗣后，在法律上与生父母的权利、义务不变，而收养关系一旦成立，养子女与生父母的权利、义务关系也就终止。《中华人民共和国收养法》颁布实施后，构成事实收养的立嗣应当具备以下条件：一是过继三方一致同意；二是过继子女与过继父母以父母子女相称，并解除了与生父母之间的权利义务关系；三是过继子女与过继父母之间形成了抚养关系。本案中，《过继文书》形成之时，张某甲已成年，不符合收养法规定的可收养的情形，故此，本案中的过继行为不构成事实收养关系。本案中的《过继文书》名为过继，实则是在张某某老人生前所在单位的主持下形成的遗赠扶养协议。而遗赠扶养协议是指自然人（遗赠人、受扶养人）与扶养人之间关于扶养人扶养受扶养人，受扶养人将财产遗赠给抚养人的协议。遗赠人与扶养人在履行遗赠扶养协议过程中产生的纠纷，即遗赠扶养协议纠纷。张某甲与刘某原本就为祖孙，双方不存在收养关系。

张某甲不服一审判决，提起了上诉。二审法院认为，《中华人民共和国收养法》第六条规定：“收养人应当同时具备下列条件：（一）无子女；（二）有抚养教育被收养人的能力；（三）未患有在医学上认为不应当收养子女的疾病；（四）年满三十周岁。”第四条规定：“下列不满十四周岁的未成年人可以被收养：（一）丧失父母的孤儿；（二）查找不到生父母的弃婴和儿童；（三）生父母有特殊困难无力抚养的子女。”第十五条规定：“收养应当向县级以上人民政府民政部门登记。收养关系自登记之日起成立。”本案张某某、刘某育有三个女儿，不符合收养人的条件，1992 年 4 月 12 日签订《过继文书》时张某甲已是成年人，并非未满十四周岁的未成年人，不符合被收养人的条件，故本案《过继文书》中关于张某某、刘某收养张某甲为孙儿的部分与《中华人民共和国收养法》的规定相悖，《过继文书》该部分无效，张某某、刘某与张某甲之间的收养关系不成立。

专家点评

本条扩大了被收养人的年龄范围，原《收养法》规定的能够被收养的未成年子女的年龄界限为 14 周岁，但本条规定了未成年人即不满 18 周岁的自然人可以被收养，从而尽可能地保障未成年子女被收养的权利和收养人收养的权利。但是，并不是所有的未成年人均可以被收养，被收养人应当满足法定条件才得以被收养，法定条件主要有三种。第一种情况是，丧失父母的未成年孤儿可以被收养。第二种情况是，查找不到生父母的未成年人可以被收养。第三种情况是，生父母有特殊困难无力抚养的未成年人可以被收养。本案中，生父母唐某某、张某乙为了继承姓氏、传宗接代，将成年的儿子张某甲过继给张某乙的父亲张某某。张某某和张某甲之间不成立收养关系，因为张某甲过继时已成年，不是未成年人，且其并未丧失父母或者查找不到生父母，也不存在生父母有特殊困难无力抚养张某甲的情况。因此，张某甲不是适格的被收养人。此外，过继行为不构成事实收养关系。本案中的《过继文书》名为过继，实则是在张某某老人生前所在单位的主持下形成的遗赠扶养协议。故张某某与张某甲之间是遗赠扶养关系，而不是收养关系。

第一千零九十四条　下列个人、组织可以作送养人：

（一）孤儿的监护人；

（二）儿童福利机构；

（三）有特殊困难无力抚养子女的生父母。

【条文释义】

本条是对送养人适格条件的规定。

送养人的适格条件是：

第一，孤儿的监护人。孤儿是未成年人，其监护人可以送养，但须符合民法典总则编第 27 条第 2 款规定的条件，即“未成年人的父母已经死亡或者没有监护能力的，由下列有监护能力的人按顺序担任监护人：（一）祖父母、外祖父母；（二）兄、姐；（三）其他愿意担任监护人的个人或者组织，但是须经未成年人住所地的居民委员会、村民委员会或者民政部门同意”。监护人送养孤儿的，还须符合民法典婚姻家庭编第1096条规定，即“监护人送养孤儿的，应当征得有抚养义务的人同意。有抚养义务的人不同意送养、监护人不愿意继续履行监护职责的，应当依照本法第一编的规定另行确定监护人”。

第二，儿童福利机构。我国的儿童福利机构是指各地民政部门主管的收容、养育孤儿和查找不到生父母的弃婴、儿童的社会福利院，是各级人民政府的民政部门兴办的慈善机构。对于他们养育的孤儿、查找不到生父母的弃婴、儿童，儿童福利机构可以送养给合格的收养人。

第三，有特殊困难无力抚养子女的生父母，也可以将未成年子女送养，这有利于子女的健康成长。有特殊困难无力抚养子女的生父母，必须双方共同送养，如果生父母一方不明或者查找不到的，可以单方送养；生父母一方死亡，对方配偶可以送养子女，但死亡一方的父母主张优先抚养权的，构成送养的法定障碍，该父母则行使优先抚养权，生父母一方不得送养；未成年人的父母均不具有完全民事行为能力的，该未成年人的监护人不得将其送养，但父母对该未成年人有严重危害可能的，则监护人可以送养。

【案例评注】

刘某、王某与苏某1、周某1确认收养关系纠纷案[①]

基本案情

刘某、王某系夫妻关系，于××××年××月××日生一女孩。1995年年底，刘某之父刘某权将该女孩送给苏某1、周某1领养，改名为苏某2。苏某1、周某1在未依法办理收养登记的情况下于1996年为苏某2进行了户口登记，且于2003年办理了独生子女证。刘某、王某向法院诉请确认苏某1、周某1收养苏某2的行为无效。本案的争议焦点是：刘某权是否为适格的送养人，苏某2与苏某1、周某1的收养关系是否成立。

法院判决

一审法院认为，公民合法的民事权益受法律保护。苏某1、周某1在未依法

① 审理法院：一审法院为江苏省兴化市人民法院，案号为（2017）苏1281民初289号；二审法院为江苏省泰州市中级人民法院，案号为（2017）苏12民终1090号。

办理收养登记的情况下收养苏某2，收养关系无效。苏某1、周某1认为苏某2长期与其一起生活，且办理了户口登记和独生子女证，应视为事实收养关系。经查，根据1991年12月29日公布的于次年4月1日施行的《中华人民共和国收养法》第六条第三项规定，收养人应满三十五周岁；1999年4月1日修改后的《中华人民共和国收养法》亦规定收养人应年满三十周岁，而苏某1、周某1的收养行为发生在1995年年底，苏某1、周某1当时的年龄均未达到法定的收养人的年龄，故其认为属事实上的收养关系，无法律依据。据此，一审法院判决：苏某1、周某1收养苏某2的收养关系无效。

苏某1、周某1不服一审判决，提起上诉。二审法院认为，收养应当遵循平等自愿原则，并不得违背法律规定。苏某1、周某1收养苏某2时，《中华人民共和国收养法》已于1991年12月29日公布并于1992年4月1日施行，苏某1、周某1收养应符合1992年4月1日施行的《中华人民共和国收养法》的相关规定。该法第四条规定，下列不满十四周岁的未成年人可以被收养：（一）丧失父母的孤儿；（二）查找不到生父母的弃婴和儿童；（三）生父母有特殊困难无力抚养的子女。该法第五条规定，下列公民、组织可以作送养人：（一）孤儿的监护人；（二）社会福利机构；（三）有特殊困难无力抚养子女的生父母。该法第六条规定，收养人应当年满三十五周岁。该法第十五条第二款规定，收养应当由收养人、送养人依照本法规定的收养、送养条件订立书面协议，并可以办理收养公证；收养人或者送养人要求办理收养公证的，应当办理收养公证。该法第二十四条规定，违反《中华人民共和国民法通则》第五十五条和本法规定的收养行为无法律效力。本案中，苏某2生父母尚在，并无证据证明生父母有特殊困难无力抚养，现有证据亦证明苏某2并非其生父母即被上诉人送养，而上诉人在收养时亦未达到法律规定的年龄，且收养并未订立书面协议。无论是被收养人、送养人、收养人还是送养的形式均违反法律规定。苏某1、周某1收养苏某2的收养行为无法律效力。

专家点评

根据本条规定，只有孤儿的监护人、儿童福利机构、有特殊困难无力抚养子女的生父母才是适格的送养人，除此之外，任何人或组织无权送养适格的被送养人。本案中，苏某2是刘某、王某夫妻的女儿，刘某之父刘某权却将苏某2送给苏某1、周某1领养。苏某2的亲生父母刘某和王某尚在，苏某2不是孤儿，刘某权不可能成为苏某2的监护人。由于刘某权不属于本条规定的任何一种情况，不是适格的送养人，因此其无权送养，即使事实上送养了苏某2，该民事法律行为无效。

第一千零九十五条 未成年人的父母均不具备完全民事行为能力且可能严重危害该未成年人的，该未成年人的监护人可以将其送养。

【条文释义】

本条是对未成年人的监护人可以作为送养人的规定。

未成年人的父母如果都不是具有完全民事行为能力的人，是无民事行为能力人或者限制民事行为能力人，该父母对该未成年人的身体或精神有可能造成严重危害的，该未成年人的监护人可以将其送养。未成年人的监护人可以根据民法典总则编第27条的规定进行确认。法律严格限制未成年人的监护人将其送养，是为了防止监护人逃避监护职责，损害被监护人的合法权益。

【案例评注】

隆甲与龙甲、杨甲、杨乙、龙乙变更抚养权纠纷案①

基本案情

2013年3月18日，龙甲、杨甲在某某县某某镇卫生院生育一名男婴，随后杨甲的父亲杨乙把男婴送给杨甲的表姐隆甲家抚养。2013年10月28日，隆甲家为男婴在某某县公安局某某派出所登记入户，与隆甲登记为一户，户主为隆甲父亲隆丙，登记监护人父亲为隆乙，监护人母亲为隆甲，为男婴取名隆丁。龙甲于1997年10月24日出生，杨甲于1998年4月29日出生，两人生育隆丁时均未成年，杨乙、龙乙为杨甲的法定监护人。另外，隆丁出生前，龙甲家人给予杨甲两次经济扶助，一次3000元，一次9000元。杨乙将隆丁交于隆甲母亲抚养，未告知龙甲及其家人。隆甲抚养隆丁至今未依法办理收养手续。隆甲以无力继续代为抚养隆丁、龙甲等人拒不领回隆丁为由，向法院起诉要求四被告领回隆丁。本案的焦点是：杨甲的监护人杨乙是否有权将隆丁送养，隆甲与隆丁的收养关系是否成立，隆丁应当由谁抚养。

---

① 审理法院：湖南省湘西土家族苗族自治州花垣县人民法院；案号：（2015）花民初字第725号。

法院判决

关于杨甲的监护人杨乙是否有权将隆丁送养，隆甲与隆丁的收养关系是否成立，隆丁应当由谁抚养等问题，法院认为：

一、隆甲与隆丁的收养关系是否成立。《中华人民共和国收养法》第十五条第一款规定，收养应当向县级以上人民政府民政部门登记。收养关系自登记之日起成立。第十二条规定，未成年人的父母均不具备完全民事行为能力的，该未成年人的监护人不得将其送养，但父母对该未成年人有严重危害可能的除外。本案中，龙甲、杨甲生育隆丁时均系未成年人，不具备完全民事行为能力，未被证实存在严重危害隆丁的可能，其任意一方监护人均不得擅自将隆丁送养，且送养未经县级人民政府部门登记，隆甲与隆丁的收养关系不成立。

二、隆丁应当由谁抚养。《中华人民共和国民法通则》第十六条规定，未成年人的父母是未成人的监护人。未成年人的父母已经死亡或者没有监护能力的，由下列人员中有监护能力的人担任监护人：（一）祖父母、外祖父母。因杨甲尚未成年，由其父母杨乙、龙乙代为抚养，龙甲已成年，监护责任由龙甲自行履行。

据此，判决非婚生子隆丁由被告龙甲、杨乙、龙乙共同抚养。

专家点评

未成年人的监护人将其送养须同时满足两个条件：一是未成年人的父母均不具备完全民事行为能力，二是该父母可能严重危害该未成年人。如果未成年的父母仅满足上述条件中的任何一项，未成年人的监护人都无权将未成年人送养。本条对监护人送养所作的限制性规定，是出于保护不具备完全民事行为能力的父母权益的需要，也是出于保护未成年子女权益的需要。本案中，龙甲、杨甲生育隆丁时均未成年，不具备完全民事行为能力。隆丁的监护人是祖父母或外祖父母，故杨甲的父亲杨乙是隆丁的合法监护人。但是，现有证据不能证实龙甲、杨甲存在严重危害隆丁的可能，其任意一方监护人均不得擅自将隆丁送养。因此，杨乙无权将隆丁送养。

第一千零九十六条 监护人送养孤儿的，应当征得有抚养义务的人同意。有抚养义务的人不同意送养、监护人不愿意继续履行监护职责的，应当依照本法第一编的规定另行确定监护人。

【条文释义】

本条是对监护人送养孤儿的规定。

监护人送养孤儿，须具备的条件是：（1）未成年人丧失父母，确实是孤儿；（2）该孤儿在监护人的监护之下，是被监护人；（3）将其送养是出于保护孤儿权益的需要；（4）监护人送养被监护的孤儿须征得有抚养义务的人同意，有抚养义务的人，是指民法典婚姻家庭编第 1074 条、第 1075 条规定的有负担能力的祖父母、外祖父母和兄、姐。如果有抚养义务的人不同意将该孤儿送养，监护人又不愿意继续履行监护职责的，应当依照民法典第一编（即总则编）的规定另行确定监护人。

【本条无案例】

第一千零九十七条 生父母送养子女，应当双方共同送养。生父母一方不明或者查找不到的，可以单方送养。

【条文释义】

本条是对生父母送养子女的规定。

有特殊困难、无力抚养子女的生父母送养子女的，必须双方共同送养，如果生父母一方身份不明或者查找不到的，可以由单方送养。生父母一方死亡，对方配偶可以送养子女，但死亡一方的父母主张优先抚养权的，构成送养的法定障碍，该父母得行使优先抚养权，生父母一方不得送养；未成年人的父母均不具有完全民事行为能力的，该未成年人的监护人不得将其送养，但父母对该未成年人有严重危害可能的，则监护人可以送养。

【案例评注】

汪甲、陈某与李甲、李乙解除收养关系纠纷案[①]

基本案情

汪甲是陈某前妻，李甲、李乙系夫妻关系。汪甲于2010年6月11日生育一女汪乙，3日后，汪甲未经丈夫陈某同意将女儿汪乙送李甲、李乙抚养。至今未到澧县民政局办理收养登记。汪乙随李甲、李乙生活后更名为李丙。2011年11月17日，李甲、李乙生育一女李丁。汪甲和陈某以李甲、李乙抚养两个子女、经济拮据且收养违法为由诉请解除收养关系。本案的焦点是：汪甲未经丈夫陈某同意，将女儿送养，是否发生法律效力。

法院判决

法院认为，生父母送养子女，须双方共同送养。生父母一方不明或者查找不到的可以单方送养。收养应当向县级以上人民政府民政部门登记。收养关系当事人应当亲自到收养登记机关办理成立收养关系的登记手续。夫妻共同收养子女的，应当共同到收养登记机关办理登记手续。收养关系自登记之日起成立。本案原告汪甲将女儿汪乙（后更名为李丙）送二被告李甲、李乙抚养，未经其生父陈某同意，且至今未办理收养登记，不符合收养的实质要件与形式要件，故二被告李甲、李乙收养李丙的行为无效，收养关系不成立。只有合法的收养关系才能依法解除，而本案收养关系不成立，故对原告的诉讼请求不予支持。

专家点评

送养未成年子女对父母和子女事关重大，生父母应当共同协商，共同决定，即使生父母离婚，直接抚养未成年子女的一方也应当经过另一方的同意后再送养，否则送养行为不发生法律效力。但客观上生父母无法共同送养时，可以单方送养。可以单方送养的情况仅有两种：一是生父母一方不明，如非婚生子女的生父无法确定；二是查找不到生父母，如一方失踪或死亡等。本案中，汪乙的生母汪甲未经其生父陈某的同意，将汪乙送养于李甲、李乙。汪甲送养汪乙时，汪乙的生父陈某不存在身份不明或查找不到的情形，汪甲不符合法律规定的单独送养

---

① 审理法院：湖南省常德市澧县人民法院；案号：（2018）湘0723民初677号。

的情形。因此，即使汪甲和陈某离婚，汪甲送养之前也应当经过陈某的同意，在双方协商一致后，共同送养汪乙。故汪甲单独送养汪乙的法律行为不发生法律效力。

第一千零九十八条 收养人应当同时具备下列条件：

（一）无子女或者只有一名子女；

（二）有抚养、教育和保护被收养人的能力；

（三）未患有在医学上认为不应当收养子女的疾病；

（四）无不利于被收养人健康成长的违法犯罪记录；

（五）年满三十周岁。

【条文释义】

本条是对收养人条件的规定。

收养人应当同时具备以下条件：

第一，无子女或者只有一名子女。无子女者，包括未婚者无子女、已婚者无子女以及因欠缺生育能力而不可能有子女等情形。无子女或者只有一名子女的“子女”，包括婚生子女、非婚生子女及拟制血亲的子女。

第二，有抚养教育被收养人的能力。不仅要考虑收养人的经济负担能力，而且要考虑在思想品德等方面是否有抚养教育的能力。其标准，应当不低于对监护人监护能力的要求。

第三，未患有在医学上认为不应当收养的疾病。在医学上认为不应当收养子女的疾病，是指危害养子女健康的传染性疾病或者危害养子女人身安全的精神性疾病。

第四，无不利于被收养人健康成长的违法犯罪记录。这有利于被收养人得以在良好的环境中健康成长。

第五，年满30周岁。收养人须满30周岁，是对有配偶者双方和无配偶者的共同要求。但特殊情形应当依照特别规定。民法典婚姻家庭编第1103条规定了继父或者继母经继子女的生父母同意，可以收养继子女，并可以不受本条的规定，继而继父或者继母不受年龄满30周岁的限制。

除上述规定外，民法典婚姻家庭编还对收养人的条件作了相应的其他规定：第一，基于伦理道德的考虑，第1102条规定：“无配偶者收养异性子女的，收养人与被收养人的年龄应当相差四十周岁以上。”第二，为了有利于夫妻和睦和对被收养人的抚养教育及收养关系的稳定，第1101条规定：“有配偶者收养子女，应当夫妻共同收养。”

【案例评注】

木某某与木某某1等解除收养关系纠纷案①

基本案情

1994年5月20日，王某某姐姐王甲将其生育的木某某交由木某某1、王某某抚养，至今未办理收养登记手续。现木某某已成年且已出嫁，木某某1、王某某与木某某之间一直以父母子女相称。木某某1、王某某向一审法院请求解除木某某1、王某某与木某某之间的收养关系。本案的焦点是：木某某1和王某某是否为适格的收养人，木某某与木某某1、王某某之间的抚养关系是否有效。

法院判决

一审法院认为，收养关系的确立应符合相关法律规定。《中华人民共和国收养法》第六条规定：“收养人应当同时具备下列条件：（一）无子女……”第十五条第一款规定：“收养应当向县级以上人民政府民政部门登记。收养关系自登记之日起成立。”第二十五条规定：“违反《中华人民共和国民法通则》第五十五条和本法规定的收养行为无法律效力。收养行为被人民法院确认无效的，从行为开始时起就没有法律效力。”本案中，送养人王甲与木某某1、王某某之间的收养关系，因收养不符合法律规定，所以双方之间的收养关系是无效的。

木某某不服一审判决，提起上诉。二审法院认为，《最高人民法院关于贯彻执行民事政策法律若干问题的意见》第二十八条虽然规定，亲友、群众公认，或有关组织证明确以养父母与养子女关系长期共同生活的，即使未办理合法手续，也应按收养关系对待，但该司法解释于1984年8月30日颁布，现已失效。本案收养行为发生于1994年，《中华人民共和国收养法》于1992年4月1日起施行。《中华人民共和国收养法》（修订前）第六条规定，收养人应当同时具备下列条件：（一）无子女；（二）有抚养教育被收养人的能力；（三）年满三十五周岁。

---

① 审理法院：一审法院为安徽省亳州市谯城区人民法院，案号为（2017）皖1602民初2363号；二审法院为安徽省亳州市中级人民法院，案号为（2018）皖16民终410号。

《中华人民共和国收养法（1998年修订后）》第六条规定，收养人应当同时具备下列条件：（一）无子女；（二）有抚养教育被收养人的能力；（三）未患有在医学上认为不应当收养子女的疾病；（四）年满三十周岁。木某某1、王某某收养木某某时均未满三十周岁，其亦有子女，故不符合收养的条件。《中华人民共和国收养法》（修订前）第二十四条规定，违反《中华人民共和国民法通则》第五十五条和本法规定的收养行为无法律效力。《中华人民共和国收养法》（1998年修订后）第二十五条规定，违反《中华人民共和国民法通则》第五十五条和本法规定的收养行为无法律效力。故根据修订前及修订后的法律规定，本案的收养行为均应认定无效。因收养关系无效，故不存在解除收养关系的前提。综上所述，一审认定事实清楚，适用法律正确，应予维持。

专家点评

对收养人的最低年龄限制，是根据我国的自然条件、社会因素和人的成熟性等，能够有利于家庭稳定团结和控制人口增长速度而决定的。[①] 对收养人子女数量的限制，原《收养法》规定了收养人应当没有子女，这是符合当时计划生育的政策需要，随着国家鼓励生育，放宽了对收养人子女的限制，收养人只有一名子女，符合其他收养条件的，也可以成为收养人。本案中，木某某1、王某某收养木某某时均未满三十周岁，不符合本条规定的收养人年满三十周岁的要求，且根据原《收养法》的规定，由于木某某1、王某某有子女，二人不符合收养人须无子女的要求，因此木某某1、王某某不是适格的收养人，其与木某某之间的抚养关系无效。

第一千零九十九条 收养三代以内旁系同辈血亲的子女，可以不受本法第一千零九十三条第三项、第一千零九十四条第三项和第一千一百零二条规定的限制。

华侨收养三代以内旁系同辈血亲的子女，还可以不受本法第一千零九十八条第一项规定的限制。

【条文释义】

本条是对收养三代以内旁系同辈血亲子女的规定。

---

① 陈智慧、李学兰编著：《婚姻、收养、监护与继承——亲属法原理与实务》，复旦大学出版社1997年版，第229页。

收养三代以内旁系同辈血亲的子女，多是本家族内的近亲属照顾无子女近亲属的一种举措，不必限制过多，因此可以不受本法第1093条第3项关于被送养人为“生父母有特殊困难无力抚养的子女”、第1094条第3项关于送养人为“有特殊困难无力抚养子女的生父母”和第1102条关于“无配偶者收养异性子女的，收养人与被收养人的年龄应当相差四十周岁以上”规定的限制。本条删除了原《收养法》第7条中规定的收养三代以内同辈旁系血亲的子女还可以不受被收养人不满十四周岁的限制。删除该内容，是因为本编第1093条规定了可以被收养的人为未成年人，即不满18周岁的自然人，如果其已满18周岁，成为完全民事行为能力人，就不可能成为被收养人，也没有收养的必要性，否则违背了实行收养制度的首要目的，即保障未成年人的健康成长。如果当事人为了让完全民事行为能力人赡养自己，愿意以由该完全民事行为能力人继承当事人的遗产作为回报，签订协议的，应当将双方的法律关系定性为遗赠扶养关系，而不是收养关系。

华侨收养三代以内旁系同辈血亲的子女，不仅不受上述三个规定的限制，而且还可以不受民法典婚姻家庭编第1098条第1项关于收养人“无子女或者只有一名子女”规定的限制。

【案例评注】

陈某1与陈某2解除收养关系纠纷案①

基本案情

陈某1与陈某2是叔侄关系。1991年11月11日，陈某1与陈某2（27岁）、陈某3、张某1签订收养协议，约定陈某1收养陈某3、张某1夫妻之子陈某2，陈某2的生活、抚养、教育、婚礼等均由陈某1负责，陈某1年老后的赡养及去世后的丧葬事宜均由陈某2负责，陈某1去世后的一切财产均由陈某2继承。1991年11月28日，新沂市公证处依据上述协议作出公证书，确定收养关系自公证之日起生效。后因陈某1自行处理房产、树木等财产，引发陈某2不满，双方产生纠纷。现陈某1主张解除扶养协议。本案的焦点是：陈某1和陈某2之间的收养关系应否予以解除。

① 审理法院：一审法院为江苏省新沂市人民法院，案号为（2017）苏0381民初1497号；二审法院为江苏省徐州市中级人民法院，案号为（2017）苏03民终6811号。

法院判决

一审法院认为，1991年11月11日，陈某2已经27岁，能够自食其力，并不具备收养的必要性和可能性，故双方签订的收养协议不符合收养的实质要件。综合考虑双方签订协议的内容、目的、实际履行情况以及对协议履行的争议焦点，双方所签订的收养协议的实质是遗赠抚养协议，本案案由应为遗赠抚养协议纠纷。故驳回陈某1的诉讼请求。

陈某1不服一审判决，提起上诉。二审法院认为，《中华人民共和国收养法》第七条第一款规定，收养三代以内同辈旁系血亲的子女，可以不受本法第四条第三项、第五条第三项、第九条和被收养人不满14周岁的限制。1991年11月，陈某1收养陈某2时，虽然陈某2此时已经27岁，但由于陈某1和陈某2之间是叔侄关系，二人之间的收养符合相关法律的规定，当时，《中华人民共和国收养法》并没有要求双方的收养应当向县级以上人民政府民政部门登记，双方就签订了一份收养协议书并进行了公证，用来证明该收养的事实及权利义务的划分，该收养事实成立后，双方均应按照收养协议书的约定来履行相应职责。1998年11月，《中华人民共和国收养法》修正之后，该法第十五条第一款规定，收养应当向县级以上人民政府民政部门登记。收养关系自登记之日起成立。陈某1和陈某2之间的收养关系并没有补办登记手续，陈某1也没有举证证实陈某2拒不履行赡养义务，陈某2在一审庭审中多次明确表示其一直主动履行赡养义务，并愿意继续赡养陈某1，态度较为诚恳，故陈某1向法院请求解除其和陈某2之间的收养关系不应得到支持。一审法院在适用法律上虽有不妥之处，但判决驳回陈某1的诉讼请求并无不当，依法应予维持。

专家点评

我国民间有收养三代以内旁系同辈血亲的子女的传统风俗习惯，相对而言，亲属比非亲属对被收养人的成长更有利，因而放宽了收养关系当事人的条件。至于成年人能否被收养，原《收养法》第7条规定了被收养人不受年龄的影响，只要生父母具备送养人的资格，被送养人也具备资格，三代以内同辈旁系血亲收养人与送养人以及被送养人达成一致，即可办理收养登记，建立收养关系。但是，本编删除了收养三代以内同辈旁系血亲的子女不受年龄限制的规定，意味着三代以内旁系同辈血亲的子女作为被收养人时，也要满足法定的年龄要求，即不满18周岁。未成年人与具有完全民事行为能力的成年人不同，未成年人的身心发育尚不成熟，缺乏独立的生活和辨认自己行为的法律后果的能力，他们需要家庭和社会的悉心抚养、关怀爱护、培养教育和监督保护。本案中，1991年11月11日，陈某1与陈某2、陈某3、张某1签订收养协议。当时陈某2的年龄为27周岁。根据原《收养法》第7条规定，陈某1的侄子陈某2符合被收养的法定要求，陈某1和陈某3、张某1也具备收养人和送养人的资格，故陈某1和陈某2是合法的收养关系。但是，若本案发生在民法典生效后，根据本编的规定，陈某2已是成年人，能够自食其力，不是需要家庭和社会悉心抚养、关怀爱护、培养教育和监督保护的未成年人，不具备收养的必要性和可能性，故双方签订的收养协议不符合收养的实质要件，不构成收养关系。从双方签订协议的内容、目的、实际履行情况以及对协议履行的争议焦点，双方所签订的收养协议的实质是遗赠抚养协议，双方的法律关系为遗赠抚养关系，而非收养关系。

第一千一百条 无子女的收养人可以收养两名子女；有子女的收养人只能收养一名子女。

收养孤儿、残疾未成年人或者儿童福利机构抚养的查找不到生父母的未成年人，可以不受前款和本法第一千零九十八条第一项规定的限制。

【条文释义】

本条是对收养人收养子女数量的规定。

对收养人收养子女数量的限制，是为了防止收养人因收养子女过多，无照顾能力，进而损害被收养人的利益，同时也防止出现借收养之名拐卖人口的情况。因此，本条第1款规定，无子女的收养人可以收养两名子女；有子女的收养人只能收养一名子女。这一规定改变了原《收养法》的相关规定，即“收养人只能收养一名子女。收养孤儿、残疾儿童或者社会福利机构抚养的查找不到生父母的弃婴和儿童，可以不受收养人无子女和收养一名的限制”。之所以放宽收养子女的数量，是因为我国废除了独生子女政策而实行全面二孩政策，继而使更多的符合条件的未成年人有机会回归家庭、回归社会，让其在养父母的抚养教育下，享受家庭的温暖，得以健康成长。

鉴于爱心人士收养多名孤儿的善举，本条规定，如果收养孤儿，或者收养残疾未成年人，或者收养儿童福利机构抚养的查找不到生父母的未成年人，都是应当受到鼓励的行为，因而可以不受无子女的收养人只能收养两名子女或者有子女的收养人只能收养一名子女的限制，也不受民法典婚姻家庭编第1098条第1项关于收养人无子女或者只有一名子女规定的限制。但在收养人拟收养多名的时候，应当考虑收养人的抚养能力和其他条件，不宜过多。

【案例评注】

连某甲与连某乙确认收养关系纠纷案①

基本案情

2002年3月28日，连某甲在济南市齐鲁医院捡拾一名男婴即连某乙，随即向济南市公安局趵突泉派出所报警，后连某甲将连某乙抚养至今，连某甲与连某乙一直以母子相称。2005年，济南市市中区民政局在相关报纸刊登公告，在未查找到连某乙亲生父母后，为连某甲及连某乙办理了事实收养子女落户登记手续。2006年6月9日，济南市公安局为连某乙办理了落户手续，常住人口登记卡中载明连某甲与被告连某乙关系为母子。2014年7月2日，济南市市中区民政局出具证明一份，该证明载明："经查档，连某甲于2005年6月18日在济南市市中区民政局办理事实收养子女落户登记手续，收养连某乙为养子。"另外，连某乙因患听力残疾，济南市市中区残疾人联合会于2009年6月18日向其下发残疾证，该残疾证载明：连某乙为听力残疾人，残疾等级为叁级。连某甲曾于1998年收养一女孩连某丙，并于2005年在济南市市中区民政局办理了收养登记手续，并由济南市市中区民政局下发收养登记证。本案的焦点是：连某甲与连某乙之间是否存在收养关系。

法院判决

法院认为，合法的收养关系受法律保护。《中华人民共和国收养法》第八条规定："收养人只能收养一名子女。收养孤儿、残疾儿童或者社会福利机构抚养的查找不到生父母的弃婴和儿童，可以不受收养人无子女和收养一名的限制。"该法第十五条规定："收养应当向县级以上人民政府民政部门登记。收养关系自登记之日起成立。收养查找不到生父母的弃婴和儿童的，办理登记的民政部门应当在登记前予以公告。"另据2008年《民政部、公安部、司法部、卫生

---

① 审理法院：山东省济南市市中区人民法院；案号：（2015）市少民初字第41号。

部、人口计生委关于解决国内公民私自收养子女有关问题的通知》第一条第二项之规定：“（二）1999年4月1日，《收养法》修改决定施行后国内公民私自收养子女的，按照下列情况办理：1. 收养人符合《收养法》规定的条件，私自收养非社会福利机构抚养的查找不到生父母的弃婴和儿童，捡拾证明不齐全的，由收养人提出申请，到弃婴和儿童发现地的县（市）人民政府民政部门领取并填写《捡拾弃婴（儿童）情况证明》，经收养人常住户口所在地的村（居）民委员会确认，乡（镇）人民政府、街道办事处审核并出具《子女情况证明》，发现地公安部门对捡拾人进行询问并出具《捡拾弃婴（儿童）报案证明》，收养人持上述证明及《中国公民收养子女登记办法》（以下简称《登记办法》）规定的其他证明材料到弃婴和儿童发现地的县（市）人民政府民政部门办理收养登记……”现原告连某甲提交的相关证据可以证实收养被告连某乙的行为已经在济南市市中区民政局办理了事实收养子女落户登记手续，且被告连某乙现身患残疾应不受收养法第八条第一款关于收养人关于只能收养一名子女的限制。现被告连某乙已经与原告连某甲共同生活多年，并以母子相称，应认定原、被告间已形成事实收养关系，并依法应予保护。据此，判决连某甲与连某乙事实收养关系成立。

专家点评

立法对孤儿或残疾儿童的收养数量作了较为宽松的规定，不受本条第1款关于“无子女的收养人可以收养两名子女；有子女的收养人只能收养一名子女”的限制。相较于一般的孤儿，残疾儿童被收养的概率往往要低得多，所以，我国法律允许适当放宽收养人的收养条件，以便增加残疾儿童被收养的机会。[①] 这一规定是弘扬人道主义精神的具体表征，既有利于残疾儿童的健康成长，又可为国家和社会减轻负担。[②] 本案中，连某甲于1998年收养一女孩连某丙，并办理了收养登记，故连某甲已经有一名养子女。根据原《收养法》第8条第1款规定，连某甲原则上只能收养一名子女，但是，2005年连某甲收养的连某乙为听力残疾人，属于第2款的情形，不受收养人无子女和收养一名的限制。连某甲与连某乙收养关系是成立的。本编对收养子女数量的限制方面的规定，比原《收养法》第8条的规定更为宽松。

---

① 蒋新苗：《中国残疾儿童收养的法律机制透析》，载《中国法学》2009年第6期。

② 参见陈智慧、李学兰编著：《婚姻、收养、监护与继承：亲属法原理与实务》，复旦大学出版社1997年版，第243页。

第一千一百零一条 有配偶者收养子女，应当夫妻共同收养。

【条文释义】

本条是对有配偶者应当共同收养的规定。

根据收养人数量的不同，收养可以分为共同收养和单独收养。收养人为一人的收养，是单独收养；收养人为二人以上的，是共同收养。无配偶者收养以及配偶一方进行收养，为单独收养。已婚夫妻收养子女，为共同收养。

有配偶者收养子女，只要符合收养子女的条件要求，是准许的，如双方没有子女，或者只有一名子女。但是，有配偶者收养子女应当夫妻共同收养，即配偶双方有收养子女的合意，不得单方收养，以避免发生一方主张收养，另一方否认收养，进而损害被收养人合法权益的情形出现。办理收养登记时，共同收养的夫妻中的一方不能亲自到场的，应当出具有效的委托书。此外，解除收养必须夫妻双方共同解除。这是因为，如果准许单方解除收养，无法取得身份上的统一。如果属于无配偶者单方收养，或者收养人在收养时无配偶，终止收养时已有配偶的，可以单方提出解除收养关系。

【案例评注】

胡某与杨某1收养关系纠纷案[①]

基本案情

胡某与杨甲自1993年2月起以夫妻名义开始共同生活，并于1998年土地延包时以杨甲妻子的名义分得了杨甲所在村组的责任田。杨某1的父母为杨乙、陈某夫妇。1997年3月20日，以杨乙、陈某为甲方，杨甲为乙方，杨乙与“杨丙”签订了收养协议书一份，该收养协议书的甲方签名为杨乙，“杨丙”以乙方受托人的名义签名，并加盖了商水县巴村镇法律服务所的公章，商水县公证处于1997年4月9日制作了公证书予以公证。胡某请求法院确认其丈夫为了收养被告签订的收养协议无效。本案的焦点是：有配偶者收养子女时，夫妻一方单独收养的，

① 审理法院：河南省商水县人民法院；案号：（2017）豫1623民初411号。

该收养关系是否成立。

法院判决

法院认为,《中华人民共和国收养法》自 1992 年 4 月 1 日起施行,根据该法的规定,收养应当向县级以上人民政府民政部门登记,收养关系自登记之日起成立。生父母送养子女,须双方共同送养,有配偶者收养子女,须夫妻共同收养。本案中的收养并未向县级以上人民政府民政部门登记,在收养协议书中的甲方一栏仅有被告父亲的签名,并无被告母亲的签名,协议签订时杨甲与胡某属事实婚姻关系,该收养协议书中既无原告胡某的签名,又无其丈夫杨甲的签名,而“杨丙”仅是以杨甲受托人的身份在该协议上签名,被告并未提供证据证明“杨丙”签订该协议时持有杨甲的授权委托书,且被告未提供证据证明其与原告及杨甲之间已形成事实上的收养关系。故对于原告的诉讼请求予以支持,判决杨甲收养被告杨某 1 的收养协议无效。

专家点评

共同收养体现了婚姻法中的男女平等原则,收养是很重要的民事法律行为,直接涉及夫妻双方对养子女的抚养教育及其他方面的权利义务,所以夫妻收养子女必须共同进行,这有利于巩固夫妻关系和家庭关系,有利于对养子女的抚养教育,使其在一个和睦、安定的环境中成长。① 本案中,胡某与杨甲虽未登记结婚,但以夫妻名义共同生活,是事实婚姻关系。案中的收养协议书中既无胡某的签名,又无其丈夫杨甲的签名,而杨丙仅是以杨甲受托人的身份在该协议上签名,且没有证据证明杨丙签订该协议时持有杨甲的授权委托书,即使杨丙是杨甲的合法委托人,有配偶的杨甲在没有胡某同意的情况下,不能独自收养杨某 1,否则违反了“有配偶者收养子女,应当夫妻共同收养”的规定。如果杨甲单独决定收养杨某 1,则不利于夫妻关系和家庭的和睦,从而不利于杨某 1 的健康成长。故胡某、杨甲与杨某 1 之间的收养关系是不成立的。

第一千一百零二条 无配偶者收养异性子女的,收养人与被收养人的年龄应当相差四十周岁以上。

---

① 陈智慧、李学兰编著:《婚姻、收养、监护与继承——亲属法原理与实务》,复旦大学出版社 1997 年版,第 230 页。

【条文释义】

本条是对收养异性子女的特别规定。

无配偶的男性或者女性当然可以收养子女，但是，无配偶的男性收养女性子女，或者无配偶的女性收养男性子女，如果不加以限制，可能会出现损害被收养人合法权益的问题。为防止这样的问题出现，本条规定，无配偶者收养异性子女，收养人与被收养人的年龄应当相差40周岁以上。

【案例评注】

方某某与方某某1确认收养关系纠纷案[①]

基本案情

方某某1出生后不久，其父母因家庭困难无力抚养，经中间人介绍于1993年4月30日将其送养给方某某，方某某1父母与方某某未订立收养、送养书面协议，也未到民政部门进行收养登记。后方某某以养女关系到广安市公安局桂兴派出所为方某某1进行了户籍登记。另，方某某1不属于方某某三代以内同辈旁系血亲的子女，也无身体残疾。方某某至今未婚，在收养原告方某某1时未满35周岁。方某某1主张，其因被其亲生父母遗弃，于1993年4月被方某某收养，但其从小随方某某哥嫂方某某2、王某某夫妇长大成人，方某某收养她违反了《中华人民共和国收养法》的规定，该收养行为应为无效。本案的焦点是：无配偶者收养异性子女时，收养人与被收养人的年龄相差不到四十周岁的，该收养关系是否有效。

法院判决

一审法院认为，合法收养关系受法律保护。方某某收养方某某1时，虽征得原告生父母的同意，但未与原告生父母依照《中华人民共和国收养法》规定的收养、送养条件订立书面协议，也未到民政部门办理收养登记，且原告不属于被告三代以内同辈旁系血亲的子女，也无身体残疾，被告收养原告时无配偶且年龄未

---

① 审理法院：一审法院为四川省广安市前锋区人民法院，案号为（2016）川1603民初字第392号；二审法院为四川省广安市中级人民法院，案号为（2016）川16民终694号。

满三十五岁，其收养行为不符合《中华人民共和国收养法》规定的收养条件和其他强制性规定，应认定无效，并判决方某某收养方某某1的行为无效。

方某某不服一审判决，提起上诉。二审法院认为，本案的争议的焦点，是方某某与方某某1收养关系效力问题。本案认定的事实表明，方某某收养方某某1时，方某某1刚出生不久、身体无残疾、不是孤儿，方某某当时还不满31周岁、未婚；根据《中华人民共和国收养法》第六条及第九条的规定，除收养孤儿或者残疾儿童外，收养人应当年满35周岁，同时，无配偶的男性收养女性的，年龄应当相差40周岁以上。因此，上诉人的收养行为违反了《中华人民共和国收养法》第六条及第九条的规定；另，根据该法第二十四条的规定，违反本法规定的收养行为无法律效力，故方某某的收养行为无效。

专家点评

无配偶者可以收养异性子女，但是需要满足收养人与被收养人的年龄相差四十周岁以上的条件。“无配偶者”包括未婚、离婚和丧偶等几种无配偶的情况。无配偶的男性可以收养女性子女，或者无配偶的女性可以收养男性子女，但是为了防止收养人损害被收养人的合法权益，法律要求收养人与被收养人的年龄相差四十周岁以上。收养人与被收养人的相差年龄大，也意味着收养人有一定的经济基础收养被收养人，承担得起收养的经济负担，这对被收养人健康成长是有利的。本案中，方某某1的父母因家庭困难无力抚养，将无身体残疾的女婴方某某1送养给无配偶的男性方某某。送养时方某某1刚出生不久，方某某则未婚、未满35周岁。由于方某某与方某某1的年龄相差不到40周岁，违反了无配偶者收养异性子女的，收养人与被收养人的年龄应当相差四十周岁以上的规定。此外，方某某将方某某1收养后，方某某1从小随方某某哥嫂长大成人，方某某没有尽抚养方某某1的义务。故方某某收养方某某1的行为无效。

第一千一百零三条 继父或者继母经继子女的生父母同意，可以收养继子女，并可以不受本法第一千零九十三条第三项、第一千零九十四条第三项、第一千零九十八条和第一千一百条第一款规定的限制。

【条文释义】

本条是对继父或者继母收养继子女的规定。

我国有关继父母继子女关系的规定，是存在较多问题的，其中最大的问题就是对形成抚养关系的判断没有准确的标准，因而确定发生法律上的父母子女权利义务关系难度较大。其实最好的办法就是继父或者继母对继子女进行收养，确定收养关系的，才发生父母子女的权利义务关系，没有确立收养关系的，就不发生父母子女的权利义务关系。

本条规定向这方面走了一步，即继父或者继母可以收养继子女为养子女。其条件是，须经继子女的生父母的同意。继父或者继母经过继子女的生父母同意的，可以收养继子女为养子女，并可以不受民法典婚姻家庭编第 1093 条第 3 项、第 1094 条第 3 项、第 1098 条和第 1100 条第 1 款规定的限制，即收养的条件适当放宽：（1）其生父母无特殊困难、有抚养能力的子女有被收养人的资格，也可以被送养；（2）无特殊困难、有抚养能力的生父母有送养人的资格，可以送养自己的子女；（3）不受无子女或者只有一名子女，有抚养、教育和保护被收养人的能力，未患有在医学上认为不应当收养子女的疾病，无不利于被收养人健康成长的违法犯罪记录，年满 30 周岁的收养人条件限制；（4）不受"无子女的收养人可以收养两名子女；有子女的收养人只能收养一名子女"的限制。

对继父母收养继子女适用放宽条件的规定，鼓励变继父母继子女关系为养父母养子女关系，有利于保障当事人各方的权益，有利于家庭关系的和睦、稳定。

【案例评注】

韩某 1 与韩某 2 收养关系纠纷案①

基本案情

1989 年 2 月，韩某 2 的生父去世，其生母带着被告嫁给了韩某 1，韩某 1 和韩某 2 的母亲结婚后又生育了三个子女。韩某 1 和韩某 2 在共同生活期间，尤其是在韩某 1 生病住院期间，韩某 1 以韩某 2 照顾不周、无法继续共同生活为由，要求解除双方的收养关系。本案的焦点是：继子韩某 2 的生父去世，继父韩某 1 能否单方决定收养韩某 2。

法院判决

法院认为，根据《中华人民共和国收养法》第十四条的规定，继父或者继母

---

① 审理法院：河南省郸城县人民法院；案号：（2018）豫 1625 民初 3989 号。

经继子女的生父母同意，可以收养继子女，并不受本法第四条第三项、第五条第三项、第六条和被收养人不满十四周岁以及收养一名的限制。本案中，韩某2的生父去世后，其生母带着韩某2嫁给了韩某1，因此韩某1、韩某2之间的收养关系依法成立。根据《中华人民共和国收养法》第二十七条的规定，养父母与成年子女关系恶化、无法共同生活的，可以协议解除收养关系。不能达成协议的，可以向人民法院起诉。本案中，韩某1坚决要求解除与韩某2（系成年子女）的收养关系，如果再继续共同生活对双方的正常生活确实不利。因此，韩某1要求与韩某2解除收养关系的诉讼请求，应予以支持，判决解除韩某1与韩某2的收养关系。

专家点评

子女随生父或生母再婚，与继父或继母之间形成了继父母子女关系。父母与子女的关系不因父母离婚而解除，离婚后子女即使无法与父或母共同生活，仍是父母双方的子女。子女随父或母再婚，与继父或继母共同生活，受继父或继母的抚养、教育和保护，应当适用父母子女间权利义务关系的规定。因此，继子女与生父或生母及继母或继父之间存在着双重的权利义务，虽重合，但是合法的。为了维护生父母、子女以及继父母的合法权益，减少纠纷，规范继父母子女之间的关系是有必要的。将继父母与子女的关系适用收养关系是规范继父母子女关系的解决方法。但继父或者继母收养继子女，必须经过继子女的生父母同意。本案中，韩某2的生父去世，其生母带着被告嫁给了韩某1，韩某1与韩某2之间是继父与继子女关系。根据本条的规定，韩某1收养韩某2的时候，应当经过韩某2生父的同意，但其去世，故韩某1经过生母的单方同意收养韩某2。因此，继父韩某2和继子韩某1之间是合法的收养关系，有权依法解除双方的关系。

第一千一百零四条 收养人收养与送养人送养，应当双方自愿。收养八周岁以上未成年人的，应当征得被收养人的同意。

【条文释义】

本条是关于当事人收养合意的规定。

收养人收养与送养人送养须双方自愿，意思表示一致。收养与送养，是民法上的身份协议，收养合意应当按照合同成立的条件要求。在收养问题上，收养人和送养人的意思表示必须真实、自愿、一致，才能构成合意。

收养行为是民事法律行为，必须具备当事人收养合意这一必要条件。构成收养合意，应当具备以下条件：(1) 双方自愿。收养人收养与送养人送养须双方自愿，意思表示一致。收养关系作为一种民事法律关系，以当事人平等自愿为其基本原则之一。成立收养关系须收养人同意收养和送养人同意送养。具体而言：应当由收养人和送养人在完全自愿的基础上依照法律规定的收养和送养条件达成协议。有配偶者收养子女，必须夫妻双方都同意共同收养。生父母送养子女，必须夫妻双方都自愿共同送养。收养社会福利机构抚养的孤儿，应当征得该社会福利机构的同意。(2) 须经8周岁以上的被送养人同意。收养未满8周岁的未成年人，不必经过本人的同意。收养8周岁以上的未成年人，应当征得被收养人的同意。8周岁以上的未成年人是限制民事行为能力人，具有一定的识别能力和行为能力，是否接受被收养的事实，改变自己的身份关系，应当征得本人的同意。他(她) 的同意，不构成收养的意思表示，但他 (她) 的不同意，构成收养合意的法律障碍，收养人和送养人即使达成收养合意，但由于有被收养人不同意的法律障碍，其收养合意无效。(3) 成立收养的合意应符合法定的方式。有成立收养的合意，只能说明当事人有此共同意愿。通过法定的方式，收养关系才能为国家所承认，为法律所保护。

【案例评注】

徐某与周某、王某确认收养关系纠纷案①

基本案情

徐某与柳某原系夫妻，婚姻存续期间徐某怀孕，后因双方感情不和协议离婚，离婚时徐某告知柳某孩子已经做掉，柳某信之，双方于2006年8月15日协议离婚。2006年7月15日，徐某生下柳某甲。后由于徐某经济能力较差，无法较好地抚养孩子，经徐某的姑姑介绍，于2006年8月16日将柳某甲送养于周某、王某，徐某未经柳某的同意签署了送养儿子证明，并收取周某、王某身体精神营养费14000元。周某、王某收养柳某甲后，将孩子取名为某乙，并在焦作市公安局李万派出所登记入户，但未到当地民政部门办理有关收养手续。徐某认为周某、王某与柳某甲之间的收养关系无效。本案的焦点是：徐某未经柳某的同意，将柳某甲送养给周某、王某，能否表明收养人和送养人双方为自愿，双方的收养关系有效。

① 审理法院：河南省焦作市山阳区人民法院；案号：(2015) 山民三初字第00421号。

法院判决

法院认为，收养应当遵循平等自愿原则，并不得违背社会公德。有特殊困难无力抚养子女的，须生父母双方共同送养，收养人收养与送养人送养须双方自愿，并应当向县级以上人民政府民政部门登记。收养关系自登记之日起成立。本案中，徐某未经第三人柳某同意将柳某甲送养于周某、王某，同时双方当事人亦未到人民政府民政部门登记，违反法律规定，收养行为无效。因此，徐某要求确认周某、王某与柳某甲所形成的收养行为无效并予以解除的诉讼请求，理由正当，予以支持。徐某未征得第三人柳某同意，擅自送养柳某甲，应承担主要过错责任，其从周某、王某处收取的人民币14000元应当返还；周某、王某为抚养柳某甲所支出的抚养费用，亦应由徐某适当补偿。周某、王某收养柳某甲，未到人民政府民政部门登记，应承担一定过错责任。可适当减少徐某补偿抚养费数额。综上，为保护合法的收养关系，维护收养关系当事人的权利，保障被收养的未成年人的抚育、成长，判决徐某送养，周某、王某收养柳某甲的行为无效。

专家点评

收养人收养与送养人送养，应当双方自愿。收养关系作为一种民事法律关系，以当事人平等自愿为其基本原则之一。成立收养关系须收养人同意收养、送养人同意送养以及8周岁以上的未成年人同意被收养。具体而言，收养人和送养人在完全自愿的基础上依照法律规定签订协议。如果被收养人为8周岁以下的无民事行为能力人，因不具有一定的识别能力，无需征得其同意；如果被收养人是8周岁以上的限制民事行为能力人，他们具有一定的识别能力，可以进行与其年龄、智力相适应的民事活动，应当征得他们的同意，但只要口头上同意即可，无需签协议。不管是送养人还是收养人，有配偶的，必须夫妻双方同意共同送养或收养。如果配偶不是子女的生父或生母的，根据本编第1097条关于“生父母送养子女，应当双方共同送养”的规定，还应当经他们的同意。在有配偶的情况下，单独决定收养或送养的，因违背双方自愿原则，该收养或送养行为为无效。本案中，徐某与柳某离婚后，未经柳某的同意，将共同的子女柳某甲送养于周某、王某。即使徐某送养柳某甲和周某、王某收养柳某甲是自愿的，但未经柳某的同意，不能将徐某的行为推定为其与柳某的共同送养行为。由于柳某没有送养的意思表示，徐某送养与周某、王某收养是欠缺合意的。至于柳某甲，其不满8周岁，无需经他的同意。故徐某送养，周某、王某收养柳某甲的行为是无效的。

第一千一百零五条 收养应当向县级以上人民政府民政部门登记。收养关系自登记之日起成立。

收养查找不到生父母的未成年人的，办理登记的民政部门应当在登记前予以公告。

收养关系当事人愿意签订收养协议的，可以签订收养协议。

收养关系当事人各方或者一方要求办理收养公证的，应当办理收养公证。

县级以上人民政府民政部门应当依法进行收养评估。

【条文释义】

本条是对收养关系成立形式要件的规定。

收养关系成立的形式要件，是指收养关系成立所需要的程序性的必要条件。收养登记是收养的形式要件，必须具备。收养协议和收养公证是出于当事人的意愿和要求而进行的程序，不具有强制的意义。

关于收养登记。收养各方当事人达成收养合意，须经过收养登记，才能实现变更当事人之间身份关系的效果。故收养登记具有对收养合意的确认、国家承认收养行为以及当事人身份关系变更的公示等效力。收养查找不到生父母的未成年人的，办理登记的民政部门应当在登记前予以公告。

办理收养登记的法定机关，是县级以上人民政府的民政部门。在地域管辖上，分为下列四种情形：（1）收养儿童福利机构抚养的查找不到生父母的弃婴、儿童和孤儿的，在儿童福利机构所在地的收养登记机关办理登记。（2）收养非儿童福利机构抚养的查找不到生父母的弃婴和儿童的，在弃婴和儿童发现地的收养登记机关办理登记。（3）收养生父母有特殊困难无力抚养的子女或者由监护人监护的孤儿的，在被收养人生父母或者监护人常住户口所在地（组织作监护人的，在该组织所在地）的收养登记机关办理登记。（4）收养三代以内同辈旁系血亲的子女以及继父或者继母收养继子女的，在被收养人生父或者生母常住户口所在地的收养登记机关于收养登记。

收养登记的具体程序，一是申请。收养登记必须由当事人包括送养人、收养人以及年满 8 周岁以上的被收养人亲自到收养登记机关办理，夫妻共同收养、共同送养子女，一方不能亲自到场的，应当出具有效的委托书。收养人应当向登记机关出具收养登记申请书，内容包括收养人、送养人以及被收养人的基本情况，收养的目的以及收养人所作的不虐待、不遗弃被收养人和抚育被收养人健康成长的保证等。登记时，收养人与送养人应当提交办理收养登记所必需的各种证件和证明，以确认收养行为的合法性。二是审查。审查是收养登记的中心环节，内容包括各方当事人的条件是否符合法律规定，证件、证明是否齐全、有效，收养的目的是否正当，当事人意思表示是否真实等。审查期限是30日，自收养登记机关收到收养登记申请书以及有关材料的次日起计算。收养查找不到生父母的弃婴和儿童的，需要公告60日，该时限不计算在审查期限内。三是登记。经审查，对于符合条件的，应当准予收养登记，发给收养登记证，收养关系自登记之日起成立。对不符合规定的条件的，则不予登记，并对当事人说明理由。对于登记成立收养关系的，户籍部门应当对被收养人办理户籍的变更登记。经审查，对符合条件的准予收养登记，发给收养登记证，收养关系自登记之日起成立。对不符合规定的条件的，则不予登记，并对当事人说明理由。

关于收养协议，收养协议不是收养关系成立的必要形式，而是当事人自愿进行，这种规定不妥。收养协议是收养合意的书面表现形式，是对当事人收养合意的文字反映。实施收养行为应当先签署收养协议，然后才能进行收养登记。订立收养协议应当符合如下要求：(1) 收养协议的当事人即收养人、被收养人与送养人均须符合收养法规定的收养成立的条件。(2) 收养协议的主要条款，一般应当包括收养人、送养人和被收养人的基本情况，收养的目的，收养人不虐待、不遗弃被收养人和抚育被收养人健康成长的保证以及双方要求订入的其他内容。(3) 收养协议的形式，应当为书面协议。①

关于收养公证。订立收养协议后，当事人一方或者双方主张进行公证的，应当进行公证。该公证证明的是收养协议的合法性，而不是证明其他。办理收养公证应注意以下几个问题：(1) 办理收养公证并不是成立收养关系的必经法律程序。只有在收养关系当事人要求办理收养公证的情况下，才依法予以办理。(2) 办理收养公证的目的，在于证明收养关系的合法性。这种公证应在准予收养登记后持收养登记证到公证机关办理。(3) 如果尚未办理收养登记，仅就收养协议办理公证，只能证明协议是真实、合法的，并不能证明收养关系已经依法成立。②

关于收养评估。民政部门进行收养登记，应当对要登记的收养关系进行收养评估，这是为了最大限度地保护被收养人的合法权益。

本条规定的新规则就是收养评估。收养评估包括收养关系当事人的收养能力

---

① 杨大文、龙翼飞：《婚姻家庭法》，中国人民大学出版社2018年版，第200页。

② 杨大文、龙翼飞：《婚姻家庭法》，中国人民大学出版社2018年版，第200页。

评估、融合期调查和收养后回访。

第一，收养能力评估，是指对有收养意愿的当事人（以下简称收养申请人）抚养、教育被收养人的能力进行评估。主要包括对收养申请人个人和家庭基本状况、收养动机目的和养育安排、收养申请人提交的证件和证明材料情况等进行全面调查，从而对收养申请人及其共同生活的家庭成员抚养、教育被收养人的能力作出综合评定。

第二，融合期调查，是指在收养登记办理前，对收养关系当事人之间的融合情况进行评估。主要包括对被收养人与收养申请人及其家庭成员共同生活、情感交融等情况，收养申请人履行临时监护职责情况，对被收养人的照料、抚育情况和（被）收养意愿等进行调查评估。

第三，收养后回访，是指收养登记办理后，对收养人与被收养人共同生活的情况进行评估。主要包括收养人对被收养人的养育、教育情况，被收养人的健康成长、受教育情况，双方情感交融情况等进行回访调查。

收养评估的对象是收养申请人及其共同生活的家庭成员。收养申请人应当配合收养评估开展。收养评估工作可以由收养登记机关委托的第三方机构或者收养登记机关开展。民政部门优先采取委托第三方的方式开展收养评估。

【案例评注】

林某与李某解除收养关系纠纷案①

基本案情

1989年6月30日，李某被遗弃在青田县祯埠乡王村定宅×号，后被李甲、金甲抚养。2004年3月30日，李某将户口迁往林某名下，并与林某成立收养关系，以父女相称至今。林某、李某的收养关系成立于收养法施行之后，且双方未在民政部门登记。双方因生活琐事发生争吵，原告请求法院解除收养关系。本案的焦点是：登记是否为收养关系成立的生效要件。

法院判决

一审法院认为，根据《中华人民共和国收养法》第十五条第一款“收养应当

① 审理法院：一审法院为浙江省丽水市青田县人民法院，案号为（2016）浙1121民初391民；二审法院为浙江省丽水市中级人民法院，案号为（2016）浙11民终705号。

向县级以上人民政府民政部门办理登记。收养关系自登记之日起成立”及第二十五条“违反《中华人民共和国民法通则》第五十五条和本法规定的收养行为无法律效力。收养行为被人民法院确认无效的，从行为开始时起就没有法律效力”之规定，在收养法实施后（即1992年4月1日后）成立的收养关系应以民政部门登记为生效要件。结合本案，经林某、李某确认，双方收养关系成立于2004年3月30日之后，且未在民政部分办理收养登记，故该收养行为无法律效力且自始无效。综上所述，林某的诉讼请求均是基于收养行为的成立且生效，但该收养行为无效而导致缺乏相应法律依据。据此，判决驳回林某的诉讼请求。

林某不服一审判决，提起上诉。二审法院认为，虽然林某声称其收养李某在1992年以前，但其本人在一、二审中均陈述，事实上是在李某10岁的时候林某才开始收养李某，而李某出生于1989年×月×日，故其上诉称收养李某的行为不可能发生在1992年之前。根据1999年4月1日实施的修改后的《中华人民共和国收养法》第十五条之规定，“收养应当向县级以上人民政府民政部门办理登记。收养关系自登记之日起成立”，而本案林某和李某之间的收养关系并未办理登记，显然并未成立。退一步而言，即使林某就具体的月份记忆有偏差，其收养发生于1992年4月1日之后1999年4月1日之前，由于林某系1957年×月×日出生，与李某之间相差不足40周岁，也违反了1992年4月1日实施的《中华人民共和国收养法》第九条“无配偶的男性收养女性的，收养人与被收养人的年龄应当相差四十周岁以上”之规定，还违反了第十五条的规定，即“收养查找不到生父母的弃婴和儿童以及社会福利机构抚养的孤儿的，应当向民政部门登记。除前款规定外，收养应当由收养人、送养人依照本法规定的收养、送养条件订立书面协议，并可以办理收养公证；收养人或者送养人要求办理收养公证的，应当办理收养公证”。故林某的收养行为也应认定为无效，双方的收养关系应认定为不成立或无效。一审判决认定事实基本清楚，判决结果应予维持。

专家点评

收养应当向县级以上人民政府民政部门登记。收养关系自登记之日起成立。由此可见，收养关系是在民政部门办理收养登记，完成收养行为时才成立。换言之，登记是收养关系成立的生效要件。国家通过收养登记可以对收养关系的建立进行监督，及时发现和制止违反法律的行为，依法保护收养当事人的合法权益，尤其是保护被收养儿童的合法权益，促进家庭和睦和社会的安定。[①] 本案中，

① 孙文灿：《收养登记的性质及效力》，载《社会福利》2008年第1期。

1989年6月30日，被遗弃的李某被李甲、金甲抚养。之后，李某将户口迁往林某名下，以父女相称至今，但双方并未办理登记手续。根据本条的规定，李某和林某之间的收养关系从双方到县级以上人民政府民政部门登记时才成立，仅仅迁移户口不会产生合法的收养关系。由于林某未办理收养登记，林某的收养行为无法律效力且自始无效，双方之间的收养关系也未曾成立，故不存在解除收养关系的基础。

第一千一百零六条 收养关系成立后，公安机关应当按照国家有关规定为被收养人办理户口登记。

【条文释义】

本条是对养子女办理户籍登记的规定。

我国目前仍在实行户籍制度，经过登记的人口才发给户口簿，承认其户籍。送养人和收养人达成收养合意，经过收养登记后，就形成了养父母与养子女的关系，养子女成为养父母的近亲属和家庭成员。对此，公安部门应当依照国家有关规定，为被收养人办理户口登记，原来有户籍的，办理户口迁移手续；原来没有户籍的，直接办理户口登记。如果解除收养关系，也应当到公安机关办理登记。

【案例评注】

胡某与董某确认收养关系纠纷案[①]

基本案情

胡某与董某称胡某在1982年3月开始收养董某，双方一直共同生活在广东省中山市至今，但并未办理收养登记手续，董某亦未入户至胡某处。2007年9月3日，中山市东凤镇同安村民委员会出具了董某被胡某与董甲收养的证明。2007年9月4日办理的死亡公证申请书注明申请人为董某，死亡人为董甲，申请人与死者关系为父子。2007年9月14日，董乙、董丙、董丁出具放弃继承权声明书，同意放弃父亲董甲死亡后遗有中山市东凤镇同安村的一处房地产的继承权，并于同年9月

① 审理法院：一审法院为广东省中山市第二人民法院，案号为（2015）中二法东民一初字第697号；二审法院为广东省中山市中级人民法院，案号为（2016）粤20民终1298号。

20日办理了公证。故董甲遗下的上述房地产属其应占份额之遗产由其妻子胡某和养子董某共同继承。本案的焦点是：胡某与董某之间的抚养关系是否成立。

法院判决

一审法院认为，本案为确认收养关系纠纷。《中华人民共和国收养法》第十五条第一款规定："收养应当向县级以上人民政府民政部门登记。收养关系自登记之日成立。"第十六条规定："收养关系成立后，公安部门应当依照国家有关规定为被收养人办理户口登记。"本案中，胡某与董某至今未办理收养登记手续，董某亦未入户至胡某处，胡某要求法院确认双方之间的收养关系，缺乏法律依据，不予支持。综上，判决胡某与董某之间的收养关系不成立。

胡某不服原审判决，提起上诉。二审法院认为，本案为确认收养关系纠纷。胡某与董某主张的收养行为发生于1982年。《中华人民共和国收养法》于1992年4月1日起施行，后在1998年11月4日被修正，修正后的《中华人民共和国收养法》自1999年4月1日起施行。根据1992年3月26日《最高人民法院关于学习、宣传、贯彻执行〈中华人民共和国收养法〉的通知》"收养法施行后发生的收养关系，审理时适用收养法。收养法施行前受理，施行时尚未审结的收养案件，或者收养法施行前发生的收养关系，收养法施行后当事人诉请确认收养关系的，审理时应适用当时的有关规定；当时没有规定的，可比照收养法处理。对于收养法施行前成立的收养关系，收养法施行后当事人诉请解除收养关系的，应适用收养法"的规定，因胡某与董某的收养关系发生于收养法实施前，故胡某现诉请确认收养关系，应适用当时的有关规定。1984年8月30日出台的《最高人民法院关于贯彻执行民事政策法律若干问题的意见》（现已失效）第二十八条规定，亲友、群众公认，或有关组织证明确以养父母与养子女关系长期共同生活的，虽未办理合法手续，也应按收养关系对待。因此，虽然胡某与董某之间并未办理收养的登记手续，但不能就此简单认定胡某与董某之间未形成收养关系。虽然胡某与董某没有办理收养登记手续，但有证据足以证明胡某与董某形成了事实上的收养关系。二审法院改判胡某与董某之间的收养关系成立。

专家点评

收养关系成立后，公安机关应当依照国家有关规定为被收养人办理户口登记。我国实行户籍制度，户口与我们的生活息息相关，上学、结婚、买房等行为都以户口为基础。因此，为了保障收养人和被收养人的合法权益，公安机关应当依照国家有关规定为被收养人办理户口登记。但是，1998年修正《收养法》之前的法律或规章中并没有要求办理户口登记，故发生于收养法实施前的收养关系，应适用当时的有关规定。本案中，胡某在 1982 年 3 月开始收养董某，双方一直共同生活，但并未办理收养登记手续，董某亦未入户至胡某处。但是，胡某收养董某的时间是《收养法》实施之前，应当适用当时的相关规定，而不是现行法。此外，胡某与董某之间虽未办理户口登记，但董某所在的村民委员会出具了董某被胡某与董甲收养的证明，能够证明双方收养关系的存在，故不能因没有办理户口登记，而简单认定胡某与董某之间未形成收养关系。因此，二审法院判决胡某与董某之间的收养关系成立是合理的。

第一千一百零七条 孤儿或者生父母无力抚养的子女，可以由生父母的亲属、朋友抚养；抚养人与被抚养人的关系不适用本章规定。

【条文释义】

本条是对生父母的亲属朋友抚养其子女的规定。

丧失父母的孤儿和生父母无力抚养的子女，如果都是未成年人，需要有人抚养，否则难以继续生存和成长。如果这些未成年人的生父母的亲属、朋友愿意对其进行抚养的，对于这些未成年人的健康成长十分有利，对国家的后备劳动力的培养也十分有利，是值得嘉许的行为。因此，本条规定，孤儿或者生父母无力抚养的子女，可以由生父母的亲属、朋友抚养。这种抚养不是收养，与收养有本质的区别，即抚养不产生父母子女的权利义务关系，故抚养人与被抚养人的关系不适用本章关于收养的规定。

【案例评注】

高乙与高甲、郭甲收养关系纠纷案[①]

基本案情

因家庭困难无力抚养，高乙自 7 岁起即被父母从河南老家送至高甲、郭甲处

---

① 审理法院：一审法院为甘肃省白银市白银区人民法院，案号为（2018）甘 0402 民初 963 号；二审法院为甘肃省白银市中级人民法院，案号为（2019）甘 04 民终 120 号。

抚养生活至23岁。高乙是郭甲的侄女。高甲、郭甲视高乙如己出，供其上学至大学毕业。毕业后，高甲、郭甲为其交付购房首付款、单位集资款等支出大笔现金。后高乙因与高甲、郭甲缺乏交流、沟通，关系恶化，无法共同生活。2013年10月3日，高乙与高甲、郭甲因琐事再次发生争执，遂签订《脱离收养关系协议》。之后高乙便回到青海，再未与高甲、郭甲联系。高甲、郭甲对抚养之情彻底失望，起诉高乙履行上述协议。本案的焦点是：高甲、郭甲与高乙间的收养关系是否成立；高乙签订《脱离收养关系协议》时是否遭受威胁。

法院判决

一审法院认为，首先，高甲、郭甲与高乙间的收养关系不成立。高甲、郭甲与高乙间的收养关系发生在《中华人民共和国收养法》施行后，该法规定收养人收养被收养人时应当无子女。本案中，高甲、郭甲收养高乙时已育有一子，故高甲、郭甲与高乙间的收养关系不成立。《中华人民共和国收养法》第十七条规定，孤儿或者生父母无力抚养的子女，可以由生父母的亲属、朋友抚养。抚养人与被抚养人的关系不适用收养关系。高乙系郭甲的侄女，高乙生父母与郭甲间存在亲属关系，因而高甲、郭甲与高乙间形成了事实上的抚养关系。其次，高乙签订《脱离收养关系协议》时未遭受威胁。高乙辩称签订该协议时遭受威胁，但无其他证据相印证，不予采信。签订该协议时，高乙已被高甲、郭甲抚养成人，所签内容系其真实意思表示，合乎合同自由原则，不违反法律法规的强制性规定，合法有效，故高乙应按照约定全面履行自己的义务。高甲、郭甲主张高乙依约履行支付约定款项500000元的义务，理由成立，应予支持。判决高乙于本判决生效后三十日内继续履行《脱离收养关系协议》，支付高甲、郭甲生活费等共计500000元。

高乙不服一审判决，提起上诉。二审法院认为，第一，本案案由为抚养关系纠纷，该案由下既包括涉及身份关系的变更抚养关系纠纷，又包括涉及财产关系的抚养费纠纷。根据高甲、郭甲的一审诉讼请求，本案实际审理的是由抚养关系引发的财产纠纷。一审法院根据《中华人民共和国收养法》第十七条认定高甲、郭甲与高乙之间形成了事实上的抚养关系，认定事实清楚，并无不当。第二，上诉人认为根据《中华人民共和国合同法》第二条之规定，案涉《脱离收养关系协议》不能适用合同法。二审法院认为根据该规定，该协议中涉及身份关系的内容不能适用合同法调整，而涉及财产关系的内容可以适用合同法调整。如前所述，高乙的诉讼请求仅涉及财产，故一审法院适用合同法审理本案，适用法律正确。第三，高甲、郭甲抚养高乙多年，投入大量金钱与情感，高乙将高甲、郭甲的抚育理解为其应尽的义务失之偏颇。养育之恩无法用金钱来衡量，但双方签订的

《脱离收养关系协议》一定程度上反映了双方对经济补偿的真实意思表示。一审判决处理得当，应予维持。

专家点评

生父母的亲属、朋友抚养子女不具有收养的法律效力，不变更亲子身份，扶养人与被抚养人之间不发生父母与子女的权利义务。本案中，因家庭困难无力抚养，高乙的生父母将其送至高甲、郭甲处抚养，从7岁生活至23岁。高乙是郭甲的侄女。根据本条的规定，郭甲与高乙生父母间存在亲属关系，由郭甲抚养高乙不具有收养的法律效力，故双方之间不成立收养关系，双方之间不发生父母与子女的权利义务。综上所述，高甲、郭甲与高乙之间是事实上的抚养关系，不成立收养关系。

第一千一百零八条 配偶一方死亡，另一方送养未成年子女的，死亡一方的父母有优先抚养的权利。

【条文释义】

本条是对祖父母、外祖父母优先抚养权的规定。

配偶一方死亡，另一方主张送养其未成年子女的，死亡一方的父母即被送养人的祖父母或者外祖父母享有优先抚养权。祖父母、外祖父母是孙子女、外孙子女的第二顺位抚养义务人，如果有抚养的能力和意愿，应当赋予优先扶养权。该优先抚养权具有对抗送养人和收养人收养合意的效力，祖父母或者外祖父母一经行使优先抚养权，收养人和送养人的收养合意即不再生效，被送养人由其祖父母或者外祖父母抚养。

【案例评注】

邢某甲、王某甲与蒋某某变更抚养关系纠纷案[1]

基本案情

蒋某某是邢某乙（未成年）、邢某丙（未成年）的母亲，邢某甲、王某甲分

① 审理法院：湖南省湘西土家族苗族自治州凤凰县人民法院；案号：(2017) 湘3123民初269号。

别是两个小孩子的爷爷、奶奶。蒋某某与邢某大（邢某甲、王某甲的长子）婚后生育两个小孩，分别为儿子邢某乙及女儿邢某丙。2014 年，邢某大因意外事故不幸死亡，为方便照顾两个小孩，被告蒋某某与邢某大的弟弟邢某二（邢某甲、王某甲的次子）再婚，婚后两人因感情不和于 2016 年 9 月 19 日经法院调解离婚。蒋某某独立抚养两个孩子邢某乙、邢某丙。后由于蒋某某收入较低，无力抚养两个小孩，其曾请求邢某甲、王某甲帮忙抚养一个小孩，并答应每月送几百元的生活费，但遭邢某甲、王某甲拒绝。后蒋某某通过其父亲转告邢某甲，要求邢某甲、王某甲来蒋某某家接小孩，如果不来接，就将小孩送养，但邢某甲、王某甲没有去接，后蒋某某通过亲戚将女儿邢某丙送给湖南省麻阳县郭公坪乡的远房表哥抚养，邢某甲、王某甲获悉后，想接回小孩却遭拒绝。邢某甲、王某甲主张变更两个孩子的抚养权，归自己抚养。本案的焦点是：邢某大死亡，蒋某某送养未成年子女的，邢某大的父母即邢某甲、王某甲是否有优先抚养的权利。

法院判决

法院认为，本案属变更抚养权纠纷，对未成年人的抚养问题应该从有利于未成年人的身心健康，保障未成年人的合法权益出发，并结合抚养人的抚养能力和抚养条件等具体情况进行处理。而未成年人的父母是未成年人的法定监护人，在其父母没有能力或者未履行监护义务时，未成年人的祖父母、外祖父母可以担任未成年人的监护人。本案中，蒋某某是邢某乙、邢某丙的法定监护人，有法定的抚养义务，虽其能力有限，经济收入较低，但其仍有能力抚养一个孩子，故对邢某甲、王某甲要求变更两个孩子抚养权的诉讼请求，不予以支持。但因蒋某某经济收入确实较低，没有能力同时抚养两个孩子，并且有将孩子送养的事实存在，而邢某甲、王某甲是邢某乙、邢某丙的爷爷、奶奶，且两个孩子与两原告一起生活过，有感情基础，加之邢某甲、王某甲身体状况良好，有一定的经济收入，可以维持和照顾好一个小孩的生活，同时鉴于女孩随母亲生活更利于其身心健康成长，故邢某丙由蒋某某继续抚养较为适宜，而邢某乙由邢某甲、王某甲抚养较为适宜。综上所述，判决邢某乙的抚养权由蒋某某变更为原告邢某甲、王某甲行使。

专家点评

祖父母、外祖父母与孙子女有血缘关系，感情较深，是法定的负有抚养义务的人，由他们抚养未成年的孙子女有利于他们的健康成长。因此，本条赋予了死亡一方的父母行使优先抚养未成年孙子女的权利，这一权利是另一方送养子女的法定障碍。如果祖父母或者外祖父母行使优先抚养权，收养人和送养人即使有收养合意，也不会发生法律效力，被送养人由其祖父母或者外祖父母抚养。当然，由于优先抚养权是一项民事权利，祖父母或外祖父母作为权利人可以根据自由处分原则，通过明示或默示的方式放弃行使该权利。本案中，邢某大死亡，其配偶蒋某某欲送养未成年子女邢某丙，邢某大的父母即邢某甲、王某甲有优先抚养的权利。虽然邢某甲、王某甲曾拒绝行使优先抚养权，但二人一经行使该权利，蒋某某和其远房亲戚即使达成了收养的合意，邢某丙与该亲戚也不会成立合法的收养关系。鉴于女孩随母亲生活更利于其身心健康成长，故邢某丙由蒋某某继续抚养，而邢某乙由邢某甲、王某甲抚养。

第一千一百零九条 外国人依法可以在中华人民共和国收养子女。

外国人在中华人民共和国收养子女，应当经其所在国主管机关依照该国法律审查同意。收养人应当提供由其所在国有权机构出具的有关其年龄、婚姻、职业、财产、健康、有无受过刑事处罚等状况的证明材料，并与送养人签订书面协议，亲自向省、自治区、直辖市人民政府民政部门登记。

前款规定的证明材料应当经收养人所在国外交机关或者外交机关授权的机构认证，并经中华人民共和国驻该国使领馆认证，但是国家另有规定的除外。

【条文释义】

本条是对外国人在中国收养子女的程序性规定。

本条规定有所改动，原《收养法》第21条第1款规定：外国人依照本法可以在中华人民共和国收养子女。本次订立民法典改为将“依照本法”改为“依法”，说明我国涉外收养法正在与国际接轨。我国于1999年颁布了《外国人在中华人民共和国收养子女登记办法》，2005年正式加入海牙《跨国收养方面保护儿童及合作公约》，2011年实施《涉外民事关系法律适用法》。

关于涉外收养成立的实质要件。《跨国收养方面保护儿童及合作公约》第二章规定了跨国收养的实质要件：要求儿童原住国的主管机关确认该儿童适于被收养；确认充分考虑国内安置的可能性后，跨国收养符合儿童的最佳利益；确认相关人员（包括符合条件的儿童）得以行使同意权。要求儿童收养国的主管机关确认收养人适格；保证该被收养儿童已经或将被批准进入并长期居住该国。(1) 被收养人、送养人必须具备的条件。外国人中国收养子女，应当适用民法典第 1093 条、第 1094 条规定的送养人、被收养人的条件。例外情形是，民法典第 1099 条第 2 款规定，华侨收养三代以内旁系同辈血亲的子女，可以不受无子女或只有一名子女的限制。(2)《外国人在中华人民共和国收养子女登记办法》第 3 条规定，外国人在华收养子女，应当符合中国有关收养法的规定；因收养人所在国法律的规定与中国法律的规定不一致而产生的问题，由两国政府有关部门协商处理。根据这条规定，原则上，涉外收养的收养人应当满足民法典第 1098 条规定的收养人条件，与收养人所在国法律规定不一致的，两国政府有关部门协商处理。

关于外国人在中国收养子女，要经过特别的收养程序：

(1) 通过所在国收养组织向中国收养组织提出收养申请。《外国人在中华人民共和国收养子女登记办法》第 4 条规定，外国人在华收养子女，应当通过所在国政府或者政府委托的收养组织（以下简称外国收养组织）向中国政府委托的收养组织（以下简称中国收养组织）转交收养申请并提交收养人的家庭情况报告和证明。前款规定的收款人的收养申请、家庭情况报告和证明，是指由其所在国有权机构出具，经其所在国外交机关或者外交机关授权的机构认证，并经中华人民共和国驻该国使馆或者领馆认证的下列文件：跨国收养申请书；出生证明；婚姻状况证明；职业、经济收入和财产状况证明；身体健康检查证明；有无受过刑事处罚的证明；收养人所在国主管机关同意其跨国收养子女的证明；家庭情况报告，包括收养人的身份、收养的合格性和适当性、家庭状况和病史、收养动机以及适合于照顾儿童的特点等。在华工作或者学习连续居住一年以上的外国人在华收养子女，应当提交前款规定的除身体健康检查证明以外的文件，并应当提交在华所在单位或者有关部门出具的婚姻状况证明，职业、经济收入或者财产状况证明，有无受过刑事处罚证明以及县级以上医疗机构出具的身体健康检查证明。

(2) 中国送养人向我国民政部门提出送养申请。《外国人在中华人民共和国收养子女登记办法》第 5 条规定，中国送养人应当向省、自治区、直辖市人民政府民政部门提交本人的居民户口簿和居民身份证（社会福利机构作送养人的，应当提交其负责人的身份证件）、被收养人的户簿证明等情况证明，并根据不同情况提交下列有关证明材料：第一，被收养人的生父母（包括已经离婚的）为送养人的，应当提交生父母有特殊困难无力抚养的证明和生父母双方同意送养的书面意见；其中，被收养人的生父或者生母因丧偶或者一方下落不明，由单方送养的，并应当提交配偶死亡或者下落不明的证明以及死亡的或者下落不明的配偶的父母不行使优先抚养权的书面声明；第二，被收养人的父母均不具备完全民事行为能力，由被收养人的其他监护人作送养人的，应当提交被收养人的父母不具备完全民事行为能力且对被收养人有严重危害的证明以及监护人有监护权的证明；第三，被收养人的父母均已死亡，由被收养人的监护人作送养人的，应当提交其生父母的死亡证明、监护人实际承担监护责任的证明，以及其他有抚养义务的人同意送养的书面意见；第四，由社会福利机构作送养人的，应当提交弃婴、儿童被遗弃和发现的情况证明以及查找其父母或者其他监护人的情况证明；被收养人是孤儿的，应当提交孤儿父母的死亡或者宣告死亡证明，以及有抚养孤儿义务的其他人同意送养的书面意见。送养残疾儿童的，还应当提交县级以上医疗机构出具的该儿童的残疾证明。

（3）涉外收养的审批与通知。《外国人在中华人民共和国收养子女登记办法》第6条、第7条规定，省、自治区、直辖市人民政府民政部门应当对送养人提交的证件和证明材料进行审查，对查找不到生父母的弃婴和儿童公告查找其生父母；认为被收养人、送养人符合收养法规定条件的，将符合收养法规定的被收养人、送养人名单通知中国收养组织，同时转交下列证件和证明材料：第一，送养人的居民户口簿和居民身份证（社会福利机构作送养人的，为其负责人的身份证件）复制件；第二，被收养人是弃婴或者孤儿的证明、户籍证明、成长情况报告和身体健康检查证明的复制件及照片。省、自治区、直辖市人民政府民政部门查找弃婴或者儿童生父母的公告应当在省级地方报纸上刊登。自公告刊登之日起满60日，弃婴和儿童的生父母或者其他监护人未认领的，视为查找不到生父母的弃婴和儿童。

中国收养组织对外国收养人的收养申请和有关证明进行审查后，应当在省、自治区、直辖市人民政府民政部门报送的符合收养法规定条件的被收养人中，参照外国收养人的意愿，选择适当的被收养人，并将该被收养人及其送养人的有关情况通过外国政府或者外国收养组织送交外国收养人。外国收养人同意收养的，中国收养组织向其发出来华收养子女通知书，同时通知有关的省、自治区、直辖市人民政府民政部门向送养人发出被收养人已被同意收养的通知。关于涉外收养登记。根据《外国人在中华人民共和国收养子女登记办法》第8条、第9条、第10条的规定，收到中国收养组织的送养通知书后，外国人应当亲自来华办理收养登记。首先应当与送养人签订书面收养协议。协议一式三份，收养人、送养人各执一份，办理收养登记手续时收养登记机关收存一份。书面协议签订后，收养关系当事人应当共同到被收养人常住户口所在地的省、自治区、直辖市人民政府民政部门办理收养登记。

收养关系当事人办理收养登记时，收养人应当提供下列材料：第一，中国收养组织发出的来华收养子女通知书；第二，收养人的身份证件和照片。送养人应当提供下列材料：第一，省、自治区、直辖市人民政府民政部门发出的被收养人已被同意收养的通知；第二，送养人的居民户口簿和居民身份证（社会福利机构作送养人的，为其负责人的身份证件）、被收养人的照片。

收养关系当事人办理收养登记后，各方或者一方要求办理收养公证的，应当到收养登记地的具有办理涉外公证资格的公证机构办理收养公证。

【案例评注】

金丙与郑某执行异议之诉案[①]

基本案情

2014年7月10日，金甲、郭某向郑某借款350万元，期限一个月，约定利息为月利率30‰，双方签订有书面借款合同，金甲并向郑某出具了借条，借条上载明该借款用于家庭生产经营。同时张某为该借款自愿提供连带责任保证，约定担保期限为两年。双方合同签订当日郑某通过其同事的个人账户分八次在不同银行汇给被告金甲350万元。借款到期后被告金甲未按期偿还原告借款，仅在借款到期日即2014年8月10日通过银行转账251700元，后经郑某催要被告金甲又分三次偿还原告355000元，合计606700元，下欠部分不予偿还。法院作出（2015）栾民初字第986号民事判决，判决金甲、郭某在判决生效后十日内偿还郑某借款350万元及利息，张某承担连带清偿责任。

（2015）栾民初字第986号民事判决书生效后，郑某依法申请执行，一审法院于2016年7月4日对被执行人金甲、郭某之子金丙名下位于栾川县城关镇的房产予以查封。后被执行人金甲之胞弟、房屋产权人金丙之叔父金乙、宋某夫妇（该夫妇为加拿大国籍）以金丙的名义提出执行异议。一审法院经审查后，认为其所提供的执行异议不能成立，于2017年7月29日驳回案外人金丙的异议申请。金丙不服该裁定，于2017年8月22日提起上诉。

金、宋夫妇以金丙名义上诉，称涉案房产的所有权人是金丙，实际购买人为金乙。金丙于2007年8月已由自家姐、哥村组见证由金乙收养。金乙于2014年3月26日委托金甲在栾川代金丙购房，出资购买人为金乙，与金甲没有任何关系。

金甲辩称，2014年7月10日其从郑某处借款350万元，没有用于购买房产与家庭生产经营，本案所涉房产不是其房产。

---

① 审理法院：一审法院为河南省栾川县人民法院；案号为（2017）豫0324民初2009号；二审法院为洛阳市中级人民法院；案号为（2018）豫03民终1612号。

法院判决

一审法院认为，当事人对自己提出的主张，有责任提供证据加以证明，没有证据或证据不足的，应承担不利的法律后果。本案中，金丙仅提供了收养协议，未到民政部门登记备案，不具备收养法规定的形式要件。且金丙及金乙、宋某夫妇已移居加拿大，户籍在加拿大，也未履行涉外收养的相关手续。该协议不符合收养法相关规定，不受法律保护。金丙提供的证人证言和转款凭证能够证明金甲与证人之间有经济往来，但不足以证明所转款项是由金乙出资，委托金甲为金丙购买房屋。故金丙对执行该房屋不享有足以排除强制执行的民事权益。一审法院判决驳回金丙的诉讼请求。

金丙不服，提起上诉。二审法院认为，涉案房产虽然以金丙的名义购买，但金甲作为法定代理人在购房合同中签字，且购房款项系通过金甲支付，在金甲与徐某签订的还款抵押协议中，金甲与徐某约定将其“自有”本案涉案房产抵押给徐某，结合本案金甲与郑某之间的债务发生在先、金甲代理金丙购买本案涉案房产在后的事实，依法不能排除金甲作为法定代理人以金丙名义购买涉案房产主观上存在规避执行的故意。用以证明金丙与金乙之间存在收养关系的证据不符合我国收养法规定的形式要件，也没有证据证明金丙与金乙之间以养父母养子女的关系长期共同生活，且栾川县不动产登记中心备案的购买涉案房产的合同中所附2007 年 11 月 14 日签发的居民户口本显示金丙系金甲次子，依法不能认定金丙与金乙之间形成了收养关系，也不能认定涉案房产系金乙实际出资并赠与金丙。一审法院裁定认为金甲、郭某为涉案房产的实际出资人，并作为金甲的责任财产予以执行并无不当，金丙关于其对案涉房产享有排除执行权利的主张缺乏事实及法律依据，依法不能成立。二审法院判决驳回上诉，维持原判。

专家点评

本案是金甲与郑某债务纠纷所引起的执异议案。在法院确认金甲与郑某之间的债务并进行判决后，案件进入执行阶段时，加拿大籍夫妇金乙和宋某以金丙名义提出异议，称金乙已经收养了金丙，涉案房产实际购买人为金乙，并以此主张该涉案房屋并非债务人金甲的家庭财产。因此，本案的焦点有二：一是金乙与金丙之间的收养关系是否成立。金、宋夫妇为外国公民，在中国收养子女，应当按照民法典婚姻家庭编第 1109 条（原《收养法》第 21 条）规定，满足涉外收养成立的实质要件和形式要件。金乙对金丙的收养，需要经过加拿大主管机关同意，并出具该国有权机构出具的收养人年龄、婚姻、职业等证明材料，并且该材料还需要经过两国外交机关的认证，同时，双方还应当订立书面协议，亲自向省级民政部门登记。本案中，金乙与金丙的收养关系只经过了村委会的见证，不符合涉外收养关系的构成要件，因此金乙与金丙之间没有形成收养关系。二是涉案房产的实际出资人是金乙还是金甲。案中当事人所提供的证据可以证明金乙与金甲之间有经济往来，但无法证明金乙委托金甲为金丙购买该房产。该房产是金甲的家庭财产，该笔欠款应由金甲和郭某偿还，张某承担连带责任。

第一千一百一十条 收养人、送养人要求保守收养秘密的，其他人应当尊重其意愿，不得泄露。

【条文释义】

本条是保守收养秘密的条款，保留了原《收养法》第22条的规定。

收养和送养以及被收养，都涉及身份关系的改变，属于隐私的范畴。收养人、送养人要求保守收养秘密，就是为了防止泄露收养和送养以及被收养的隐私。其他人应当尊重收养、送养和被收养的秘密，不得向他人泄露，保护好收养人、送养人和被收养人的个人隐私。

保守收养秘密应有两个方面的含义：一是被收养人被收养的事实应当保密；二是原生家庭、收养家庭的具体信息应当保密。因为收养是在收养人与被收养人之间建立的拟制血亲关系，所以相较于血缘关系，收养关系更加脆弱，更容易受到外界的影响。立法将收养信息作为隐私进行保护，有助于稳定收养关系，有助于被收养的未成年人的健康成长。

【案例评注】

田某与柴某等名誉权纠纷案[①]

基本案情

1993年，田某带着3岁半的养女与吴某再婚，2012年7月吴某被查出患有肝癌，2012年8月田某与吴某离婚，2013年5月23日吴某去世。吴某生病、住院

① 审理法院：一审法院为山西省侯马市人民法院，案号为（2013）侯民初字第1040号；二审法院为山西省临汾市中级人民法院，案号为（2015）临民终字第314号。

及后事的办理有其多位同学陪伴、帮助。为了弘扬同学情，吴某所在502社区的书记找到柴某要求报道该好事。吴某的同学为该报道提供了素材，柴某、郭某写下了上面两篇报道。涉案文章《自己身患肝癌、妻子狠心离去、儿子远在外地，孤单无助之际、13位老同学来到病床前》刊载于2013年7月3日的《三晋都市报》上，该报由山西日报报业集团主办，柴某、郭某为该文章的作者。同年7月10日，柴某在《今日侯马》上刊登《同学间演绎人间大爱》，与《三晋都市报》上述报道内容相一致。报道刊登后，田某以文章内容擅自公布并宣扬其收养女儿的隐私权问题，捏造吴某病重及住院期间没有人照顾等虚假事实、诽谤为由，于2013年11月向人民法院提起诉讼，请求判令停止侵害、恢复名誉、赔礼道歉，并连带赔偿精神损失30万元。

法院判决

一审法院认为，被告的报道所写的事实并未虚构，整篇报道并未使用侮辱、诽谤原告本人的言辞，原告提供的住院病历资料与被告的报道之间没有直接的因果关系，且原告未能证明确有名誉受到损害的事实。因此，被告的报道不构成对原告名誉权的侵害。原告的诉讼请求的理由和证据不足，不予支持，判决驳回原告田某的诉讼请求。

田某不服，向二审法院提起上诉称：一审判决认定事实错误、适用法律错误。被上诉人确实存在对上诉人侮辱、诽谤的事实，且泄露了上诉人与女儿的收养关系，侵犯上诉人的隐私权。

二审法院认为，公民、法人享有名誉权，公民的人格权受法律保护，禁止用侮辱、诽谤等方式损害公民、法人的名誉。构成名誉权侵权责任的应当确有名誉权被侵害的事实、行为人行为违法、违法行为与损害后果之间有因果关系、行为人主观上有过错等要件。在本案中，涉案文章的内容完全属实，是被上诉人柴某采访吴某（上诉人田某的丈夫）的同学得到的相关信息，故难以认定被上诉人在主观上存在过错。此外，二审时上诉人未提交证据证实因被上诉人的行为遭受了实际损害后果或严重精神痛苦，因此被上诉人的行为不足以对上诉人名誉权构成侵害。上诉人的上诉理由不能成立，对其上诉请求不予支持。一审判决认定事实清楚，适用法律正确，应当予以维持。

专家点评

我国原《侵权责任法》第2条将隐私权与名誉权并列，意在承认隐私权与名誉权是两项独立的权利。侵害隐私权与侵害名誉权的构成要件不同，侵害名誉权的构成要件为：侮辱、诽谤、虚构事实，造成他人社会评价降低，且侮辱、诽谤、虚构事实等行为与受害人社会评价降低有因果关系，行为人主观上有过错；而侵害隐私权则不要求侮辱、诽谤、虚构事实等行为，只要行为人存在过错，非经隐私权人同意，干涉、监视私人活动，侵入、窥视私人领域，刺探、调查、擅自公布、非法利用他人隐私，造成受害人内心痛苦，就构成对隐私权的侵害。

本案中，原告即二审上诉人请求了两项权利，一是侵害名誉权，二是侵害隐私权。一审和二审法院只对名誉侵权之诉进行了判决，没有回应原告的隐私侵权之诉。本案中，《山西日报》等媒体是否侵害名誉权，焦点有二：一是文章内容是否有侮辱、虚构、诽谤，二是报道是否导致原告社会评价降低。内容是否虚构，是否有侮辱、诽谤，需要根据真实的事实进行对照，本案例没有提供详细说明，这里无法判断。因报道导致社会评价降低，原告没有举证证明，故法院关于名誉权的判决并无不当。

但是，原告还提出了侵害隐私权的诉讼请求。收养信息是个人的隐私，非经送养人、收养人同意，不得泄露。真实性不能作为侵害隐私的抗辩，涉案文章披露了原告收养女儿的信息，侵害了原告的侵私权，应当承担赔偿责任。

第二节　收养的效力

第一千一百一十一条　自收养关系成立之日起，养父母与养子女间的权利义务关系，适用本法关于父母子女关系的规定；养子女与养父母的近亲属间的权利义务关系，适用本法关于子女与父母的近亲属关系的规定。

养子女与生父母以及其他近亲属间的权利义务关系，因收养关系的成立而消除。

【条文释义】

本条是对收养法律效力的规定。

收养的法律效力，是指法律赋予收养行为发生的强制性法律后果。这种法律后果表现为收养的拟制效力和解销效力：

1. 收养的拟制效力

收养的拟制效力，亦称为收养的积极效力，是指收养依法创设新的亲属身份关系及其权利义务的效力。

关于收养的拟制效力的范围，有两种不同的立法例。德国等立法例规定，收养的拟制效力仅及于养父母与养子女以及收养关系存续期间养子女所出的晚辈直系血亲，而不及于养父母的血亲。日本等立法例规定，收养的拟制效力不仅及于养父母和养子女以及养子女所出的晚辈直系血亲，同时及于养父母的血亲。我国采取后一立场。

收养的拟制效力不仅及于养父母和养子女以及养子女所出的晚辈直系血亲，同时及于养父母的血亲：(1）对养父母与养子女的拟制效力，主要体现在自收养关系成立之日，养父母与养子女之间发生父母子女之间的权利义务关系。(2）养子女与养子女的近亲属之间的权利义务关系，是养亲子关系在法律上的延伸。收养对养子女与养父母的近亲属的拟制效力，表现为养子女与养父母的近亲属以及养父母与养子女的近亲属之间发生的拟制效力，取得亲属的身份，发生权利义务关系。具体包括：养子女与养父母的父母发生祖孙的身份和权利义务；养子女与养父母的子女间，取得兄弟姐妹的身份，发生兄弟姐妹的权利义务；养父母对于养子女所出的晚辈直系血亲，也取得祖孙的身份，发生祖孙的权利义务关系。

2. 收养的解销效力

收养的解销效力，亦称收养的消极效力，是指收养依法消灭原有的亲属身份关系及其权利义务的效力。在完全收养中，其解销效力是养子女与生父母之间的权利义务完全消灭；在不完全收养中，养子女与生父母之间的权利义务不完全消灭，还保有法定的权利义务关系。我国立法采取前一立场，完全消灭养子女与生父母及其近亲属的权利义务。

收养的解销效力是养子女与生父母之间的权利义务完全消灭。(1）收养关系生效，其养子女与生父母之间身份消灭，他们之间的权利义务同时消灭。(2）收养关系生效，养子女与生父母以外的其他近亲属间的身份消灭，他们之间的权利义务关系也消灭。养子女与生父母的父母不再存在祖孙间的权利义务关系，与生父母的子女间不再存在兄弟姐妹间的权利义务关系。

这种解销效力，消灭的仅仅是法律意义上的父母子女关系，而不是自然意义上的父母子女关系。养子女与生父母之间基于出生而具有的直接血缘联系是客观存在的，无法通过法律手段加以改变。法律关于禁婚亲的规定仍然适用于养子女与生父母及其近亲属。

3. 继父母收养后与生父母的权利义务关系。在收养关系中，有一种较为特别的情况，即当继父母收养继子女时，继子女与生父母的权利义务关系是否消灭，理论上存有争议。按照本条的规定，继父母与继子女收养关系成立后，继子女与生父母的权利义务关系也因收养关系的成立而消灭。我国采完全收养制度，一方面是为了保护养子女利益，另一方面是为了保护收养人利益，防止其受到养子女原生家庭的打扰。[①] 但是，继父母收养继子女与其他情况的收养不同，继父母收养继子女是因为新的婚姻关系的建立，而并非被收养人原生家庭的原因。有学者建议收养人为继父或继母的，养子女与和其共同生活的生母或生父及其近亲属间的权利义务仍然存在。[②] 这种观点很有道理。

【案例评注】

肖某1与肖某4等继承权纠纷案[③]

基本案情

肖××与柯××系夫妻关系，二人共育有四名子女，即四被告肖某2、肖某3、肖某4、王某。肖××于1993年7月15日去世，柯××于2017年12月24日去世，其父母均先于二人去世。王某出生后不久即被王××与翟××夫妇收养。肖某1系肖某2之子。

原告肖某1向法院提出诉讼请求：（1）确认被继承人柯××于2000年3月31日所立遗嘱合法有效；（2）被继承人柯××名下位于北京市朝阳区××房屋（以下简称涉案房屋）归原告继承。

涉案房屋原系肖××承租的公有住房。1999年1月4日，柯××（乙方）与北京市东都工贸总公司（甲方）签订《房屋买卖契约》，约定甲方将涉案房屋以成本价每平方米1450元出售给乙方，折算男方工龄39年，年工龄折扣率0.9%，房价款36093元、买卖手续费180.47元、公共维修基金1129.17元、房屋产权登记费16.13元、印花税为5元、合计37423.77元。1999年10月10日，涉案房屋登记在柯××名下，建筑面积为53.77平方米。

2000年3月31日，柯××立遗嘱一份，内容为："我于1999年购买了坐落于朝阳区××单元房一套（建筑面积53.77平方米），我与肖××是原配夫妻，共有4个子女，现均已成家立业独立生活。肖××已于1993年7月死亡，我儿子肖某2与儿媳于1992年离异。儿子已再婚，孙子肖某1判给儿媳叶××。儿媳未

---

① 雷明光主编：《中华人民共和国收养法评注》，厦门大学出版社2016年版，第202页。

② 王利明主编：《中国民法典学者建议稿及立法理由（人格权编·婚姻家庭编·继承编）》，法律出版社2005年版，第359页。

③ 审理法院：北京市朝阳区人民法院；案号：（2018）京0105民初76400号。

再婚，一人带着孩子辛勤度日。所以我自愿立如下遗嘱：在我百年之后将上述房子留给我的长孙肖某1一人所有。本遗嘱委托韩××（女）。立遗嘱人：柯××，代书人：燕××。”柯××在立遗嘱人处盖章捺印。

2000年4月5日，北京市朝阳区公证处出具公证书，内容为：“兹证明柯××于2000年3月31日来到我处，在公证员张××和何××的面前，在前面其本人所立的《遗嘱》上盖章并按手印。”柯××在该公证处的接谈笔录中称：“涉案房屋是我去年购买的公有住房，以后归我孙子肖某1，因为我儿子肖某2和儿媳离婚了，我儿子已经再婚，孙子肖某1判给他妈妈叶××抚养，他妈妈没有再婚，一个人带着孩子挺辛苦的，我不给他给谁。立遗嘱是我自愿的，不然我怎么会左一趟右一趟地跑，我老伴肖××于1993年7月去世了，我们是原配夫妻，有4个孩子，都已经结婚了，没有收养、送养、过继的子女，遗嘱是执行人的孙女燕××帮我写的，执行人是街坊韩××。”各方均认可涉案房屋现价值为300万元。四被告均要求继承肖××工龄优惠对应部分的遗产。

法院判决

法院认为，本案中，柯××就涉案房屋立有公证遗嘱，根据法院查实的公证档案材料，公证机关的公证过程符合公证程序规定。从内容上看，涉案房屋系柯××在肖××去世多年后购买，购买时折算了肖××39年的工龄，该工龄优惠所对应财产价值的个人部分应当属于肖××的遗产。柯××在遗嘱中处分个人财产部分应属有效，其处分属于肖××的财产部分内容应认定无效，肖××的份额应由其法定继承人依法继承，而对于柯××所有的房产份额，则应按照遗嘱继承办理。原告未提交证据证明肖某2未对肖××尽赡养义务，故其主张肖某2应当少分或不分的请求缺乏依据，不予支持。关于王某是否具有继承权的问题，王某出生后不久即由王××与翟××夫妇收养，与二人共同生活，双方形成了事实收养关系，依据法律规定，王某已经失去了对肖××遗产的法定继承权。同时，王某未提交证据证明其对肖××尽了较多的赡养义务，故其要求继承肖××遗产的请求，缺乏事实和法律依据，不予支持。法院判决：被继承人柯××所立遗嘱中处分个人财产部分合法有效；被继承人柯××名下位于北京市朝阳区××房屋由原告肖某1继承；原告肖某1于本判决生效后七日内给付被告肖某2、被告肖某3、被告肖某4房屋折价款每人各二十五万元；驳回原告肖某1的其他诉讼请求。

专家点评

本案有两个争点：一是柯××遗嘱的效力。从案件证据可见，遗嘱是柯××

的真实意思表示，柯××处分自己财产的部分有效，肖××财产部分应法定继承。因此，法院判决由肖某2继承涉案房屋，给付其他继承人折价款，是合理的。二是王某是否享有继承权。由于王某已被送养，自收养关系成立之日起，王某与养父母间发生父母子女间的权利义务关系，与生父母间身份消灭，与生父母之间的权利义务关系也同时消灭，包括对生父母的法定继承权。因此，王某已不能作为法定继承人继承柯××的遗产。

第一千一百一十二条 养子女可以随养父或者养母的姓氏，经当事人协商一致，也可以保留原姓氏。

【条文释义】

本条是对养子女姓氏的规定。

养子女被收养后，可以随养父或者养母的姓氏，生父母不得反对。如果经当事人协商一致，也可以保留原姓氏，不随养父或者养母的姓氏。

姓名权是公民的一项重要的人身权利，同时也是身份关系的一种标志，法律在此赋予当事人很大的自由选择空间。被收养人年满8岁以上的，如需改动其姓名，应当征得被收养人的同意。

【案例评注】

魏某1与魏某2继承纠纷案[①]

基本案情

魏某1是魏某某、吴某夫妇的婚生子。魏某2年幼时，其生父母将其送给当时未生育魏某1的姑姑、姑父即魏某某、吴某夫妇，在魏家长大成人。1974年前沿用原姓氏，1974年更改为魏姓。后魏某某、吴某夫妇相继去世，留下一份遗产即坐落于古田县胜利街和平路的房屋，魏某2与魏某1因该房产的继承事宜发生争执。魏某2向一审法院起诉请求：确认其享有养父母魏某某、吴某夫妇一半遗产的合法继承权，并判定房屋的一半产权归其所有。

---

① 审理法院：一审法院为福建省古田县人民法院；案号为（2017）闽0922民初2390号；二审法院为福建省宁德市中级人民法院；案号为（2018）闽09民终102号。

法院判决

一审法院认为，魏某2与魏某1同为魏某某、吴某夫妇的子女，对魏某某、吴某夫妇的遗产有同等的继承权，魏某2主张继承养父母魏某某、吴某夫妇的遗产即房屋的一半，理由充分，予以支持。一审法院作出判决：魏某2对魏某某名下的房屋占一半产权份额。

魏某1不服一审判决，向二审法院提起上诉，请求撤回一审判决，理由是魏某2成年以后才改姓魏，且未进入魏某某、吴某户籍，魏某某、吴某与魏某2并不存在收养关系，而是寄养关系。魏某2没有法定继承权。魏某2提交的证据有：（1）由宁德地区公路局保存的其养父魏某某退休时填报的《工人退休呈批表》、1974年在南昌铁路局工作时填写的履历表、1982年其30岁时在南昌二中工作时填写的履历表，都把养父母填在家庭成员一栏，把生父母填在社会关系一栏，同时在1988年市委办公厅的干部履历表中也写明了“1958年因家庭生活困难，生父母便将其本人送给姑姑（生父之姐）为子”。（2）养父母生前长期与其保持通信，其保存下来的36封信，全部都是以父子、母子相称，同时可以证明其一直有给养母寄生活费并承担医疗费。

二审法院认为，第一，魏某2提交的有关证据可以证明，诉争房产应属于魏某某、吴某夫妇遗产。第二，本案一、二审期间，上诉人魏某1对魏某2年幼时即与她一同在魏某某、吴某夫妇的家中长大成人的事实并无异议，魏某2在一、二审期间提交的魏某某退休呈批表，与魏某某、吴某夫妇生前的信件，三份干部履历表、全家福照片等足以证实魏某2与魏某某、吴某夫妇形成事实上的养子女与养父母关系。二审法院作出判决：驳回上诉，维持原判。

专家点评

判断魏某2是否享有继承权，关键在于魏某某、吴某夫妇与魏某2是否存在收养关系。魏某1以魏某2成年以后才改姓魏为由，主张不存在收养关系。因为当时《收养法》尚未出台，所以只能根据具体情况判断。养子女既可以随生父母姓，也可以随养父母姓，不应当以养子女的姓作为判断标准，而应当根据魏某某、吴某夫妇是否将魏某2抚养长大、当地习惯以及其他文件和资料记载等综合判断。从案中证据可知，魏某2在魏家长大，生活花费甚至结婚费用都是养父魏某某提供的。此外，魏某某和魏某2在各自的工作材料中多次填写双方的收养关系，已经过组织审查和认可。综上，可以确认魏某某、吴某与魏某2形成事实上的收养关系，魏某2有权参与遗产继承。

第一千一百一十三条 有本法第一编关于民事法律行为无效规定情形或者违反本编规定的收养行为无效。

无效的收养行为自始没有法律约束力。

【条文释义】

本条是对无效收养行为的规定。

无效收养行为，是指欠缺收养成立的法定有效要件，不能发生收养法律后果的收养行为。从性质上说，无效收养行为就是无效的民事法律行为。发生无效收养行为的原因是：(1) 欠缺收养关系成立的实质要件，如收养人、送养人不具备相应的民事行为能力；收养人、送养人不符合本法规定的收养或送养条件；收养人、送养人关于收养的意思表示不真实；8 周岁以上的被收养人不同意收养而被收养等。(2) 欠缺收养关系成立的形式要件，如没有经过收养登记，欠缺收养成立的法定程序等。(3) 违反法律、行政法规强制性规定或者违背公序良俗。例如，借收养之名拐卖儿童或者出卖亲生子女等。

确认收养无效的程序是：

1. 通过诉讼程序宣告收养无效。依照诉讼程序宣告收养无效的情形有：(1) 当事人或者利害关系人提出请求确认收养无效之诉，由人民法院判决确定收养无效；(2) 人民法院在审理相关案件中，发现有收养无效的行为，可以依照职权在有关的判决中直接宣告收养无效。后者主要是在赡养、抚养、监护、法定继承等案件中，涉及作为其基础的血缘关系的有无，法院必须作出判决以确认收养是否无效。

2. 通过行政程序宣告收养无效。民政部《收养登记工作规范》规定，当事人弄虚作假骗取收养登记的，可以宣告收养登记无效。

收养无效的法律后果是，收养行为被人民法院判决宣告无效的以及收养行为经过收养登记机关依照行政程序确认为无效的，收养无效具有溯及力，自始无效，而解除收养关系仅仅是在收养关系解除之时消灭养父母和养子女之间的权利义务关系，因而存在原则上的区别。

【案例评注】

李某甲与李某乙等确认收养关系纠纷案[①]

基本案情

被告李某丙、李某乙系夫妻，于1984年生育一子。被告之一李某乙与原告李某甲的亲生母亲系堂兄妹关系。1997年，两被告收养原告作女儿，让原告随其共同生活，并于1998年4月22日将原告的户口落户在被告家中。2000年10月，两被告因故将原告送回其亲生父母身边，之后原告与其亲生父母居住生活至今。

原告李某甲于2014年6月18日起诉到法院，请求法院确认原告与两被告的收养关系无效。

法院判决

法院认为，两被告在已育有一子的情况下收养原告的事实，有原告提供的证据为凭，且两被告无异议，足以认定。关于收养效力问题，虽然公安部门将原告户口登记在被告处，但因两被告不符合收养法规定的收养人应同时具备无子女、有抚养教育被收养人的能力、年满三十五周岁等条件，其收养原告的行为无法律效力，应确认无效。综上，原告变更后的诉请，符合法律规定，予以支持。据此，判决如下：确认原告李某甲与被告李某乙、李某丙之间的收养关系无效。

专家点评

当事人违反了原《收养法》第6条规定，即收养人应当同时具备下列条件：（一）无子女；（二）有抚养教育被收养人的能力；（三）未患有在医学上认为不应当收养子女的疾病；（四）年满三十周岁。派出所给“被收养人”落户并不能使无效的行为变为有效。收养关系的生效，要求具备实质要件、形式与程序要件。被收养人、收养人应当符合法律规定的条件。本案中两被告收养原告之时已育有一子，不符合我国当时有效的《收养法》规定的收养关系的实质要件，收养关系无效。

---

① 审理法院：浙江省东阳市人民法院；案号：（2014）东民初字第1430号。

第三节 收养关系的解除

第一千一百一十四条 收养人在被收养人成年以前，不得解除收养关系，但是收养人、送养人双方协议解除的除外。养子女八周岁以上的，应当征得本人同意。

收养人不履行抚养义务，有虐待、遗弃等侵害未成年养子女合法权益行为的，送养人有权要求解除养父母与养子女间的收养关系。送养人、收养人不能达成解除收养关系协议的，可以向人民法院提起诉讼。

【条文释义】

本条是对解除收养关系的规定。

收养关系解除，是指收养的法律效力发生后，因出现一定的法定事由，无法继续维持收养亲子关系，通过法定程序将其人为消灭。收养关系作为一种拟制的血亲关系，可以依法建立，也可以通过相应的法律手段解除。

本条禁止收养人在被收养人未成年时解除收养关系，以保护未成年被收养人的权益。因为在收养关系中，经济不能独立、生活仍然需要照料的未成年人处于绝对的弱势地位，为保护这一弱势群体，我国将被收养人健康成长作为收养立法的核心价值，体现在解除收养关系的程序上，即不允许收养人单方面解除收养关系。同时，本条也体现了平等自愿、意思自治的基本原则，赋予送养人一定条件下解除送养协议的权利。收养关系解除的程序有两种：

1. 协议解除。协议解除收养关系适用于两种情况：一是在收养关系成立之后，被收养人成年之前，收养人和送养人双方可以通过协议解除收养关系；二是养父母与养子女间关系恶化，无法共同生活的，也可以通过协议解除收养关系。协议解除的条件是：（1）双方当事人必须有解除收养关系的合意。养子女未成年时，解除收养的合意是指收养人与送养人解除收养的意思表示一致；如果被收养人为8周岁以上的，还需要征求本人同意。养子女成年之后，解除收养的合意是指收养人和被收养人之间解除收养的意思表示一致。（2）当事人必须具有完全民事行为能力。收养人、被收养人以及送养人之中任何一方不具有相应的民事行为能力，都不能通过协议的方式解除收养关系，而只能通过诉讼，由人民法院裁判。(3) 夫妻共同收养的，解除收养必须夫妻双方共同解除。如果属于无配偶者单方收养，或者收养人在收养时无配偶终止收养时已有配偶的，可以单方提出解除收养关系。协议解除收养的程序是：达成收养解除的合意的，到收养登记机关办理解除收养关系的登记。收养关系自登记之日起消灭。

2. 诉讼解除。收养关系当事人就解除收养关系不能达成协议的，收养人、送养人以及已经成年的被收养人可以向人民法院提起诉讼，由人民法院裁决收养关系是否予以解除。人民法院应当根据查明的事实，确认解除收养关系的真实原因、养亲子关系的现状和生活实际情况，作出判决。诉讼解除收养关系的适用主要有三种情形：(1) 养子女为未成年人，收养人或者送养人要求解除收养关系。我国法律禁止收养人在被收养人未成年时解除收养关系，以保护未成年被收养人的权益。当然，收养人和送养人达成一致意见协议解除的，不在此限。在一般情况下，收养人在被收养人未成年时提出解除收养关系诉讼请求的，法院应驳回其诉讼请求；如果生父母反悔，并用不正当手段破坏养亲子关系，以至于收养关系恶化，无法继续维持的，法院也可以判决解除收养关系。送养人要求解除收养关系的，如果是送养人一方反悔，养父母并无过错的，法院应从保护合法收养关系的原则出发，教育送养人应当遵守协议，驳回其诉讼请求。如果送养人有正当理由，如收养人对养子女不履行抚养义务，有虐待、遗弃以及其他侵害养子女的合法权益行为的，法院应当判决解除收养关系。(2) 被收养人已成年，与收养人关系恶化，一方要求解除收养关系。应当根据双方关系的实际情况，本着维护收养关系当事人合法权益的原则，如果双方关系尚未恶化到无法共同生活的程度的，应当查明纠纷原因，着重调解和好；如果双方关系已经恶化到无法继续共同生活程度的，应当准予解除收养关系。(3) 养父母死亡后终止收养关系。对此，我国民法典婚姻家庭编收养部分未作规定。收养关系并不因养父母的死亡而消灭，但从实际情况而言，当养父母均已死亡后，如果不准终止收养关系，有时对养子女甚为不利，因为养子女不能再由他人收养或者回到本家。如果养子女不能维持生活或者无谋生能力，将陷入生活困境而无法解决。因此，可以参照有关立法例，在养父母死亡后，养子女不能维持生活而无谋生能力的，可以请求人民法院判决终止收养关系，使被收养人返回本家。

【案例评注】

张某某与丁某甲解除收养关系纠纷案[1]

基本案情

原告张某某与丁某乙于2008年6月16日登记结婚。原告张某某与丁某乙于2001年9月10日非婚生育一子丁某丙。2002年9月10日，原告张某某与丁某乙共同将儿子丁某丙送给丁某乙的哥哥丁某甲收养。因丁某甲无经济生活来源，抚养丁某丙有困难。2015年5月15日，张某某与丁某甲、丁某丙三方签订了《解除收养关系协议》约定解除丁某甲与丁某丙的收养关系。协议签订以后，丁某甲反悔，拒绝履行。张某某诉请判令被告履行《解除收养关系协议》，解除被告和原告之亲生子丁某丙的收养关系，被告丁某甲未到庭。

法院判决

法院认为，原告张某某与丁某乙共同将儿子丁某丙送给丁某乙的哥哥丁某甲收养。后因丁某甲无经济生活来源，抚养丁某丙有困难，三方签订了《解除收养关系协议》约定解除丁某甲与丁某丙的收养关系，丁某丙本人也同意解除与丁某甲的收养关系。在本案审理中，经向丁某丙询问，丁某丙愿意跟随父母丁某乙、张某某一起生活，同意解除与丁某甲的收养关系。故判决解除被告丁某甲与原告张某某的儿子丁某丙的收养关系。

专家点评

登记是成立收养关系、解除收养关系的法定形式要件。本案中，双方虽签订了解除收养协议，但单独的解除收养协议无法达到解除收养关系的后果，须经民政部门登记，才能解除收养关系。对此类协议不能按照财产关系的区分原则来对待，不能强制当事人履行协议。本案中的收养人因生活不便、经济窘迫，无力抚养被收养人，而且被收养人已满14岁，表达了跟生父母一起生活的愿望，继续与收养人一起生活，对被收养人的成长十分不利。因此，从保护未成年人利益的角度出发，应当判决双方解除收养关系。

---

① 审理法院：重庆市渝北区人民法院；案号：（2015）渝北法民初字第12850号。

第一千一百一十五条　养父母与成年养子女关系恶化、无法共同生活的，可以协议解除收养关系。不能达成协议的，可以向人民法院提起诉讼。

【条文释义】

本条是对成年养子女解除收养关系的规定。

被收养人已成年，养父母与养子女关系恶化，一方要求解除收养关系的，应当根据双方关系的实际情况，本着维护收养关系当事人合法权益的原则进行处理。如果双方关系尚未恶化到无法共同生活的程度的，应当查明纠纷原因，着重调解和好。如果双方关系已经恶化到无法继续共同生活程度的，可以解除收养关系。解除方式有两种：一是协议解除收养关系；二是诉讼解除收养关系。不能达成协议的，收养人或被收养人可以向人民法院提起诉讼，人民法院根据实际情况，应当准予解除收养关系。

协议解除收养关系也是一种民事法律行为，应当符合民法典总则编规定的民事法律行为的构成要件，同时要求协议解除收养关系的各方当事人（收养人、被收养人）具备完全民事行为能力，当事人的意思表示真实，解除收养的目的、内容和方式不违反法律法规的规定。成年被收养人与收养人协商一致同意解除收养关系，无需取得送养人的同意。

【案例评注】

李某芳与李某艳解除收养关系纠纷案[①]

基本案情

李某艳出生后不久即被李某芳与前妻成某抱回家中抚养，共同在北京市海淀区上庄镇某村生活。李某艳父母均同意送养，双方未签订书面收养协议；2000年9月23日成某因病去世，2012年李某芳再婚。李某艳婚后一年半与李某芳共同居

① 审理法院：一审法院为北京市海淀区人民法院，案号为（2017）京0108民初26407号；二审法院为北京市第一中级人民法院，案号为（2017）京01民终7669号。

住于海淀区，后李某艳搬至昌平区居住至今。李某芳主张李某艳搬走后未尽到日常照顾义务，对其再婚及再婚妻子落户有意见，双方关系恶化，向法院提起诉讼，请求解除其与李某艳的收养关系。李某艳主张搬走后每年均看望李某芳，给李某芳钱，送李某芳去医院看病，没有阻止过李某芳再婚，亦同意配合落户，不同意解除双方的收养关系。

法院判决

一审法院认为，李某艳已成年，李某芳以双方关系不好为由要求解除收养关系，李某艳不同意解除。养父女之间虽不存在血缘关系，但双方结缘源于养父母的慈念，父女情义在长达近二十年的养育中建立和稳固，现已到李某艳尽赡养义务之时。双方近年因家庭生活琐事产生矛盾，但远未到关系恶化需解除养父女关系之程度，故对李某芳要求解除养父女关系的诉求不予支持，判决驳回李某芳的诉讼请求。

李某芳不服一审判决，提起上诉。二审法院认为，李某芳年事已高，需要平和的心态和安定的生活环境，勉强维持双方的收养关系不利于李某芳安度晚年，对于双方的生活亦无益处，故支持李某芳解除其与李某艳养父女关系的诉讼请求。

专家点评

本案涉及成年的被收养人和收养人解除收养关系。“关系恶化、无法共同生活”是判决已成年被收养人与收养人解除收养关系的关键。本案中的难点恰好在于如何判断双方关系确已恶化。养父母与养子女之间的关系，可以从矛盾持续时间的长短、双方生活习惯、双方能否互相尊重等几个方面，结合具体的案情来判断。一审法院认为李某芳已经年老，正是养女尽赡养义务之时，不予解除双方的收养关系，符合人伦常情，也是合理的。但是，养父李某芳坚持解除收养关系，二审法院经过仔细调查，认为双方矛盾确实难以调和，并考虑到是养父一方坚持解除收养关系，出于尊重和保护收养人利益的角度，判决解除双方的收养关系，更加合理。

第一千一百一十六条 当事人协议解除收养关系的，应当到民政部门办理解除收养关系登记。

【条文释义】

本条是对协议解除收养关系登记的规定。

当事人协议解除收养关系的，应当到民政部门办理解除收养关系登记。只有在民政部门办理了解除收养关系登记的，才发生解除收养关系的法律效力，未经登记不发生这种效力。

《中国公民收养子女登记办法》第9条规定："收养关系当事人协议解除收养关系的，应当持居民户口簿、居民身份证、收养登记证和解除收养关系的书面协议，共同到被收养人常住户口所在地的收养登记机关办理解除收养关系登记。"第10条规定："收养登记机关收到解除收养关系登记申请书及有关材料后，应当自次日起30日内进行审查；对符合收养法规定的，为当事人办理解除收养关系的登记，收回收养登记证，发给解除收养关系证明。"

【案例评注】

李某与汤某法定继承纠纷案[1]

基本案情

被告汤某与李甲原系夫妻关系，1986年收养原告李某，未办理收养手续。1999年10月17日，被告夫妇与原告及其亲生父母共同签署了《解除对李某抱养关系协议书》，该协议未经公证。2001年，李甲作为所有权人取得涉案房屋。2015年7月14日，李甲死亡。2017年6月19日，法院判决，解除原、被告收养关系。李甲的父母早已去世，且终生未生育子女，涉案房屋价值42万元。李某起诉请求继承李甲的遗产。

法院判决

法院认为，据先前法院判决，原告与被告夫妇虽未办理收养手续，但双方具有收养关系。《中华人民共和国收养法》第二十八条规定，当事人协议解除收养关系的，应当到民政部门办理解除收养关系的登记。双方陈述曾于1999年10月17日签署了《解除对李某抱养关系协议书》，签署时间晚于1992年4月1

① 审理法院：云南省昆明市盘龙区人民法院；案号：（2017）云0103民初4224号。

日《中华人民共和国收养法》施行的时间，故收养人及被收养人私下签订的针对公民身份关系变更的协议不符合法律规定，原告与被告夫妇的收养关系在1999年10月17日并未解除。2017年，原告与被告的收养关系经法院生效判决解除，但死者李甲生前并未通过合法、有效的途径解除与原告的收养关系，故原告仍为李甲养女。原、被告陈述李甲生前未立遗嘱，故针对李甲的遗产应按照法定继承的方式进行分割。《中华人民共和国继承法》第十条规定，配偶、子女、父母为第一顺序遗产继承人。其中子女包括婚生子女、非婚生子女、养子女和有扶养关系的继子女。既然原告与李甲的收养关系并未解除，其应作为子女继承李甲的遗产。涉案房屋为被告及李甲的夫妻共同财产，李甲死亡后，其共有的50%应作为遗产进行分割。因被告常年生活在该房屋，又无其他住房可居住，该房屋应当由被告继续居住，按比例补偿原告较为适宜。考虑到被告年近80岁，无劳动能力，又无子女依靠，而原告仅40余岁，还有精力、能力工作等情况，由被告继承李甲遗产的60%，原告继承40%更为妥当。双方认可涉案房屋价值42万元，即李甲的遗产价值21万元，被告应补偿原告40%差额即8.4万元。综上，判决涉案房屋归被告汤某所有，由被告汤某补偿原告李某人民币8.4万元。

专家点评

本案焦点有二：第一，李甲夫妇与李某的收养关系是否成立。李甲夫妇对李某的收养发生在1986年，虽然1992年4月1日开始实施的《收养法》不承认事实收养，但是司法实践中对《收养法》实施之前已经形成的事实收养关系予以保护。根据《司法部关于办理收养法实施前建立的事实收养关系公证的通知》的规定，对于《收养法》实施前已建立的事实收养关系，自当事人达成收养协议或因收养事实而共同生活时成立。李甲夫妇收养李某时虽然未办理收养手续，但是长期以父母子女的关系共同生活，应按收养关系对待。第二，李甲夫妇与李某的收养关系是否因签订解除收养协议而解除。根据原《收养法》第28条的规定，协议解除收养关系的，应当到民政部门办理登记手续，未经登记不发生收养关系解除的效力。李某的生父母与养父母于1999年签订了解除收养协议，签订协议发生在《收养法》实施之后，由于双方未到民政部门登记，因此不发生解除收养关系的效力；直到2017年法院判决，李某才与汤某解除收养关系。但此时李甲已经去世，在李甲去世时李某与李甲依然存在收养关系。因此，在李甲死亡后，李某享有法定继承权，可以获得应当继承的遗产。

第一千一百一十七条 收养关系解除后，养子女与养父母以及其他近亲属间的权利义务关系即行消除，与生父母以及其他近亲属间的权利义务关系自行恢复。但是，成年养子女与生父母以及其他近亲属间的权利义务关系是否恢复，可以协商确定。

【条文释义】

本条是关于解除收养关系后身份关系发生变化的法律后果的规定。

收养关系解除后，养子女与养父母及其他近亲属之间的权利义务关系即行消灭。养子女和养父母之间的亲子身份地位以及权利义务关系不再存在；养子女与养父母的近亲属之间也不再具有子女与父母的近亲属的身份地位和权利义务关系。

收养关系解除后，养子女尚未成年的，与生父母及其他近亲属之间的权利义务关系自行恢复。养子女已经成年的，其与生父母及其他近亲属的权利义务关系是否恢复，可以由当事人协商确定。需要探究的是，成年的养子女与生父母协商确定同意恢复的，该协议的效力是否及于其他近亲属。我们认为，不当然及于其他近亲属。因为权利义务关系是否恢复关系到每一个人的利益，所以与其他近亲属之间也需要协商是否恢复权利义务关系。

【案例评注】

高某2与褚某等法定继承纠纷案①

基本案情

被继承人高某、王某分别于1996年、2001年去世。高某与王某婚后无子女，遂收养高某兄长高某某之子高某2为养子。之后，高某与王某夫妇生育褚某及高某3。1968年11月，高某2以高某某之子的身份随高某赴汉江机床厂工作。此后，高某2与高某某在填写相关表格时均将双方关系表述为父子关系，且原告高某2的户籍也随高某某一家迁至上海市某村房屋内。

2012年，高某2将褚某、高某3起诉到法院，要求以养子身份继承高某的遗产。

---

① 审理法院：上海市黄浦区人民法院，案号：(2012) 黄浦民一（民）初字第2402号。

法院判决

法院认为，继承人的遗产范围为上海市某房屋。被继承人的收养行为发生在《中华人民共和国收养法》生效之前，故不适用该法的相关规定，被告认为被继承人收养原告的行为因不符合收养法相关规定而不成立的答辩意见，不予采纳。高某2以高某某之子的身份赴汉江机床厂工作。此后，高某某与高某2在填写相关表格时均将双方关系表述为父子关系。上述行为具有一定的公示效力，表明高某2与高某某系父子关系。在没有相反证据的情况下，应当认定高某与养父母解除收养关系，与生父母恢复父母子女关系，与被继承人解除了收养关系，不再是第一顺位继承人。被继承人生前未留有遗嘱，应当按照法定顺序继承。因此，被继承人遗产房屋由褚某、高某3共有。

专家点评

本案的焦点在于，高某2与养父母之间的收养关系是否已经解除以及高某2是否与生父母恢复了权利义务关系。在原《收养法》实施之前，我国承认事实收养关系，收养不需要登记，只要具备收养事实就可以成立收养关系，当然，其解除也不需要登记，只要具备解除事实就可以认定解除收养关系。高某收养高某2并将其抚养成人，已形成事实上的抚养关系。但是，高某2以高某某之子的身份参加工作，在填写相关表格时均表述为父子关系，且其户籍也随之迁往高某某处，在未有其他详细证据的情况下，应当按照当时当地的习惯来判断收养关系是否解除以及与生父母的关系是否已经恢复。当时的法律没有要求须经法定程序解除收养关系，而户籍制度在社会生活中发挥着极为重要的作用，迁走户籍的行为可以看作高某某与高某2恢复生父母子女关系的一个标志。因此，高某2没有继承高某与王某遗产的权利，法院的判决是合理的。

第一千一百一十八条 收养关系解除后，经养父母抚养的成年养子女，对缺乏劳动能力又缺乏生活来源的养父母，应当给付生活费。因养子女成年后虐待、遗弃养父母而解除收养关系的，养父母可以要求养子女补偿收养期间支出的抚养费。

生父母要求解除收养关系的，养父母可以要求生父母适当补偿收养期间支出的抚养费；但是，因养父母虐待、遗弃养子女而解除收养关系的除外。

【条文释义】

本条是对收养关系解除后发生其他效力的规定。收养关系解除之后，还发生对解除收养关系后成年养子女的生活费给付义务和养父母的补偿请求权的效力：

1. 成年养子女的生活费给付义务。收养解除之后，经养父母抚养的成年养子女，对缺乏劳动能力又缺乏生活来源的养父母，应当给付生活费。虽然法律上解除了收养关系，但是收养人对被收养人的多年抚养是客观存在的，付出很多，被抚养长大的养子女也应当对收养人尽到扶养的义务。但是，养子女应给付养父母的生活费的数额，应根据养子女的负担能力和养父母的实际需要来判断，其标准一般应不低于当地居民的普通生活费用标准。具体的数额和给付方式，可以由养父母和养子女协商确定，协商不成，可由人民法院酌情判定。

2. 养父母的补偿请求权。因为生父母反悔或因过错而导致解除收养关系，一定程度上伤害了养父母的感情，在经济上造成了一定的损失。因此，生父母应当给予养父母一定的补偿，以弥补养父母在抚育养子女期间发生的生活费、教育费等费用。但是，如果养父母存在虐待、遗弃养子女的行为，导致解除收养关系的，养父母无权要求生父母给予经济补偿。

3. 养子女成年后虐待、遗弃养父母而解除收养关系的，不论养父母是否有生活来源，养父母都可以要求养子女补偿收养期间支出的抚养费。这是对虐待、遗弃养父母的养子女的一种惩罚性规定。

【案例评注】

程某1与程某2赡养纠纷案[①]

基本案情

程某2现年80岁，有一个亲生女儿。程某2自1975年起收养胞弟的长子程某1，后将其抚养成人。程某1生于1969年，户籍在程某2的户口本上，但与户主的关系表述为叔侄。1984年，程某1单立户口。2002年，程某2妻子去世。徐州市铜山区种牛场分地时，因程某2系户主，便将7.32亩承包地登记在程某2的

---

① 审理法院：一审法院为江苏省徐州市铜山区人民法院；案号为（2017）苏0312民初9371号；二审法院为江苏省徐州市中级人民法院；案号为（2018）苏03民终420号。

名下，直到2007年年底。2008年，因程某2在湖田居住，种牛场征收土地承包金不方便，将承包地变更在程某1名下，一直由程某1耕种。徐州市铜山区种牛场分地时，和农村承包土地性质一样，增人不增地、减人不减地。2005年前后，程某1因程某2使用卖树款1300元引发纠纷，后双方矛盾不断加剧，直至互不往来。2013年10月起，沿湖司法所介入调解，但双方未能和好。

现程某2起诉要求解除收养关系，补偿收养期间的生活费、教育费共计6万元，返还苹果园耕地3.7亩，每月支付生活费500元。程某1辩称，不同意解除收养关系，如果解除则不愿意赔偿，程某2有退休工资，3.7亩地是分给程某1的。程某2原承包土地7.32亩，2008年变更至程某1名下，现程某2主张其中的苹果园耕地3.7亩，由程某1实际耕种。

法院判决

一审法院认为，本案双方收养关系发生在《中华人民共和国收养法》实施前，且亲友公认，公安部门户籍证明双方确以养父母与养子女关系长期共同生活的，应按收养关系对待。程某2收养程某1至今已有四十多年，在程某1多年成长过程中付出了大量的心血。从庭审及调查中得知双方之间的隔阂已经持续较长时间，双方关系确已恶化，无法共同生活，收养关系名存实亡。现程某2坚决要求解除双方收养关系，应予以支持；程某2未提供证据证明程某1有虐待、遗弃的行为，故程某2要求补偿的诉请无法律依据，不予支持；支持程某1每月支付程某2生活费400元；支持程某2主张程某1返还苹果园耕地3.7亩。一审法院作出判决：一、解除程某2与程某1之间的收养关系；二、自判决生效之日的次月起，程某1每月支付程某2生活费400元；三、程某1返还程某2苹果园耕地3.7亩。

程某1不服一审判决，向二审法院提起上诉称，程某2有亲生女儿，且有退休金；程某2没有分得土地，土地是因程某1的集体组织成员身份而获得的。二审法院认为，程某2和程某1之间的关系更符合民间“过继”的习惯。过继是指没有儿子的人以兄弟、堂兄弟等同宗人的儿子为自己儿子的一种做法，是一种封建的亲属关系，它是我国封建社会宗法制度下一种特殊的收养形式。我国现行的法律对过继是不予承认的。过继与收养是有区别的，过继并不是收养，对于过继能否形成收养关系，即能否形成拟制的父母子女关系，不能一概而论，应具体情况具体分析。二审法院维持一审法院判决的第一项、第二项；撤销第三项。

专家点评

本案争点有三：一是双方的收养关系是否成立。程某2与程某1的关系在户口本上表述为“叔侄”关系，表面上看具有“过继”的特征，但是，是否属于“过继”，要根据实际情况进行判断。如果“过继”子女与“过继”父母长期共同生活在一起，形成了扶养关系，即为养子女与养父母的关系；如系封建性的“过继”“立嗣”，没有形成扶养关系的，就不应认定为收养关系。本案中，程某1在程某2的抚养下成人，已形成扶养关系，故收养关系成立。二是双方的收养关系是否应当解除。程某1与程某2因有矛盾已多年没有往来，且在一审判决之后双方关系未曾得到改善，应认定为双方关系恶化，应当支持解除收养关系。三是程某1是否应当给付程某2生活费。本案中，没有证据证明程某1虐待、遗弃养父母，所以程某1可以不补偿抚养费。但是程某2已经老迈，故法院支持程某1给付生活费是合理的。

图书在版编目（CIP）数据

中华人民共和国民法典释义与案例评注．婚姻家庭编／杨立新主编．—北京：中国法制出版社，2020（2020.12重印）

ISBN 978－7－5216－1088－8

Ⅰ．①中…　Ⅱ．①杨…　Ⅲ．①婚姻法－法律解释－中国②婚姻法－案例－中国　Ⅳ．①D923.05

中国版本图书馆 CIP 数据核字（2020）第 080228 号

策划编辑　谢　雯　　责任编辑　谢　雯　赵律玮　　封面设计　杨泽江

中华人民共和国民法典释义与案例评注·婚姻家庭编

ZHONGHUA RENMIN GONGHEGUO MINFADIAN SHIYI YU ANLI PINGZHU · HUNYIN JIATINGBIAN

主编/杨立新
经销/新华书店
印刷/三河市国英印务有限公司
开本/730 毫米×1030 毫米　16 开　　印张/17.75　字数/260 千
版次/2020 年 6 月第 1 版　　2020 年 12 月第 3 次印刷

中国法制出版社出版
书号 ISBN 978－7－5216－1088－8　　定价：68.00 元

北京西单横二条 2 号
邮政编码 100031　　传真：010－66031119
网址：http：//www.zgfzs.com　　**编辑部电话：010－66071862**
市场营销部电话：010－66033393　　**邮购部电话：010－66033288**

（如有印装质量问题，请与本社印务部联系调换。电话：010－66032926）